古代インド

中村　元

目次

古代インド

古代インド

はじめに

全ヨーロッパに匹敵する人口と広さ

「地球の上で、人間が五人集まれば、一人はインド人である」といわれている。インド連邦の人口は、一九七一年の国勢調査によると、約五億四千八百万人であるが、そのほかにパキスタン、バングラデーシュ、ネパールなど、インド亜大陸諸国の人口を加えると、ヨーロッパの人口と肩を並べ、優に地球のうえの全人口の五分の一には達するであろう。また、人類学的な考究によると、インドには世界中の人種の大部分がいるといわれている。

人口の点だけでなく、地域の広さの点からいっても、インド亜大陸はヨーロッパに匹敵する。ヨーロッパに、極寒の北国もあれば温暖の南国もあるように、インドも、北は雪のヒマラヤから、赤道に近い南端のコモリン岬にまでひろがっている。また、インドではきわめて多くの言語が使われていて、そのうち、主要な言語が十五種ある。そこで、たとえば一〇ルピー紙幣には十二種の文字で内容が印刷されているが、これは他の国にみられないことであり、そのために、インドの近代国家としての建設発展が阻害されているのだといって、外国人は、多少の侮蔑《ぶべつ》をふくめた奇怪な感じをいだいている。日本の知識人もその例外ではない。

しかし、そうした批評は当をえていない。たとえば、つぎのような問いがあるとしよう。

「地球上で、フランス語を話す人々とベンガル語を話す人々と、どちらが多いか」

もっとも、ベンガル語などといわれても、ほとんどの日本人は知らないであろう。インドの一言語であるベンガル語はどこでも教えていない。日本には、千校に近い大学があるけれども、どこでも教えていない。それにひきかえ、フランス語は、どこの大学でも、といってよいほど教えられている。だがじつは、「ベンガル語を話す人々の数は、地球上でフランス語を語るすべての人を合わせたよりも多い」のである。

これは、フランス人の学者がフランス語で書いてパリで出版している本（Louis Renou et J. Filliozat: *L'Inde classique*, tome 1）の中で書いていることだから、まちがいはあるまい。

たしかにフランス語は国際語である。しかしそれを語るのは、この言語を母語とする人々以外では、

世界最大の樹木　1本のバニヤンの木である（カルカッタ植物園）

外交官だとか、パリに学んだ画家だとか、フランスに憧れている若い娘たちだとかにすぎないから、世界中のそういう人々を全部集めても、その数はしれたものなのである。ところがベンガル語は、インド連邦の西ベンガル州とバングラデーシュとで話されていて、それを話す人々は一億人以上であろう。

しかし、ベンガル語はインドの一つの言語にすぎない。インドの最大多数が使っている言語はヒンディー語であるが、それを話す人々は二億人以上いるから、話す人数の点では、中国語についで、世界第二位を英語と競っている。

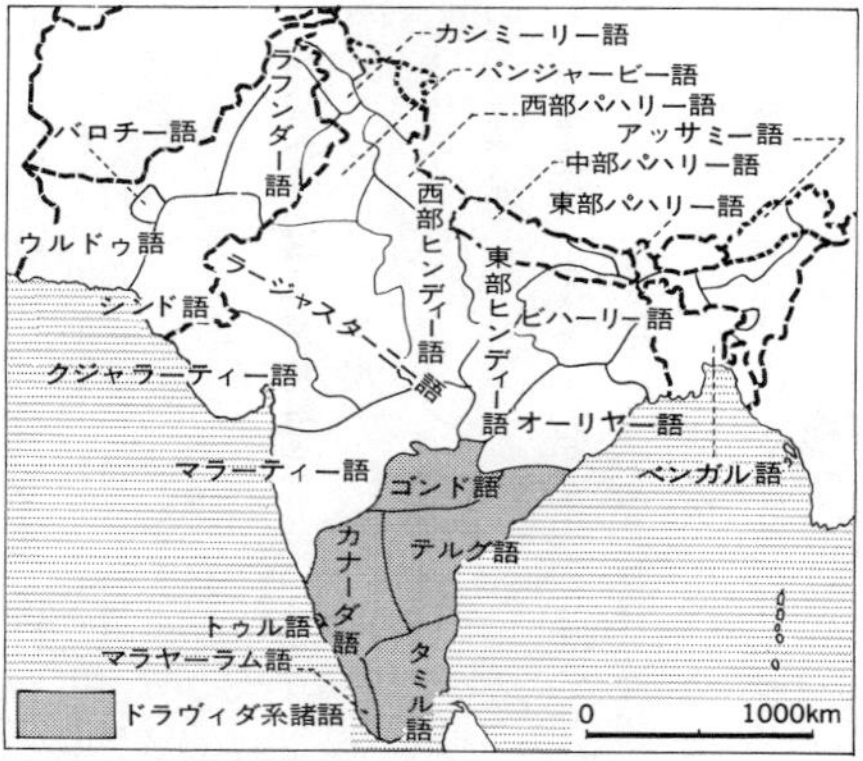

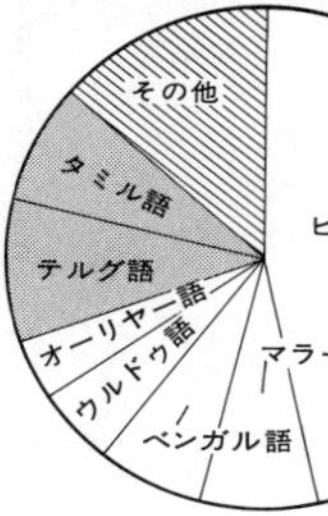

インドの言語分布〔上〕とその人口比例〔下〕

さて、広さと人口の点で、ほぼインドに匹敵するヨーロッパでは多数の小国が分立していて、まだヨーロッパ共和国はできていない。ところがインドは一歩さきんじて、一九四七年、インド共和国をつくってしまった。したがって、将来「世界共和国」というものが成立するかどうか——インドは一つの実験をしていることにもなるであろう。

特異な高度工業化社会

ところで、日本人がインドについてもつイメージは、かなりゆがめられている。それは、ジャーナリズムが、インドの特異な側面——原始的な生活やこっけいな風俗だけを伝えがちだからである。

たとえば、インドの重工業について、日本のジャーナリズムはほとんど報告しない。しかしすでに、三十年前、すなわち一九四〇年代には、タータ財閥の製鉄工場の生産高は、当時の八幡製鉄所のそれに匹敵していた。現在インドでは、自動車はすべて国産である。飛行機も国内用は全部国産である（エンジンはかならずしもそうでないようであるが）。ラジオなどもしだいに国産になっている。

だから、日本からインドへ輸出するものがないのである。というよりは、インド政府が輸入を禁じており、したがって、インドと日本との経済関係は、かならずしも密接ではない。むしろ紡績業についてみられるように、世界市場では、インドが日本やヨーロッパに対して勝利者となりつつある。

こういう事実を、われわれは冷静に受けとめる必要がある。日本は資本と技術を授ける立場にある、などと思い上がっていてはならない。

と同時に、われわれの注意をひくのは、現代インドの文化の特異性である。つまり、インド文化圏では、他の文化圏とは異なって、古代のすがたがそのまま現代の生活のうちに生きて、はたらいていることが少なくないという事実である。そしてこの事実は、インドの古代を知ることが、現代を理解し、現代に対処するにも不可欠であることを示しているといえよう。

お釈迦さまには異教徒の国

インド人と日本人とは、人類学的にはまったく異なった人種であるにもかかわらず、文化的には共通した要素をもち、倫理・習俗・行動様式には類似する点がある。とくに仏教がインドから発して日本にはいってきたということが大きく作用し、日本文化は意外なところにインド文化の影響のあとをとどめている（それについては以下において逐次指摘することにしよう）。

ともかく、そうしたことから、インド人は日本人に対して親近感をもっている。にもかかわらず日本人は、インド人ないし南アジアの人々一般の習俗・価値観・思惟方法に関しておそろしく無知である。そのために、おもわぬ摩擦や誤解をひき起こすことも少なくない。「インド」といえば、多くの日本人は「お釈迦さまの国」と思う。しかしインド人は、つぎの表でわかるように、ヒンドゥー教徒が圧倒的に多く、イスラーム教徒がこれにつぎ、仏教

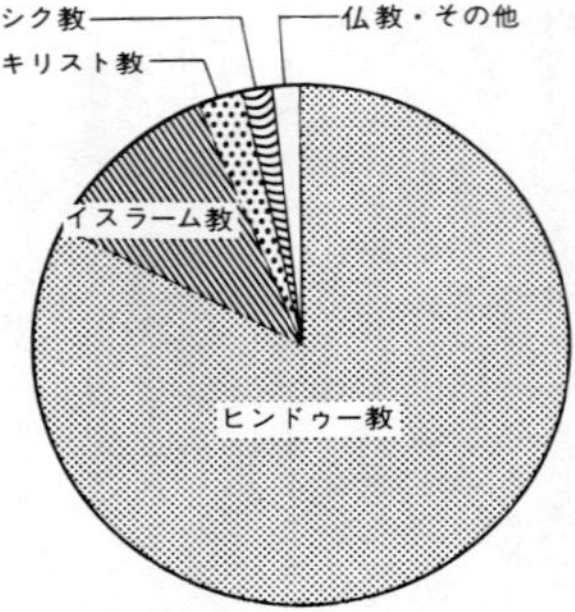

インド諸宗教の信徒数（1971年の国勢調査による）

徒はほとんどいないのである（現在、インドの仏跡巡拝をするのは、経済的にゆとりのできた日本人が主であって、アジア諸国の人々は、それをのぞんでも経済的政治的事情のために、はたせないでいる）。

ただ、仏教は近年、「アンタッチャブル」とよばれるインドの被圧迫階級のあいだに奉ぜられ、信徒の数も一九六一年には一九五一年の信徒数の十七倍になった。

＊シク教は、ヒンドゥー教がイスラーム教の影響を受けて、独立の宗教となって発展したものである。ジャイナ教についての説明は先で述べる。

なおパールシー教徒は拝火教ともいわれ、ボンベイを中心として、わずか十万人くらいしかいないが、インド近代化の推進力となっている。

アーリヤ人バラモン教徒の国

一九四七年八月十五日に実現したインドの独立は、インド民族多年のねがいであった。インドの人々は、あふれる歓喜をもってこれを迎えた。しかし、実現したインド人の国家は、インド連邦とパキスタンとの二つに分かれたものであった。一つのものとしてのインド人の国家は実現しなかった。これにはいろいろの理由があるであろう。しかしこれは、インド人の宗教意識が、その民族意識よりも強いということを意味している。

では、インド人には、そもそもインド民族という自覚があるのであろうか。

インドという名称は外国人がつけたものであって、インド人自身は自分の国をバーラタ（Bhārata）とよぶ。それはちょうど、われわれ日本人が自分の国のことを、外国人のためによぶときにはジャパンというが、日本人のあいだでは「日本」とよんでいるのと、事情はまったく同じである。

ところで、このバーラタという名称は古い時代にまでさかのぼることのできるものである。すなわち、古代インド人は、インドのことをバーラタ、あるいはバーラタヴァルシャ（Bhāratavarṣa, Bharatavarṣa）とよぶが、それは「バラタ（Bharata）の領土」という意味である。バラタは、伝説によると、かつて広く四方を統治した王であるといわれ、また、バラタ族は、西紀前一〇〇〇年ごろ成立した『リグ・ヴェーダ』以来、アーリヤ人の一族であるといわれている。また、インド（南方を除く）のことを「アーリヤ人の国」（Āryāvarta）とよび、さらにまた、中心地方（ガンジス川上流地方）を「聖地」（Brahmāvarta）、「聖仙の国」（Brahmarṣi-deśa）、「中国」（Madhyadeśa）などとよぶが、ここはバ

アーリヤ系インド美人　北インドに伝わる伝統的舞踊，カタックの踊り手

ラモン教文化の発祥地なのである。

宗教観念による共同の自覚

これらの呼称についてみると、国土の自覚が、バラモン教を奉ずるアーリヤ人という視点からなされている。インドのうちでも、異民族あるいはバラモン教を奉じない人々はそこから除外されるか、さもなければ劣等視されていたのである。だから、インドに住むすべての民族を平等に包容した「インド」という観念をもっていなかった。

右のような自覚をもたらしたものは、国家観念ではなくて、宗教観念にほかならない。かつて、中国からの巡礼僧玄奘《げんじょう》三蔵が、インドのことを「婆羅門《ばらもん》国」と総称しているが、まさにインド人の国家観念の本質を見ぬいていたのである。

バラモン教にせよ、仏教にせよ、宗教文化の中心であったガンジス川流域地方は、前述のように「中国」とよばれた。そして、中国の巡礼僧が「中国」とかいているときには、このガンジス川流域のことであり、当時の中国のことは、「漢土辺地」とよんでいた。

「インド」および「ヒンドゥー」という語

現在世界的に用いられている「インド」(India)という呼称は、インダス川ないしその流域地方の呼称に由来する。現在のインダス川のことをサンスクリット語で Sindhu というが、この名がペルシア語にはいってsがhに変わり、さらにギリシア語を経てインドとなったのである。

ところで、バラモン教徒がバーラタとよんだのに対し、種族的差別観念を否認して普遍的宗教を説いた仏教徒ならびにジャイナ教徒は、地理的地域としてのインドを「ジャンブ樹のある大陸」（Jambudvīpa）としてとらえた。そして、「ジャンブ樹のある大陸」というときにはインド本土をさし、他の島々はふくまないらしい。

この観念はアショーカ王（前三世紀）によっても採用されている。しかしアショーカ王のばあいにも、それはたんなる地域の観念にほかならず、「国家の領土」の観念とはならなかった（南方インドの一部は彼の領土の外にあった）。彼は自分の領土を、旧来の語を用いて、ただ「かち得た土地」（vijita）と称しただけであって、「インド」とは呼ばなかった。彼みずからは「マガダ王」と称するだけであり、むしろ仏教による法の実現につとめることによって、世界の他の国々の範となることに誇りを感じていたのである（他方、右のペルシア語形がインドに逆輸入され Hindū という語ができた。古代のサンスクリット語やプラークリット語の文献に現れるが、「ヒンドゥー」とはインド人全部を意味するのではなく、インドーアーリヤ人に由来する古来の宗教を奉ずる人と考えられていたのである）。

地に随って国を称す

しかし、玄奘三蔵がいみじくも見抜いているように、「印度」とは諸国の総称としての地域名にすぎない。むしろガンダーラ国とかマトゥラー国とかいうのが国と呼ばるべきものなのである。「印度の人は地に随《したが》って国を称す」。すなわち、そこの住民が相互に容易に交渉を保つことができて、経済的文化的に生の共同の実現できる一つの地域――それが「国」にほかならない。

国は地に結びついた村落共同体の集合によって構成されている。そこでは、たいてい言語も共通であり、他の国の言語から区別される。偉大な帝王が出現して諸地方を支配しても、それは諸国を兼ね支配しているだけにすぎない。たとえば、七世紀にハルシャ王が王朝を建て、大帝国を建設したが、玄奘によると、それは「諸国の二十余王が告命を奉ずる」というだけの現象にすぎなかった。

このように、われわれは、たんなる「インド」という名称の考察のうちから、インドにおける「国」とは、土地に結びついた村落共同体によって構成された地縁共同体的性格が濃厚であり、諸国を兼有する支配者の統治組織の上部機構が脆弱《ぜいじゃく》で、インド全体としての国家意識が発達しなかったこと、インド人は宗教による共同の自覚は強いが、一つの民族としての自覚にとぼしかったこと、インドを一つの単位と見なす傾向が薄弱であったことなど、インド社会の諸特徴を看取することができる。

本書のねらい

古代のインド――それがどのようなものであったか、それを印象的に述べようとするのが、本書の意図するところである。

わたくしは、さきに『インド古代史』（上下二巻、春秋社）を書いたが、その叙述は文献をおもな資料としたものであった。

しかし、本書においては、わたくし自身の旅行調査および考古学的・美術的遺物・遺品をたよりに、古代インド人の生活と思想を歴史的に述べたつもりである。図版をできるだけ多くのせたのも、そのためである（なお旧著は最古代からクシャーナ王朝時代までしか扱わなかったが、本巻は、絢爛《けんらん》たるインド文化の花を咲かせたグプタ王朝時代まで含めて述べてある）。

その結果として、本書は、「現代を通じて発見されたインド古代史」とでもいうべき書物となった。なお、図版やその説明に関しては、講談社『インドの美術』その他によった点が多い。

第一章　インドの先住民

1　アーリヤ人の侵入以前

画一化されえない考古学的時代区分

インドにも氷河期があり、西紀前約四〇万年から前二〇万年ころまでつづいたらしい。その後の人類の遺跡がインドで見つかっている。

ふつう、おおまかにいわれることであるが、歴史以前の時期は、旧石器、新石器、銅器および鉄器時代にわかれるという。遺品からみると、インドには、石器時代および銅器時代の遺品が少なかった。しかし、インダス文明の発見によって、インドは銅器文明をも豊かに成立させていたことが明らかになった（ただし、インダス文明の遺品は、大部分が土器であり、その中に銅や青銅のものもまじっているのである）。

そしてインドについて注意されるのは、考古学的時代の区分が、ヨーロッパにおけるように画一的にはなされえないということである。つまり、人類の使用した道具にしたがった、旧石器、中石器、新石器、金石併用（銅と石 chalcolithic）、青銅器、鉄器、鋼鉄といった諸時期の順が、インドについてはかならずしもあてはまらない。原始的な様式のあとに、比較的に発達した文化がきたり、起源不明の雑種文化がそのあとを占めることもあったのである。

石器時代の人間は、集団生活をしながら、狩猟をしたり、食物を採取するなどして暮らしていた。やがて火をともし、獣皮・樹皮・樹葉などでからだを保護し、野生の犬を飼育することなどを覚えた。ところが、おそらく西紀前六〇〇〇年ごろに、環境に対して積極的な態度をとるようになり、農耕による収穫を行ない、家畜を飼い、土器をつくり、衣服を織るようになった。

すでに、よく研磨された石器を使用したが、それらは主として西北地方とデッカンから見つかっている（たとえば、南方のナーガールジュナ・コーンダには、巨石文化の時代の遺跡もあり、そこから人骨や石器も発見された）。しかも、最近にいたるまで、山岳地帯の先住民は、まだこの状態にあった。

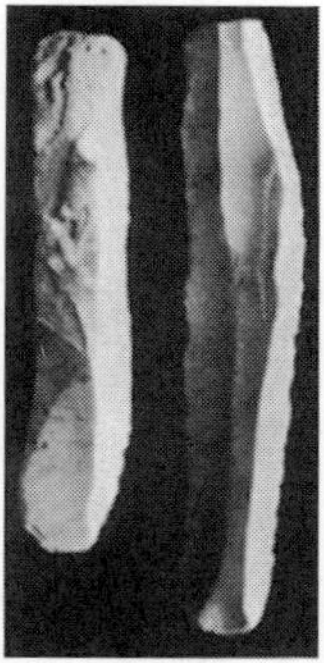
チャート製の石刃
（モヘンジョ・ダロ出土）

多数の先住諸民族

インドは古来幾多の民族の活動舞台となり、そこにおいては異なった多数の諸民族の文化が栄えたのであるが、インド文化形成活動の主動的地位を占めてきたのは、アーリヤ人である。

インド人の用いる文化語は、サンスクリット語をはじめとして、多くがアーリヤ人の言語に由来するのである。

しかしアーリヤ人がインドの内部に侵入してくる以前に、インドにはすでに他の諸民族が居住し、それぞれ異質的な、また程度の異なる諸々《もろもろ》の文化を発達させていた。

これら先住民の生活記録はなに一つとして今日に伝わっていないから、彼らの社会生活の詳細は、今日のわれわれには不明となっている。当時のインドには、ムンダ人種、ドラヴィダ人種、モンゴロイド人種その他多数の先住民族が棲息《せいそく》していた。それらの文化の程度はまだ低かったが、ただインダス文明だけはとくに注目すべきものである。

2　インダス文明

人類文明の発祥地

インダス文明の発見は、インド史、インド思想史についてのそれまでの見解を根本的に変更させたばかりでなく、それは世界史、人類の文明史の見かたをも大きく動かした。人類文明の発祥地はエジプトとメソポタミアということになっていたが、さらにもう一つ、インダス川流域を数えねばならなくなったのである。

近年の発掘によって知られたことであるが、西紀前三〇〇〇～前一五〇〇年ごろにわたって、ある民族がインダス川の流域に生存し、整然とした一定の計画のもとに、宏壮な諸都市を建設していた。そしてその住民は、ひじょうに発達した銅器文明を成立させていた。

このような遺跡の存在は、すでに一八五六年に、鉄道の建設工事をしていたイギリス人が発見していた。しかし、イギリス人技師たちは、これら古代都市のレンガをこわして鉄道の枕木の敷石にしてしまった。つまり、今日カラチ―ムルタン―ラホールをむすぶ鉄道は、この古代都市の破片の上を走っているのである。

一九二〇年からバネルジー（R. D. Banerji）がモヘンジョ・ダロ（シンド語で「死者の丘」を意味する）の発掘を開始し、一九二二年からマーシャル（Sir John Marshall）がハラッパー（Harappā）の発掘に着手した。そして、いちおうの発掘報告はすでに刊行されたが、その発掘はまだ完了していない。

モヘンジョ・ダロというのは、パキスタンの現地での発音を、イギリス人が英語ふうに音写し、それをさらに日本人が日本ふうに発音しているのである。ヒンディー語で音写するとむしろモーハンジョ・ダローに近い。しかし、ローという音は日本語には存在しないし、また「ハ」の音が弱く発音されるときには、英語では ha より he〔ha〕と書くほうが近いので、イギリス人は he と書いた。ところが日本の学者は、それを「へー」とよんでしまったのである。

こんな些細なことを、くどくどとここでいう必要はないのだが、それをあえてしたのは、日本のインド学がヨーロッパ経由ではいってきたために、いかにゆがめられているかということを、知っておいてもらいたかったからである。ただし、この本では、通称にしたがって

「モヘンジョ・ダロ」と書いておくことにする。

埋没と再建をくりかえした都市

ハラッパーは、インダスの支流、パンジャーブのラーヴィー（Rāvī）川の左岸にある。モヘンジョ・ダロとのあいだは約六五〇キロメートルあるが、その両地域にあった都市がインダス文明の中心地であったらしい。なお、そのほかにも若干の都市が発見されている。

モヘンジョ・ダロの南方にあるアムリ（Amri）はこの文明の最古層を示し、西紀前三〇〇〇年よりもさらに以前に属する。また、インダス川をはさんで、それと反対側にあるチャンフ・ダロ（Chanhu Daro）は、アメリカの考古学者がはじめて発掘に参加したものであるが、この文明の後期の層を示している。

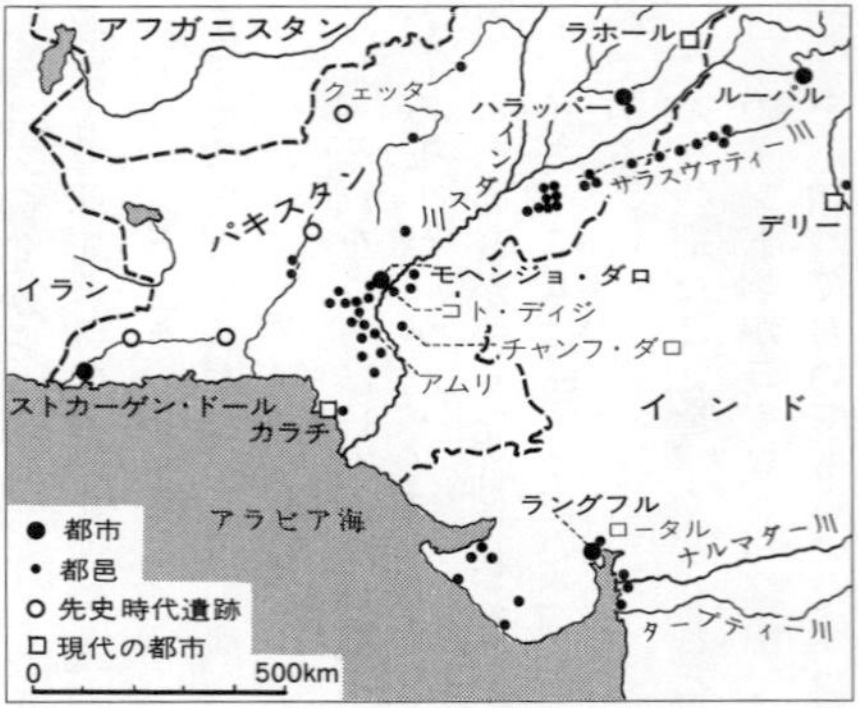

インダス文明の遺跡の分布

そののち、アーメダーバードからおよそ八〇キロメートルのところのロータル（Lothal）が発掘されたが、ここもすぐれた都市計画をもっていた。すなわち、四つの街道の両側に建物がならび、地面および地下に下水道が完備しており、ハラッパーやモヘンジョ・ダロのばあいと同じような、滑石の印章やテラコッタの印章が約二百、発見されている。また、一つの造船台も発見され波止場らしいものも見つかっている。そして、ロータルの文明は西紀前一〇〇〇年ごろまでつづいていたことが明らかになった。

D・H・ゴードンによれば、インダス文明は、比較的小さな共同体からはじまって、しだいに他の地方に及んだ。最初の都市は中部シンド地方、インダス川の畔にその跡を遺すモヘンジョ・ダロであり、つづいて建設されたのが、前述のハラッパーである。そして文化は、これらの大都市からシンドの農民におよんだのである。その最盛期には、この文明は、南はグジャラート州、北はヒマラヤ山麓の丘陵地帯外辺にまでおよんでいた（D・H・ゴードン著、青江舜二郎訳『先史時代のインド文化』第四章「インダス河谷の文明」紀伊國屋書店、一九七二年、参照）。すなわち、インダス川流域の南北およそ一五〇〇キロメートルにおよぶ広範な地域にわたって同一の文明が形成されていたのである。

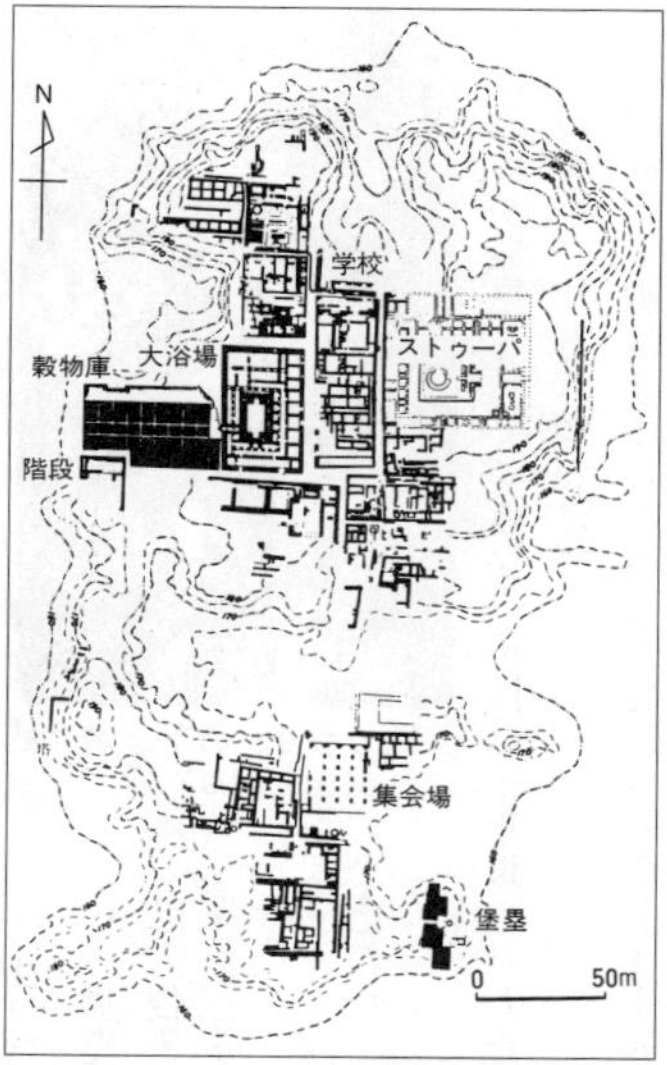

モヘンジョ・ダロの城塞域平面図

モヘンジョ・ダロのばあい、洪水その他の原因で都市が何層

レンガづくりの下水溝（モヘンジョ・ダロ）

にもわたって改変修築をくりかえした。これは、城壁でかこんだ堡塁城郭都市であった。外敵の侵入をおそれていたというよりも、頻繁《ひんぱん》な洪水を防ぐためであったかもしれない。それにもかかわらず、インダスの洪水にくりかえしおそわれ、その洪積土に埋まった。

モヘンジョ・ダロでは、地下に九層におよぶ都市遺址が発見されているが、市民は千年以上にわたって都市の型を変えようとせず、主要道路の構築の仕方はつねに同一であった。

その都市計画はまことにみごとで、約一〇メートル幅の主要道路が市街を東西南北につらぬき（モヘンジョ・ダロでは、東西八〇〇メートルほどつづいている）、そして、その道路に沿ってレンガ構築の下水溝が設けられていた。

現在でもレンガをつくり、売る工場は、インド一般にみられる。わたくしがウッタル・プラデーシュ州で見た工場では鉄でつくった高い煙突を一本立て、それを幾本もの鉄の索条でひっぱって倒れないようにしてあった。インダス文明時代には、どのようなくふうがなされていたのであろうか、とわたくしは思った（インダス文明時代にはまだ鉄の煙突はなかった）。

家屋は規格製のレンガを積み上げてつくられていた。矩形を基本形とし、一軒の家には数室あり、大きな家は十数室あった。これらの家が整然と軒を並べていたことは、都市計画の優秀さを示し、それを立案執行する強固な国家権力があったことを証するものである。

各家屋の土台は頑丈につくられていたが、それは洪水の危険を慮《おもんぱか》ってのことであるらしい。家屋の壁は厚く、採光と換気はほとんど戸口によっていたが、それは暑熱を防ぐためにはそのようにせざるをえなかったのであろう。便所は水洗式で、戸外の排水管と接続させて、清潔で衛生的な生活を送っていた（このような設備は、後代の仏教僧院の遺跡にも認められる）。内庭のある用途不明の建造物もあるが、インドの大邸宅は一般に内庭をもっているから、その原型ではなかろうか。

モヘンジョ・ダロには穀物庫の跡も見つかっているが、倉は通風孔をそなえた土台の上に建築されている。ここにこの文明の計画性を認めることができる。

広域を支配した中央集権国家

この文明は、メソポタミア文明との興味ある類似を示している。そうして、メソポタミア特有の製品がインダス文明遺跡において発見され、またインダス文明特有の製品がメソポタミアのウルなどで発見されているから、両文明はほぼ同時代であり、また両文明のあいだに交易の行なわれていたことが知られる。

インダス文明は文化史的にきわめて重要であり、論ずべきことが多いのであるが、残念ながら文字がまだ解読されていないため、その社会構成ないし社会思想については、積極的な手がかりをみいだしにくい。

ただ、この文明がどの都市も堅固な城塞をもっていたことは、政治と宗教との両面の意義をもっていたらしい。どの都市もほぼ同一の計画によってつくられたばかりでなく、インダス文明のすべての都市において、共通な独自の度量衡の制度がきわめて厳密に守られていた。とくに計量のおもりが幾多の遺跡を通じてたくさん発見されている。それは、チャート（硅質堆積岩）・石灰岩などの岩石や玉を用い、たくみな技術で丹念につくられ、大小さまざまであるが、驚くべき正確な定数値をもっている。

建物のレンガのかたちや大きさまでも一定していた点から考えると、自由諸都市がいくつもあったのではなくて、むしろ単一の中央集権的な国家がこの広大な地域を支配していたものと思われる。そうして、そこには多くの奴隷が使用されていたにちがいない。

3　文明を生んだ人々

雑多な人種と文化的統一

インダス諸都市の遺跡から発見された頭蓋骨を検討すると、数種類の型のものが存在する（モンゴロイド Mongoloid 型、アルプス型、地中海型、プロト・オーストラロイド Proto-Australoid 型）。この事実は、この文明が数種の種族の交流混淆から形成されたものであることを示している。

印章　一角獣やヨーガ禅定の姿を表現している（前2500年ごろ，モヘンジョ・ダロ出土）

この文明は諸外国の文明を豊富に摂取していたにちがいない。しかし発見された頭蓋骨の半数以上は地中海型である。それはイベリアからインドにまでわたってひろがっている。おそらく、最初にプロト・オーストラロイド型の人種がいて、そこへ地中海型がはいってきて優勢となったのであろう。

したがって、人種的には種々雑多であったらしいし、また諸種の文化の影響を受けていたと考えられるが、しかし文化的にはこれらの諸都市のあいだに一つの統一が形成されていた。というのは、それらの古代都市からは多数の印章が発見されているが、それらの表面には象形文字らしいものが刻せられており、それらの象形文字は、だいたい同一様式であって、住民は同一種類の文字を使用していたからである。

それでは、その文明を形成する中心となった主動的な民族はなんであったか。これも、インダス文明の文字が未解読であるため、目下のところ断定的な結論を下すことは困難である。すなわち、発掘された多数の印章と銅牌に、多数の象形文字がしるされていて、文字の数は三百九十六あることが知られ、それらはスメル文字と類似してはいるが、既知の文字と並記した記録がまだ発見されないために、解読の手がかりに乏しいのである。

もちろん解読に成功したと称する学者はおり、アマチュアも幾人もいる。しかしその解読の結果は、どれを採用してよいか、とまどうほどまちまちなのである。

いま触れた多数の印章は、その用途や目的が不明である。たとえば、ある一つの印章（前二五〇〇年ごろ、凍石でタテ・ヨコともに六・四センチ）には、空想上の一角獣と、その上方に不明の象形文字が刻されている。それらは所有権を主張するための印章なのか、あるいは身につけて護符としたのか、いまのところわからない。

ただこれらの印章が西アジアのエラムやメソポタミア地方でも発見されているから、通商貿易ないし外交にともなって、おそらく、ペルシア湾経由の船でもたらされたものと思われる。また、専門の陶工がいて、ろくろを使って陶器の大量生産を行なっていた。形の整った彩文土器の類も発見されている。

インダス文明人は平和な繁栄を楽しんでいたらしい。遺品のうちに武器がほとんど発見されていないし、多数の彫像や土偶のうちにも、戦士や武士の像はみあたらない。そうした平和的な地域へ戦闘的なアーリヤ民族が侵入してきたから、ひとたまりもなかったのであろう。

貴族や富裕商人たち

モヘンジョ・ダロの後期（前二五〇〇年ごろ）には、たしかに貴人とか貴族とかいう階級の人々がいた。ニュー・デリー美術館所蔵の男子頭部の彫像（凍石、高さ一八センチ）は、貴人を示している。整然とかりこまれた波状の髪を細いはちまきで押さえている。鼻下はすっきりとひげをそり、眼は、いまは失われているけれども、以前には象眼されていた。口唇のつくりはごく自然であり、全体として個性を印象づけ、実在する人間を思わせる。

あごひげのある他の男子像も明らかに貴人の容姿を表現し、全体として威厳を感じさせるばかりでなく、豪華な装身具をまとっている。首の両側に穴があけられているが、それは金属製の首飾りを垂らすようにつくられたものであろう。貴族階級は、多数の宝石をつりさげた黄金製の首飾り（瓔珞《ようらく》）をかけていたらしい（これがのちの仏教美術の瓔珞にもつながるのである）。額の上には丸い環の装飾のある髪帯（ヘアー・バンド）が表現されているし、衣には三葉の縁取り模様が散らされている。

遺品から推定すると、上流貴族や富裕な商工業者たちは、羊毛や木綿の服をまとい、髪型

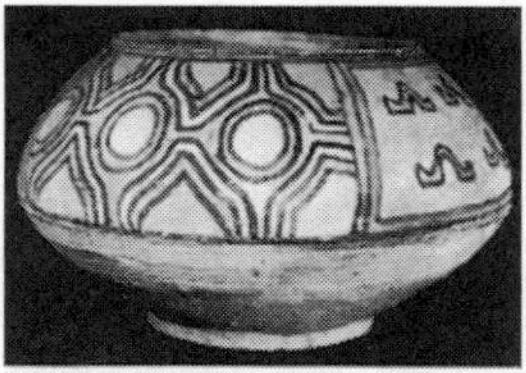

彩文土器〔上〕広口壺（前2300年ごろ，モヘンジョ・ダロ北西のナル出土），〔下〕皿（前3000年ごろ，ハラッパー出土）

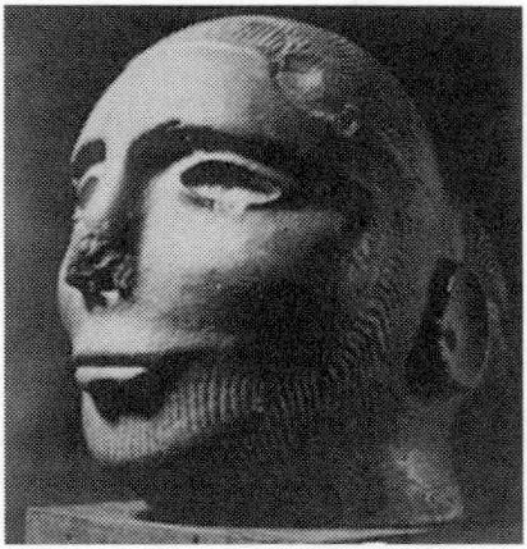

男子頭部（前2500年ごろ，モヘンジョ・ダロ出土，ニュー・デリー美術館）

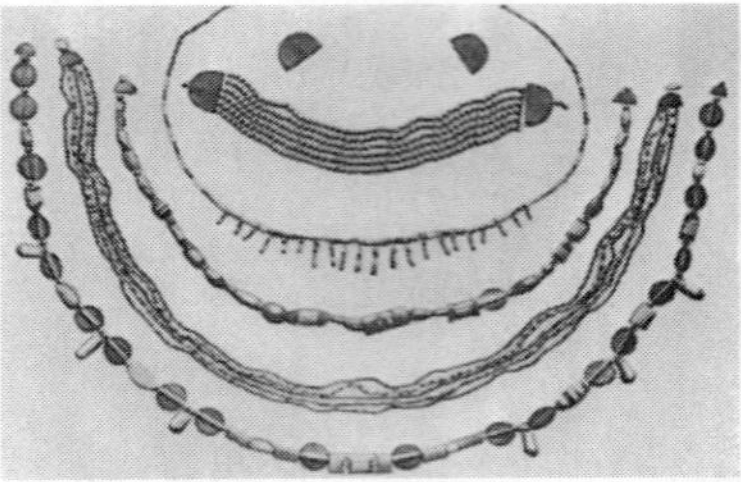

モヘンジョ・ダロ出土の男子像（前2000年紀，ニュー・デリー美術館）と華麗な装身具〔上〕

や装身具に贅《ぜい》をつくした。女性たちは、首環、耳飾り、腰帯、瓔珞、腕環、足環などでその身をよそおった。彼らは、金、銀、瑪瑙《めのう》、水晶、瑠璃《るり》、碧玉《へきぎょく》、紅玉髄、トルコ石などの貴金属、宝石類を用いていたが、これらはインダス川流域には産出しないから、北西インド、南インド、イラン高原地方から輸入し、それに加工したにちがいない。

そのみかえりとしては農産物を輸出したか、あるいは、輸入した貴金属や宝石類に、優秀な職人の技術をもって加工し、逆輸出したのかとも考えられる。

大浴場

モヘンジョ・ダロの城塞域の中央に、大浴場であったらしいレンガづくり長方形の構築物がある。その規模は、南北一二メートル、幅七メートル、深さ二・七メートルの浴槽で、その外側も床もレンガで舗装されている。浴槽の周壁と床にも漆喰《しっくい》モルタル塗りによる防水装置が施され、焼きレンガの二重構造で、あいだに日乾しレンガをはさんであったというから、浴槽として使うために特別に建造されたものであることは疑いない。

このようなものを、インド英語でタンク(tank)、ヒンディー語で tagāṛ という。タンクというのは、ラテン語の stagnum に由来する英語 tank(「水槽」の意)を、インド特有の貯水池にあてて用いるのである。今日でも、インドの都市や霊場のいたるところにこの四角形または長方形の池がある。タンクで水浴するということは、インド－アーリヤ人の習俗ではなくて、インダス文明その他、暑熱のインドに固有のものであったにちがいない。水浴の習俗はインドにまえからあったが、立派な浴場をつくるのは、インダス文明に始まったのであろう。

この浴槽には南北から階段がついていて、歩いておりてゆけるようになっている。その

大浴場跡（前3000年紀，モヘンジョ・ダロ）

レンガの踏み段に天然アスファルトないし瀝青《れきせい》（ピチュメン、天然の炭化水素混合物）で裏打ちした木片が使用されていたが、この瀝青、天然アスファルトはバルチスタンの丘陵帯のふもとで産出するものを輸入したと考えられる。

四周にレンガづくりの列柱があって、外の中庭に通じていた。列柱の上には、おそらく、むかしはレンガづくりの梁があったのであろう。このスタイルは、今日でも、たとえばラージギルの温泉浴場にみられる。

このような壮麗な浴場は、たんなる衛生上の水浴のためのものではなくて、宗教上の行事のためのものであり、きよめの水浴、みそぎの意義をもったものであろう。今日でもタンクにはいるのは宗教上の意義をもつ。ヒンドゥー教徒はタンクでみそぎをしてから寺院の内部に参詣する。

地母神信仰

インダス文明からは多数の地母神の像が発見されている。ふっくらした乳房、豊かな腰をもち、複雑なまげと頭飾り、それに、耳飾りと首飾りとが張りつけてある。それらはふつうの女人の像ではなくて、両眼は大きく、唇は厚い。まるで爬虫《はちゅう》類か昆虫を思わせる異様な顔容を示しているので、おそらく地母神であろうと想像されている。

原始農耕を生活の手段とする人々は、大地の豊饒《ほうじょう》な恵みにあずかろうとする切実な願望から、たえず地母神に祈ったものと考えられる。

原始農耕社会においては、女性が農耕作業をになっていたこと、また、女性は妊娠分娩によって生の豊饒さと結びついていることから、類感（共感）呪術の原理によって、地母神を祈願の対象としたのである。そして、また、地母神の像の多くがグロテスクな爬虫類・両棲類の顔つきをしているのは、原始農耕作業のさい、土を掘り起こしたとき、地中から出てくる蛇《へび》、蝎《さそり》、蛙《かえる》などにぶつかった人々の驚異がここに生きているのであろう。人々は、まいた種から芽が出て、作物の生育するエネルギーを、これらの生物がつかさどっていると考えて、類感呪術を地母神の像に託したと考えられる。

その異様な顔容に、われわれは当時の農民の呪術的な願望をみとめることができる。なお、その複雑なまげの形は、当時の貴婦人の髪型を示すものであろう。もっとも、洗濯をしている女性のテラコッタを見ると、庶民でもかなり複雑なまげをつくっていたらしい。まげの前の中央部は、上に向かって扇形にひろがっている。

地母神（前2500年ごろ，モヘンジョ・ダロ出土，ニュー・デリー美術館）

裸形の肉体をたたえる

インダス文明の彫刻の一つの特徴は、男性の裸体像が多いことである。それは堂々とした、力にみちた男性の裸形の姿態を讃美しているのである。

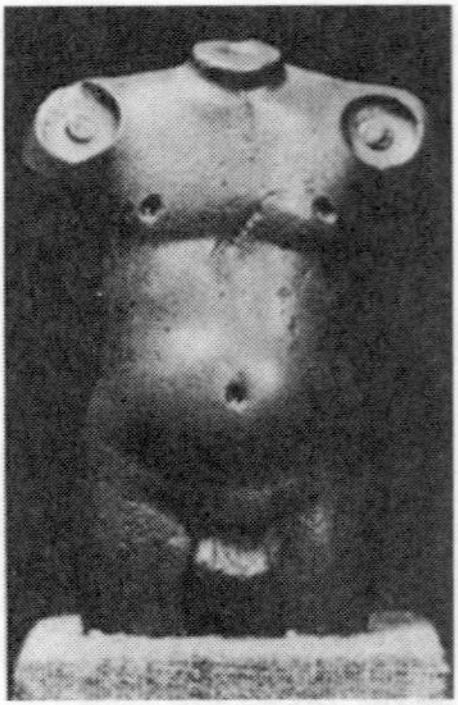
男子トルソー（前3000～前2500年，ハラッパー出土，ニュー・デリー美術館）

裸体像は、ジャイナ教でもつくられた。しかし、ジャイナ教の裸体像は、いっさい所有しない、したがって、衣服をさえも所有しないという宗教上の理想を具現しているのであって、ほっそりとして優雅でさえある。それを敬虔な信徒たちは拝んでいるのである。一方、仏教の仏・菩薩像はかならず衣をまとっていて、全裸形の像は皆無である。

ところが、インダス文明の彫像は、すべて露出し、男性の力を謳歌している。これは厭世《えんせい》観とは結びつかない。インダス文明人は現世を謳歌していたのであろう。

4　インダスの谷の習俗と生活

さまざまな葬礼

以前、インダス文明が発見されたときには、墓地はまだみいだされていなかったが、近年の発掘で若干の墓地が発見されて以来、学者のあいだで問題とされている。一九三七年にハラッパーI墓地Hなるものが発見されている。つまり、この墓地Hはハラッパー文化時代よりも後代のものであり、侵略者たちのつくったものであろうと考えられている。

しかし、一九四六年に発掘された墓地R37は、墓地Hよりもさらに古いものであり、おそらくハラッパー文明の主要時期と同時代のものにちがいないと考えられる。

一般には土葬であったが、火葬の儀式は、西インドにおいては処々で行なわれていた。インダス文明でも火葬が行なわれていたが、火葬の習俗は仏教の東漸によって日本にも伝えられた。ハラッパー墓地Hからは、飾りのある埋葬用骨壺が見つかっているし、また西洋ナシの形をした骨壺の中には、七個の小壺・骨・飾り玉・鉄製短剣などがはいっていた（D・H・ゴードン著、青江舜二郎訳『先史時代のインド文化』紀伊國屋書店、一九七二年）。これらのものは遺骨を大切にしていたことを示すものであり、当然、遺骨崇拝が行なわれていたと考えられる。

埋葬用骨壺（ハラッパー墓地H出土）

しかし、遺骨をふくんだ壺は、その形態と装飾とにおいて、インダスの谷の、ふつうの採色された工作品とは相違している。また、一般に墓地も見当たらない（アーネスト・マッケー著、龍山章真訳『インダス文明』晃文社、一九四三年、一三二〜一三四ページ）。墓地が発見されたのは、まれな例である。そこで結論的に想定されることは、インダスの谷の住民は、遺骸を川の土堤で火葬にし、その灰は、そこから流れに投じたらしい。

モヘンジョ・ダロの城塞域からは、ストゥーパの形をしたものの遺跡も発見されている。もしもこれがストゥーパであるとすると、ストゥーパ崇拝はインダス文明の時代にはじまるということになる。ストゥーパがヴェーダ聖典に言及されていないということは、このばあい理由にはならない。

インドの西北国境付近には、はやく鉄をインドにもたらした種族がいたが、この種族は死者を積石塚に埋葬した。積石塚はとくにイランを中心として多く発見されている。

卍の起源

卍《まんじ》は、後代のインドでは幸福のしるし（スヴァスティカー）として、ヒンドゥー教、ジャイナ教、仏教を通じて用いられるが、すでにインダス文明時代の人々がつかっていた。この卍が仏教を通じて日本にも伝わってきたので、今日でも日本のお寺には卍が見られるし、中世から近世にかけての武家の用具にも卍がしるされている。

この卍は、現代インド人の生活一般に普及していて、バスの外側にもしるされ、また住宅の欄干にも彫ってある。かつてわたくしは、ガヤーで、広告のチラシにまで印刷されているのを見たことがある。

ただし、それは卍ではなくて卐——つまり逆マンジであった。この逆マンジ卐は、周知のように、ドイツ、ナチスの標幟《ひょうし》であった。そして、この標幟のもとに、ナチスはユダヤ人を迫害したが、アメリカのブラウンというインド学者がその起源を研究したところ、皮肉なことに、マンジの起源は、ユダヤ人の属するセム族のうちにあったという。ユダヤ人はもともとセム語族の一つであるヘブライ語を話する人々であったから、ナチスの旗印はじつはユダヤ人の周辺から起こったことになるのである。

粘土づくりの牛たちは語る

ヒンドゥー教に顕著な、牛の崇拝尊重がインダス文明の時代に行なわれていたかどうか疑問であるが、牛をかたどった遺品は数多く発見されている。そのなかでは、とくに牛のテラコッタやおもちゃが多い。

こぶ牛のテラコッタ（前二千年紀はじめ、高さ七・四センチ、カルカッタ博物館）――粘土でむぞうさにつくったものであるが、かわいらしい柔順なめつきをしている。

牡牛のテラコッタ（前二五〇〇年ごろ、長さ一五・五センチ、ニュー・デリー美術館）、青銅の水牛（前二五〇〇年ごろ、ニュー・デリー美術館）、こぶ牛の玩具（前二五〇〇年ごろ、ニュー・デリー美術館）――胴と頭部とが別々につくってあって、日本の「張り子の虎」のように、糸でつないだ首が動くようになっている。

なお、こぶ牛はインドからバルチスタン、イランにわたって原始農耕に使われている。牛やこぶ牛は駄獣・運搬獣・車両牽引獣として使用されるが、当時、食用となっていたかどうかは明らかでない。

こぶ牛のテラコッタ〔右〕（前2000年紀はじめ，モヘンジョ・ダロ出土，カルカッタ博物館）
牡牛と牛車の模型〔左〕（前2000年紀，チャンフ・ダロ出土，ボストン美術館）

以上は、いずれもモヘンジョ・ダロ出土品であるが、とくに短角牛のテラコッタが多数見つかっているから、庶民に飼われていた牛の多くは短角牛だったかもしれない。

チャンフ・ダロの遺跡からは、二頭の牡牛が牛車をひいている模型（前二千年紀、黄褐色粘土、長さ八・四センチ、ボストン美術館）が見つかっているが、今日でもモヘンジョ・ダロ付近の農民は、これとそっくりの木製牛車を使っている。つまりそこには、四千年前のインドがそのまま残っているのである。

貴人の衣服・婦人の腕環

インドの典型的な習俗のあるものは、すでにこの時代にはじまっていた。ある男子の貴人像（前二千年紀、ニュー・デリー美術館）は左肩から右脇下にかけて上半身衣装を着ていて、それには三葉のふちどり模様がちらされているが、この衣装の着け方は、仏教修行僧の偏袒右《へんだんう》肩《けん》とそっくりである。

また、踊り子の青銅像（前三千年紀、モヘンジョ・ダロ出土、高さ一一・七センチ、ニュー・デリー美術館）は、右手には二つぐらいだが、左手は、前膊《ぜんはく》部全部を、肩にいたるまで、腕環でおおっている。多数の腕環をつけるインドの習俗は、すでにこの時代にさかんだったのである。

そして、この踊り子像は、人にこびるように頭部をすこしく右に傾けている。いま、インド人が賛意をあらわしたり、なにかに感心したときに、ちょっと首をかたむけて振るしぐさも、まことに古くからの習俗といわねばなるまい。

すでに検討した石像の彫刻が上層の貴族のためにつくったものであるのに対して、多数出土している不細工な土偶の類は、一般庶民のつくったものであると考えられている。ここに庶民の生活感情が表現されている。

娯楽としては賭博が盛んだったらしい。これはその後、インド諸民族の通性となった。わが国のさいころと同様な正六方体の骰子《とうし》が発見されている。それに、宗教的とも世俗的とも区別がつかなかったであろうが、踊り子の青銅像（前三千年紀）、踊る男のトルソー（前三千年紀）などにみられるように、踊りはかなり一般化していた。

踊り子（前3000年紀，モヘンジョ・ダロ出土，ニュー・デリー美術館）

子どもたちもけっこう楽しい生活を送っていたらしい。小児は石弾をもてあそんでいた。前述のこぶ牛の玩具のほかに、素焼きや銅製のおもちゃ、あるいは、猿が木のぼりしているさま、子どもが鳥をかかえているすがたのおもちゃもあって、稚拙であるが、まことにほほえましい。

ところが、つぎのヴェーダ時代になると、こういうおもちゃが残っていないのである。インダス文明では、子どもたちでさえも、このように高水準の生活を享受していたのである。

5　インダス文明の消滅

アーリヤ人の侵入

しかしインダス文明をになった民族は、その宗教を信じない異民族に対しては無力であった。だから、西方からの異民族侵入（おそらくアーリヤ人）に対してはまったくなすすべを知らなかった。すぐれた武器を使用し、勇敢に闘う異民族の侵入とともに、インダス文明はもろくもつい去る。

このインダス文明を滅ぼしたのは、どの民族であるか。最近の研究によると、やはりヴェーダ聖典をつくったアーリヤ人であるらしい。彼らの最大の戦いの神であるインドラは、悪魔の城塞を破壊したと、ヴェーダ神話の中に伝えられているが、それはインダス文明の都市、または城塞のことのようである。

コーサンビ教授は、アーリヤ人はインダス文明のダムを破壊してその文明を絶滅させたという。リグ・ヴェーダ神話によると、インドラ神は Hariyūpiyā（「黄色の祭柱の市」の意）という城塞を破壊したというが、それは Harappā をサンスクリットにうつした形ではなかろうか。また火神アグニが Nārmini 市を焼いたのはモヘンジョ・ダロのことかもしれない、と。

ともかく、インダス文明諸都市が末期において防禦を堅固にするにいたったのは、外からの侵略の危険を感じたからにちがいない。しかし最後は、外来民族に掠奪破壊され、いまにそのあとをとどめている。この巨大な文明を破壊するだけの力のあったものといえば、やはりアーリヤ人であったと考えるのが順当ではなかろうか。

後世インドへの影響

さて、このインダス文明は、アーリヤ人によって徹底的に破壊されたが、それにもかかわらず、インダス文明の影響はインド人一般の中にねづよく残っている。遺品から推定されるインダス文明時代の生産様式ならびに生産手段は、今日のインドにおけるそれと、さほど異なっていない。あるばあいには著しい類似が認められる（たとえば農具や車などについて、この遺跡から発見されたものと、古代の仏教彫刻に示されているものと、現代インドの農村で用いられているものとを比較するならば、そのあいだにあまりにも差異の少ないのに人々は驚くであろう）。

のみならず、ひじょうに興味あるのは、インド最古の貨幣である打印貨幣にインダス文明の影響のあとが認められる点である。のちのマウリヤ王朝時代、あるいはそれ以前の貨幣の図案のいちいちがインダス文明の印章のそれとひじょうによく類似している。また、この若干の印章は、打印銅貨と形状も重量も一致している。とくに古代のある種の同一型式の打印銅貨は、アフガニスタンからマイソールにいたるまで広範囲にわたって発見されているので、おそらくマウリヤ王朝時代のものであろうと推定されるが、その重量単位はモヘンジョ・ダロのそれに相応している。また、マウリヤ王朝の紋章もインダス文明以来の系統を受けているもののごとくである。

後世のインドの習俗のあるものは、明らかにインダス文明の時代から存在する。のみならず宗教に関しても、すでに指摘したように、後世のそれとの密接な連絡が認められる。とすると、インダス文明は、その経済的・文化的側面においては、後代のインドにまでも影響をおよぼしているわけである。

なぜ死滅した文明が永続したか

そこで、問題が残る。アーリヤ人の侵入とともに、インダス文明は死滅したはずであるのに、後世のインド文明のうちにその影響が認められるのはなぜであるか。それに対しては、つぎのように考えられる。

インダス文明は都市の文明である。都市の基礎は一般に脆弱であり、それは外来侵入民族の暴力によってただちに破壊されてしまう。しかし、その周辺にある後背地（Hinterland）としての農村は、なかなか滅びない。インドでは農村は、何千年たってもつねにほぼ同一の思惟方法、同一の生産様式をたもってきた。だから、インド農村の恒存的な諸文化様式がインダス文明に影響をおよぼしていたのであり、また、その後のインド文明にもあらわれているのであると考えるならば、インダス文明が死滅したのちにも、なお、それと共通の文化的要素が、のちの文明のうちに認められるのは、少しも不思議ではないであろう。

それだけではない。新たに支配者となった民族がインダス文明の所産を積極的に採用した可能性もある。一方、インダス文明の住民が、都市の滅亡とともに諸方に離散して、その文化のある部分を他の地方に伝えたということも考えられる。

6　おもな先住民族

褐色・短身・低鼻のムンダ人

アーリヤ人がインドに侵入してきたとき、インドには種々の民族が生活していた。ムンダ（Muṇḍa）人が北部インド一帯にひろがっていたことも、ほぼ確実である。彼らは褐色・短身・低鼻の民族であった。

この民族の用いる言語をムンダ語（Muṇḍā languages）と称するが、種々の添接辞（affix）を、語根要素の頭部・中間・末尾に付加挿入して複雑な動詞形をつくるという特徴をもっている。ムンダ語はオーストロ‐アジア（Austro-Asia）語族の一つであり、インドシナのモーン‐クメール（Mōn Khmēr）語、アッサムのカーシー（Khāsī）語、ニコバル諸島のニコバル（Nicobarese）語と同一系統に属する。また、アンダマン群島の先住民やセイ

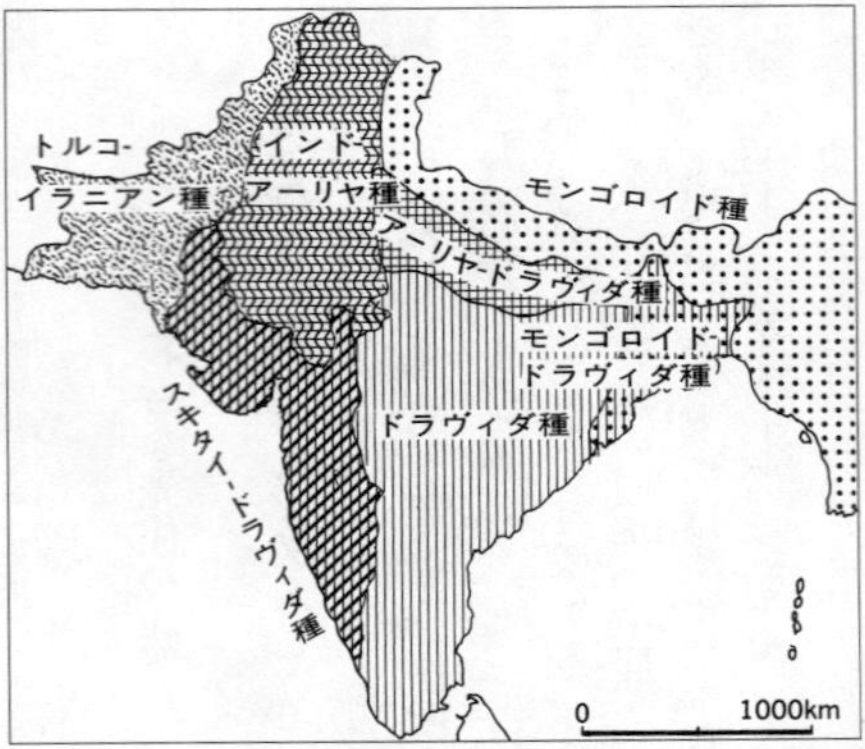

インドの民族分布

ロンのヴェッダ（Vedda）族とも連関があるといわれている。

現在ムンダ語は、チョーター・ナーグプル高原を中心とし、ウッタル・プラデーシュ州の一部（マハーデーオー丘陵地）、ヒマラヤ山地、ベンガルなどにおいて、約七十万人のあいだで用いられている。彼らは、かつてはインドのほとんど全部をおおっていた密林や竹藪の中に生存していた。現在でも、彼らのうちのかなりの部分は、狩猟と野生植物の採取によって生活している。人類学的には原始ドラヴィダ人（Dravida）と区別しがたいが、言語の面では、彼らの用語はドラヴィダ語とはまったく異なっている。

彼らの生活はきわめて原始的な状態にあった。彼らは野獣を狩猟し、あるいはまた互いに争闘を事とした。その道具としては石製の武器を用いたらしい。彼らは木の根・草の実・生肉を食い、いまだ牧畜も耕作も知らなかったらしい。しかし、土器は製造していた。

彼らの宗教は不明であるが、死者を埋葬し、その上に石碑を立て、あるいは石の輪円を築いた。これらのことは、この民族の現在の生活状態と発掘とによって想像される。彼らは現在においても固有の文字をもたず、したがって文芸作品をもたないから、当時においてもおそらくそのとおりであったのであろう。ただムンダ語が、サンスクリット語の単語のうちに微かな影響をおよぼしたことを、近年、学者が指摘している。

独特な習俗

ムンダ人には種々の種族があるが、ヴィンディヤ山脈に住むコール（Kol）またはコラリアン（Kolarian）もムンダ族と同じだと考えられている（Kol とは豚を意味し、もとこの種族に対して投げられた軽蔑の語であった）。ビル族、ジュアン族のような中央インドの先住民族もその一種に数えられている。また、アンダマン群島の先住民、セイロンのヴェッダ族も人種的には近いといわれている。またムンダ人の一つとされる今日のサンタール（Santāl, Santhāl）族は精励であるため、経済状態もしだいに改善されつつある。しかしその習俗が一般インド人とかなり異なるので意外の問題を起こすことがある。

たとえば、三月八日を中心として約一週間にわたり、北方州やベンガルではホーリーの祭を行なう。そのさいには昔からの習俗として、色のついた水や粉を通行人にふりかけることが許されている。白いきものが台なしになるのであるから、通行人にとっては迷惑至極であるはずだが、じつはそれを喜んでいるのである。ところが、サンタール族はこれを行なわない。一九五五年、カルカッタの一新聞によると、ホーリーの祭に二人の店主がサンタール族の六人の娘に水をひっかけたことが重大な問題をひき起こした。サンタール族の間では娘に色のついた水をひっかけることは、花婿にのみ許された特権なのである。この六人の娘はもはや将来結婚することができない。そこでその六人の娘は二人の店主に向かって、それぞれ三人ずつと結婚してくれと申し出た。ところが二人の店主はそれを拒絶したので、その二人は警察に逮捕されたという。

彼らの社会生活が一般インド人と異なっていることは、この一例からでもわかるであろう。現在のインドでも、彼らは一般ヒンドゥー教徒から差別待遇されている。

アーリヤ人以前の侵入者ドラヴィダ人

アーリヤ人がインドに侵入してきたとき、もっとも主要な敵対者はドラヴィダ人であった。ドラヴィダ人はふつうインドの先住民と考えられているが、やはりもとはきわめて古い時代に西北インドを通ってインドに侵入してきたらしいと主張する学者がある。すなわちバルチスタンにはブラーフーイー（Brāhūī）の方言が残っているが、それは南方インドのドラヴィダ語とひじょうによく類似している。だから、もとは西北方から侵入してきたのであろうというのである。しかしそれと反対に、ブラーフーイー語を用いる民族が南方インドからバルチスタンに移ったという想定もまた可能である。つまり、その起源はよくわからないが、ともかく、アーリヤ人が侵入したときには、ドラヴィダ人は全インドに定住していた。リグ・ヴェーダ神話のうちには、アーリヤ人が神々の助けをうけて悪魔（Dasyu）を退治したということが、しばしば伝えられている。これらの悪魔は祭式をもたず、供儀を行なわず、奇異な誓戒をたもち、神々を罵《のの》るなどといわれ、彼らの宗教がアーリヤ人のそれと異なっていたことを示している。インドラ神（アーリヤ人の戦いの神）はこの悪魔を退治する。彼らはどもった言葉を語る。彼らは「鼻が無い」といわれているから、鼻の平たいドラヴィダ人のタイプによく符合する。おそらくドラヴィダ人に言及しているのであろう。

また『リグ・ヴェーダ』では、悪魔よりはもっと人間的な存在として、先住民ダーサ（Dāsa）を伝えている。彼らはもろもろの氏族（viśaḥ）を構成し、もろもろの城塞をもっていた。彼らは黒色の皮膚をし、鼻をもたず、どもった言葉を語り、性器崇拝を行なっていた。そうして、彼らとアーリヤ人とは宗教を異にしていることが、しばしば言及されている。彼らは征服されて奴隷となった。したがって、『リグ・ヴェーダ』においてすでに、ダーサとは奴隷を意味する語とされている。

当時のドラヴィダ人の文献が残っていないから、われわれは、後世のドラヴィダ人の生活ならびに文献、および『リグ・ヴェーダ』のうちの言及にもとづいて、彼らの社会生活を想像するよりしかたがない。それらによると、アーリヤ人が侵入してきたときには、彼らは大河の流域、あるいは平原の諸所に住み、森林を開拓して耕地あるいは牧場とし、小村落を形成し、部族としての集団生活をいとなんでいた。そうして周囲の部族の侵入を防ぐための防禦施設として城塞を築いていた。

彼らは定まった集団生活の様式を確立し、ある程度の文化を所有していた。衣服をまとい、青銅製の道具あるいは武器を用い、黄金の装飾を身につけていたらしい。社会的な掟も確立していたと思われる。しかし、彼らの銅器文明がまだ幼稚な段階にあったのに対し、アーリヤ人は程度の進んだ真鍮《しんちゅう》の器を用い、馬を乗りこなし、馬に軛《くびき》をつけた戦車を駆使する術にたけていた。ところがドラヴィダ人らは馬を乗りこなすことができなかった。だからアーリヤ人はまたたくまに征服してしまったのであろう。

現代インドにも残る母系制社会

彼らの家族構成は母系制であった。親子関係や相続は母方の系統にしたがって認められるのである。父はなんらの意義をもたず、血縁関係のあることさえも知られていない。この母系制は現在でもなお、トラヴァンコール、コーチンや若干の部族のあいだに残っている。とくにドラヴィダ人の母系制家族制度は、後世のインド人一般の命名法にも影響をおよぼしている点において重要である。すなわち後世には「何某女の子」という命名法が盛んに行なわれ、碑文の中にもその証拠が多く認められる。

この事実は、中国人には奇異なこととして注目をひくこととなった。三八四年、中国におもむいた有名な翻訳僧クマーラジーヴァ（Kumārajīva 鳩摩羅什）の弟子僧肇《そうじょう》は、「天竺《てんじく》にては多く母の名を以て子に名づく」といっている。クマーラジーヴァは、インドの仏典にあらわれる個々人の名について、子が母の姓を称する実例を指摘している。また、インドの原語の仏典およびジャイナ教聖典では、両親のことをつねに「母と父」というし、この傾向は若干の古ウパニシャッド〈哲学的文献集〉にも認められるが、このような家族観念は、家父長制を堅く保持していた当時の中国人には受け入れられなかった。だから漢訳仏典では、すべて語順を「父と母」に改めている。

現代のインド人の学者に聞くと、ドラヴィダ人はけっして母系制ではなくて、わずかにケーララ州においてのみこの習俗が認められるというが、古い時代には事情は異なっていたと考えられる〈父よりも母を重んずる思想は、古代インドの『マヌ法典』にもあらわれている。すなわち、「母への尊敬〔bhakti〕によりこの世界を得、父への尊敬により中〔空〕界を得、師への奉仕により梵界《ぼんかい》を得る」〔二・二三三〕といい、「父は師よりも百倍、しかし母は父よりも千倍多くすぐれている」〔二・一四五〕と説く〉。

いまなお生きるドラヴィダ人の信仰

ドラヴィダ人の宗教は、彼らの著した当時の文献が残っていないから、詳細は不明である。しかし、幾多の農耕社会におけると同様に、彼らの共同社会の守護神として女神を崇拝していた。また性器崇拝、蛇神および樹木の崇拝をも行なっていた。

インドに侵入したアーリヤ人は、最初のうちはこれに嫌悪の情をいだいていたが、のちにはドラヴィダ人と混血し融合するにつれて、それらはとくにシヴァ〈Śiva〉神崇拝の中に摂取され、容認されるにいたった。また蛇神崇拝、樹木崇拝は、その変容された形態において、インド諸宗教〈仏教およびジャイナ教をふくめて〉の民間信仰の中にも著しい影響をお

竜王，竜女像（8世紀ごろ，マハーバリプラム）

よぼし、また現代にいたるまで、ヒンドゥー教の信仰の中にも生きてはたらいている（蛇神崇拝の変形である竜神崇拝は、仏教とともに日本にも渡来した。四国讃岐の金毘羅《こんぴら》信仰の金毘羅〔Kumbhīra〕とは、もとはガンジス川の鰐《わに》のことである）。

先住民と現在のインド社会

古代インド史においては、人種的にモンゴロイド型の種族の人々は重要な役割をはたしていない。しかし現在も、だいたい、ベンガル州・アッサム州・トリプラ州・ナーガランド州に居住しており、一見、蒙古人・中国人・チベット人とよく似ており、われわれ日本人にもいくらか似た顔をしている。

彼らがインド文化に重要な影響をおよぼしたのは、西紀七世紀以後の、秘密宗教タントラ派の形成においてである。

ともあれ、古代インドの先住民は、政治的には侵入者であるアーリヤ人に圧服せられ、その社会の中に吸収され、政治的自律性を失った。彼らは隷民としてアーリヤ人の社会に編入された。

しかしながら、ドラヴィダ人などのアーリヤ化は、完全には達成されなかった。かえってアーリヤ人のサンスクリット語の中に、ドラヴィダ人など先住民の単語がとりいれられるようなことさえも起こった。彼らは自己の習俗・文化を守りつつ、紀元後には独自の文化の花を咲かせた。今日でも、南方インドの住民は主としてドラヴィダ人であり、ドラヴィダ系言語を語っている。

現在、インドには純粋のドラヴィダ人は約一億人以上おり、インド総人口の約二割に相当する。インド人の皮膚の色はさまざまであるが、白い人はだいたいアーリヤ人で、黒い人はドラヴィダ人など先住民の子孫である。そのほか、ドラヴィダ人とアーリヤ人・サカ人・蒙古人などとが混血して成立した人種がひじょうに多数いる。ドラヴィダ人のうちには、アーリヤ文化の影響をほとんど受けていない人々もかなり多い。

ドラヴィダ文化の異質性ということは、今日のインドでも大問題である。独立後のインドは十五年間に英語を駆逐してヒンディー語を公用語とすることに決めたが、これに対してドラヴィダ人のうちのタミル人（タミルナズ州のあたりに住む）はことに強硬に反対し、もしヒンディー語を公用語として強制するなら、タミル語をも全インドの学校で教えよ、と強調する。南方インドでは、鉄道の駅の標識をヒンディー語と英語とタミル語で書くが、土地の人がヒンディー語の部分だけを消したりすることがあった。しかし現在ヒンディー語がしだいに普及しつつある。

第二章　アーリヤ人の侵入

1　侵入以前のアーリヤ人

インド文明をつくった民族

インドの歴史は、文献的にはアーリヤ民族とともにはじまる。インダス文明は、さきに述べたように、宗教・美術・経済など種々の点で後世のインド文明に対して予想以上に深い影響の跡を残してはいるが、アーリヤ民族がインドに侵入してきたときには、完全に滅ぼされたらしい。すなわち、インド文明の主流は、アーリヤ民族によって形成されたのである。

アーリヤ人は歴史以前の時代にどこに居住していたか。その原住地はいまだに不明であり、学者のあいだで種々論議されているが定説はない。ドナウ（ダニューブ）河畔の沃地《よくち》に生存していたのであろうともいわれ、あるいはヴォルガ河畔の広漠たるステップ（草原）地帯に遊牧民としての生活を送っていたとも考えられた。「ぶな」の木を意味する語がインド－ヨーロッパ諸語においてほぼ共通であるという事実を手がかりにして、原住地はバルト海岸の北ドイツ地方であったという推定説が一時有力であった。そのほか多数の異説が立てられているが、そのうちのいずれとも断定すべき確証はない。

自然崇拝の遊牧民

近年では、コーカサス山脈の北方地帯であったという説が有力であり、アメリカの知識人のあいだでは一般的な意見となっている。ともかく、原始アーリヤ人（＝原始インド－ヨーロッパ人）が、牛・馬・犬など家畜の群をひきつれて、一つの草原から他の草原へと移動して、遊牧の生活を送っていたことは確かである。なぜそのように断定できるかというと、インド－ヨーロッパ諸民族を通じて家畜の名は類似したものが多いが、農産物の名は各民族によって異なっているからである。

石器または銅製の道具（たとえば斧《おの》）の使用も相当に行なわれていた。石器または銅製の武器を用いて狼・熊など野獣の来襲を防いだ。また近隣の諸部族と物々交換を行なって、自分らの草原に産出しないものを入手していた。彼らが鉄器を使用したのはある時期以後のことである。

彼らの宗教は、原始民族の悪霊崇拝の状態をすでに脱していた。彼らは自然崇拝を行ない、空、太陽、月、曙《あけぼの》、火、風、水、雷鳴が彼らには神として映じた。彼らはそれらをおそれ敬い、その恵みを請うた。神々を、天空にあり明るく輝くものと考えていた。

インド－ヨーロッパ諸民族にとって、「神」とは輝くものという意味であった（deva, daeva, theos, deus, tivar, diewas, dia）。そうして天を最高の神と見なしていた。インドにお

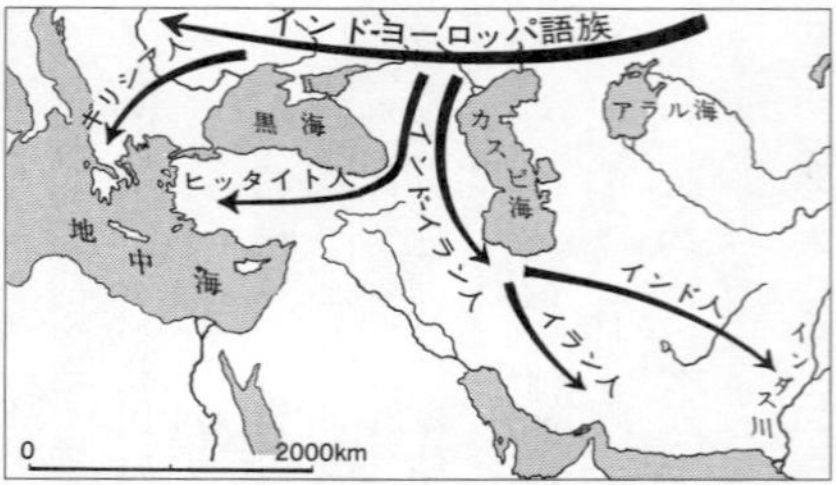

インド－ヨーロッパ語族移動図

ける天の神ディヤウス（Dyaus）は、ギリシアのゼウスに相当する。天そのものに「われわれの父なる神よ」と呼びかけていた（Dyaus pitaḥ ＝ Zeu pater ＝ Juppiter）。ゼウス神もジュピテル神も、ともに天空を支配する神である。「天なる父」という信仰はこの時代に由来する。

移住――原住地の草原をあとに

アーリヤ民族はある時期（前一七〇〇年ごろか）に、人口の増加、旱魃《かんばつ》、あるいは他の事情にうながされて、原住地の草原を出て、他の地方へ移住を開始した。若干の部族は西方へ向かったが、ついにヨーロッパに定住し、現在のヨーロッパ諸民族、すなわちケルト人、チュートン人、ゲルマン人、スラヴ人、イタリア人、ギリシア人などとなった。若干の集団は、アナトリア（Anatolia）に現れ、そこの先住民と混血してヒッタイト族の大帝国を建設した。

また、他の諸部族は東方へ向かって移住を開始した。彼らはアジアにはいり、カスピ海（裏海）の南東に当たる西トルキスタンのステップ地帯に数世紀間定住して共同生活を送っていたらしい。ここに住んでいた諸部族を総称してインド－イラン人という。彼らは半ば遊牧、半ば農耕の生活を送っていたと考えられる。

このインド・イラン人の宗教および思想は、インド最古の文献で、バラモン教の聖典『リグ・ヴェーダ』と、イラン最古の文献で、ゾロアスター教の聖典『アヴェスター』との比較対照を手がかりとして推知することができる。しかし、彼らはその後再び移住を開始した。そして、その一部は西南へ移動してイランの地にはいり、アーリヤ系イラン人となった。

インド－イラン人とその宗教儀礼

ヨーロッパ諸民族と、イラン人、インド－アーリヤ人および西アジアの過去の民族とのあいだに密接な言語上の血縁関係があることを発見したのは、近代人文科学部門のもっとも大きな発見の一つである。これらの諸言語は、インド－ヨーロッパ語族という名のもとに総括されている。これらの諸民族のあいだには、人種的にも血統上の血縁関係のあることが、人類学上でも知られている（一見しただけでも西北インドの人々は皮膚の色・骨格が西洋人といちじるしく類似している）。

このような親縁関係があるという事実は、かつて遠い過去において、これらの諸民族が共同の社会生活を営み、共通の精神生活をおくっていたことを示す。たとえば前述の、イランの『アヴェスター』の最古層をなすガーサーの言語は、インドの『リグ・ヴェーダ』の言語にきわめて類似している。

そこで、インド－イラン人の宗教を推定してみると、彼らは、家庭の内部では祖先崇拝を

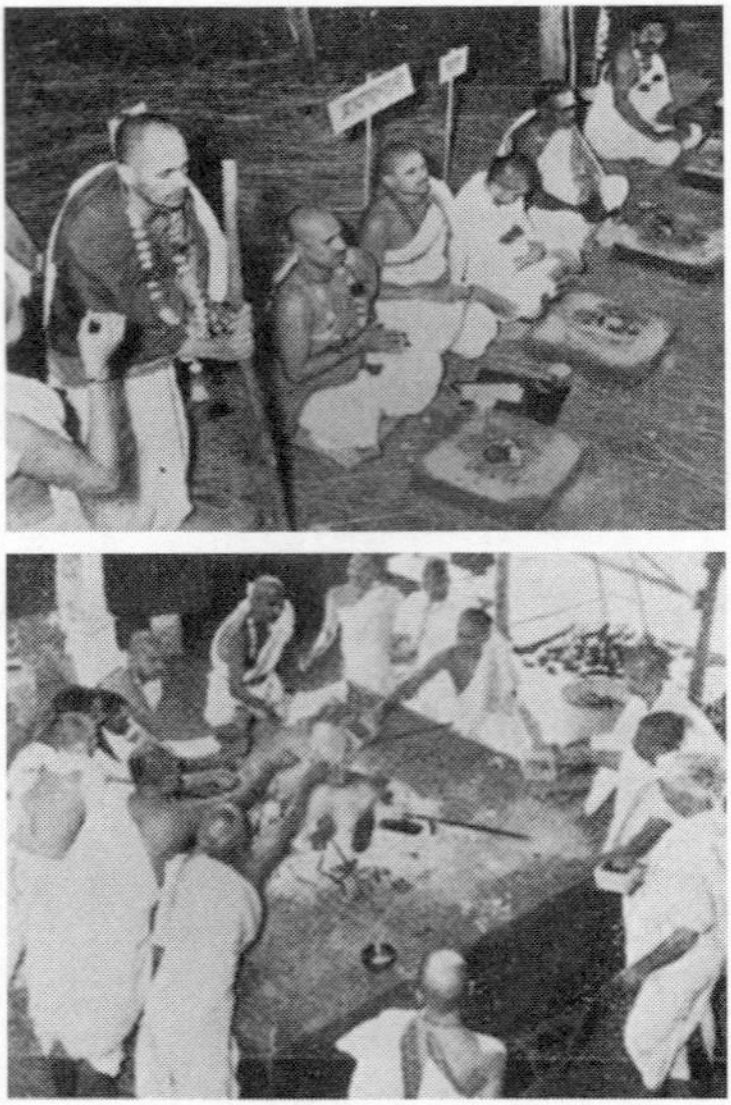

ヴェーダの祭　祭場に坐す行僧たち（サプタホード）〔上〕とソーマの献供〔下〕

行ない、祖先に供物をあげてなだめ喜ばせ、その福を授かろうとした。しかし民族のおおやけの宗教としては、天界の神々を崇拝することが盛んに行なわれていた。神々に対する供犠としては、穀物と牛乳との供物を聖火の中に投ずること、特殊の酒（ソーマ）を水盤に盛って献ずること、および動物を犠牲に供することが主として行なわれた。火は供物を天にはこぶものとして特別に尊崇された。

天則——インド - ヨーロッパ語系民族初の哲学的観念

このような、インドにはいる以前のアーリヤ人が、インド - イラン人として行なっていた宗教儀礼は、日本人ともけっして無縁ではない。この聖火を崇拝する儀礼が、やがてヴェーダの宗教として発展し、ヒンドゥー教を通じて、真言密教にとり入れられ、日本に伝わる。

すなわち、日本の真言密教の寺院で護摩を焚《た》くのはこの聖火崇拝の儀礼を受けているのである。護摩は、サンスクリットの homa の音写であって、神聖な火に供物を投ずる献供をいう。ただ、仏教にはいると、動物を犠牲に供することは廃止され、酒も用いられなくなった。それだけのちがいである。

また、インド-イラン人のあいだでは、すでに宇宙全体に関する原始的な哲学的自覚が成立していたらしい。宇宙は神々とは独立に、それ自身で存在し、神々はその宇宙に内在する。宇宙は一定の秩序、すなわち天則によって維持されていると考えた。この天則の観念は、インド-ヨーロッパ民族が形成した最初の哲学的観念であろう。

バーミヤンから望むヒンドゥークシュ山脈

2　ヒンドゥークシュを越えて

圧倒的な武器と戦術で

アーリヤ人の一部は、ヒンドゥークシュ山脈を越えて西北インドにはいり、インダス川上流の五河地方（パンジャーブ）を占拠した。彼らはインド-アーリヤ人とよばれる。

アーリヤ人がインドに侵入した時期は、考古学的証拠にもとづいて、西紀前一三〇〇年ごろという主張が、ヨーロッパの学者のあいだで最近有力である。しかしまだ、すべての学者の承認を得るまでにいたっていないので、ほぼその前後数世紀と解したらよいであろう。そうして、この新居住地において、おそらく前一〇〇〇年ごろまでに『リグ・ヴェーダ』の宗教を成立させたものと考えられる。

外部から侵入してきた皮膚の白い彼らアーリヤ人が、新たに土地を占拠するためには、黒色低鼻の先住民と猛烈な戦闘を交えなければならなかった。諸種の先住民のうちでも、とくに主要なものはドラヴィダ系民族であったらしい。

先住民との戦闘の経過は、『リグ・ヴェーダ』の神話の中に反映している（『リグ・ヴェーダ』の詩句は西紀前およそ一三〇〇～一〇〇〇年につくられたが、遅い詩句や現形にまとめられたのは、さらに一世紀か二世紀のちであろう）。この『リグ・ヴェーダ』の讃歌の中には、われわれのよみとるべき歴史的事実がある。

アーリヤ人は、肉体的にも精神的にも先住民族よりも強靭《きょうじん》であり、武器と戦術とにおいて圧倒的にすぐれていた。そのために、ついに先住民を征服、あるいは駆逐してしまう。とくに、先住民族がいちおう銅器文明の段階には達しながらも、まだ技術的には幼稚であったのに対して、アーリヤ人ははるかに進んでいたことが重要である。

彼らの進歩した真鍮製造技術は、インダス文明の道具や武器よりもすぐれたものをつくり出した。鉄を熔かす技術はアナトリアあたりからはじまったらしいが、鉄があまねく使用されるようになったのは、西紀前二千年紀の終わりにおいてであった。そうして、『リグ・ヴエーダ』のアーリヤ人は、真鍮または銅、ないし鉄を用いて農具や武器をつくっていたのである。

しかしともかく、すでにさきにも触れたように彼らが金属鋳造の技術においてまさっていたことが、彼らの有力な勝因であったと考えられている。また、アーリヤ人が自由に馬を乗りこなして戦車を用いる技術を心得ていたことも、彼らの成功の一因であろう。彼らが騎兵として戦った形跡は認められないが、戦車を馬にひかせていたことが知られている。

すなわち二人乗りの戦車（車輪のふち以外は木造）を二頭ないし四頭の馬がひくのであるが、戦車上の右側には御者が坐し、左側には弓を手にした戦士が、あるいは立ち、あるいは坐して弓を射たのである。この戦術は、先住民の軍隊に対して圧倒的に有効であった。

白と黒の世界の出現

このようにして、先住民は人口数においてははるかに多かったけれども、まったくアーリヤ人の支配下に隷属し、インド社会最下の隷民階級となった。彼らをダーサ（またはダスィユ）という。

ダーサとは、元来は人間に危害をおよぼす悪魔、あるいは野蛮人ないし先住民を意味していたが、このときから、征服せられた先住民、すなわち隷民、奴婢《どひ》の呼称となった。彼らが後世にシュードラ（śūdra）と呼ばれるものである（彼らのことを西洋の学者は slave と呼んでいる。しかし古代西洋の奴隷のような残酷な扱いは受けていなかったから、いちおうそれと区別して隷民と訳すことにした)。彼らはアーリヤ人の社会に編入されたために、後世にはアーリヤ人の血液および文化に消しがたい跡をとどめるようになった。

したがって、当時の社会においては、アーリヤ人から成る一般自由民の階級と、先住民である隷民の階級との截然《せつぜん》たる区別があった。階級のことをヴァルナ(varṇa)という。ヴァルナとは元来「色」という意味の語であり、とくに皮膚の色を指していう。征服者たるアーリヤ民族は皮膚の色が白く、これに反して被征服者たる先住民族は色が黒いので、皮膚の色の区別がそのまま階級の区別の標幟となった。こうして、アーリヤ人が五河《パンジャーブ》地方に定住した最初期の社会における階級は、以上のようなほぼ二種から成っていたのである。

では、この当時には、後世のインドに特有なカーストのような分化固定した階級制度はいまだ成立していなかったのか。この問題については諸学者の見解は必ずしも一致していない。しかし『リグ・ヴェーダ』讃歌についてみるかぎり、いまだカーストのようなものは存在せず、ただアーリヤ人のあいだにおいて貧富の差、あるいは身分上の区別があり、部族の首長である王(ラージャン)と、司祭者であるバラモンとが、多少社会的に優越した地位を占めていたにとどまるらしい。すなわち、アーリヤ人の社会は、父権的な家長制度による大家族の生活を営み、そのうえに順次に同姓大家族、氏族、部族を構成していたようである。

牧畜・農耕を主とする定住生活へ

アーリヤ人は、パンジャーブ地方に侵入して、定住するにつれて、同地方の森林沼沢を開墾し、肥沃な耕地をつくり、また、草の多い牧場を出現させた。パンジャーブ地方は今日では不毛の地となっているが、このようになったのは、樹木伐採のためであろうといわれている。現在でも人工灌漑《かんがい》を行なうところでは、年二回の収穫が得られるほどである。

アーリヤ人はこのような風土において、牧畜を主とし、かたわら農耕を行なっていた。とくに、牧畜では牛と馬、耕作では大麦が主であった。牝牛は搾乳のため尊重され、牡牛は耕作、車両の牽引《けんいん》、荷物の運搬に用いられた。しかし後代のヒンドゥー教徒のように牛を神聖視するまでにはいたらなかったようである。「牛を殺してはならぬ」という句はあったが、それは主として経済的な理由のためであったらしい。

工芸もしだいに進歩し、木工、ことに車工・紡織・鍛冶・製陶・皮革・醸造の技術は徐々に進歩しつつあった。物品の売買には物々交換が行なわれたが、とくに牛が物価の基準となった。いわば牛が一種の貨幣の役目を果たしていたのである。仏典の中に「西牛貨洲《さいごけしゅう》」、すなわち西のほうで牛を貨幣としている大陸、の伝説があるが、この時代の社会に由来するものであろう。

アーリヤ人は村落（grāma）を形成し、木造の家に住み、家屋の中央には火炉を設けていた。この火炉はアーリヤ人の宗教の特徴であり、ここで彼らは火の祭りを行なったのである。当時の家屋は、木材のまわりに泥土を塗ったような簡単なものから、かやぶきの複雑なものまであった。家の中には種々の備品を備え、家の周囲には家畜を入れるために小舎のような設備をつくっていたと考えられる。村落には部族の一部が居住し、村長が支配していたらしい。

まだ都市は発達していなかったが、丘の上に石および土でつくった塞柵《さいさく》（とりで pur）をかまえ、外敵が来襲したり、あるいは洪水が起こったさいに避難所とした（この「プル」は、後代には「町」を意味する名称となった。しかもその名称は、今日なお南アジアに保存されている。たとえば、シンガポールの「シンガ」は獅子の意味で、「ポール」は右の「プル」の転訛《てんか》である）。

3 国家の政体と宗教

統治の形式と戦争の性格

この時代の国家形式は王政であった。王位は世襲であり、長子が継承するのが原則であったが、また国王が選挙されたこともある。ただしその選挙というのも、じつは儀礼的なものであり、実際は王位に即いた新王を、民衆が集まって承認賛同するばあいのほうが多かったのであろうと推定する学者もある。

寡頭政治も部分的に行なわれていた。『リグ・ヴェーダ』の中には、諸王が共同で統治を行なっている事実に言及している句がある。それは、一つの王家の諸成員が共同で統治を行なっていたことを示しているとも考えられるが、むしろ諸部族の首長たちが共同の一つの統治団体を構成していたのであろう。

当時の国王は先住異民族と猛烈な戦争を行なっていたにちがいない。そしてそのことは、武勇神インドラの悪魔退治の物語の中に認められる。インドラ神は、当時のアーリヤ人勇士の理想化・巨人化されたものであった。また、『リグ・ヴェーダ』には王者にたとえられる神々のすがたが説かれており、そこには当時の王者の実態の投影を認めることができる。

この時代の戦争は、先住民を征服支配するための民族戦争の性格をになっていた。すなわち、外来のアーリヤ民族と先住諸民族とが、土地の支配権、民族の優越的地位を求めての戦争であった。したがって、当時の戦争にはアーリヤ人全体が参加したらしい。しかしまた、アーリヤ人相互のあいだでも、部族同士の戦いが行なわれたことがあった。

人民集会と連合集会

ところでこの時代の、王政あるいは寡頭政治といわれるものは、絶対的な統治権をもつものではなかった。国王の諸権力は、人民集会（samiti）および連合集会（sabhā）に表明される人民あるいは王族、僧族（司祭者）の意思によっていちじるしく制約された。

人民集会は、庶民または庶民の家長の集会であったらしい。王族や祭官たちも、おそらくそこに臨席したのではあろうが、決定権をもたなかった。国王は人民の意向につねに留意せねばならなかった。しかし、連合集会は人民集会よりも高級の集会で、部族のおもだった人々の会合であったらしい。それは王族と僧族とから構成されていたらしく、そこではたんに政治的な会談のみならず、豊かな宴楽をももよおした。

さてここで注目されるのは、アーリヤ人が他の諸民族を攻撃するばあいに、アーリヤ人全体を指導する帝王のようなものは、『リグ・ヴェーダ』のなかにすこしも言及されていないことである。つまり、アーリヤ人全体の統率者、あるいは首長なるものは存在しなかった。アーリヤ人全体の宗家なるものも立てられていなかったのである。

当時のアーリヤ人は、彼らのあいだにあった血縁関係・言語・宗教の共同を自覚してはいた。しかし、部族間の政治的な統一はなかった。彼らは、全体として一つの統一的国家を形成することなく、ただ各地域ごとに、王の統治下に小国家を形成していただけにすぎなかった。すなわち多数の小国家が併立していたのであって、一つの国民とはなっていなかった。彼らはただ、異民族を攻撃するとか、外敵の襲来を防衛するとかいった事変のさいに、互いに同盟関係を結んだだけである。

したがって、アーリヤ人の民族的結合をもたらしたものは、政治による統一ではなくして、むしろ宗教に関する共同の自覚である。もともと「アーリヤ」とは、「部族の宗教を忠実に遵奉《じゅんぽう》せる者」という意味であり、それが「同じ部族の人々」の意に転じ、そしてその部族が他の土地に侵入して異民族を征服したばあいには、さらに転じて「支配階級の人々」を意味するにいたったのである。

こうして当時のアーリヤ人は、じつに国家的な結合によるのではなくて、同じ宗教をともにしているという自覚において互いに結びつけられていたのである。しかも、アーリヤ人のこのような性格は、その後のインド史を永く規定している。

ヴェーダ聖典の祭儀書

『リグ・ヴェーダ』

当時のアーリヤ人の宗教は多神教であった。それは主として、自然現象あるいはその背後に存在すると想定される力を神格化して崇拝することであった。そうした神々への讃歌が集成されて成立したのが『リグ・ヴェーダ』である。

『リグ・ヴェーダ』は、インド-ヨーロッパ人のもつ最古の文献の一つであり、また、すでに述べたように、インド最古の文献である。「リグ」とは讃歌の意であり、「ヴェーダ」とは、もとは知識を意味したが、転じてバラモン教の聖典の意味となった。

ヴェーダ聖典の全体の組織はつぎの時代になって確立するが、ヴェーダ聖典は(一)根本の聖典(サンヒター、「本集」と訳される)と(二)祭りの実行のしかたを規定している祭儀書(ブラーフマナ)と(三)森林の中で伝えられる秘密の教えをのべている「森林書」(アーラニヤカ)と(四)宇宙人生についての哲学説を述べている「奥義書」(ウパニシャッド)とから構成され、その大部分はつぎの時代に(ただし仏教以前に)成立したものである。

ところでそれらのうちでもっとも古いのは『リグ・ヴェ

バラモンの学院　マドラス州

ーダ本集』であり、千十七の讃歌と十一の補遺の讃歌を有するが、それらの讃歌は、およそ前一二〇〇〜前一〇〇〇年に作成され、前一〇〇〇〜前八〇〇年ごろに、現形のように編集されたらしい。しかし、そのときから三千年後の今日にいたるまで、主として暗唱によって伝えられている。

　バラモンたちが集まってヴェーダ聖句をとなえているとき、われわれからみると、その行儀はよくない。あぐらをかいてうでぐみをしたり、姿勢をくずしてあちらを見たり、こちらを見たりしている。ことに南インドのバラモンたちは、儀式のときにははだぬぎになる。

　しかし驚くべきことには、彼らは経典を手にしない。しかも、つぎからつぎへと聖句が口をついて出てくる。頭の中にたたきこんでいるのである。わたくしは時計を出してはかってみたが、三十分以上もたてつづけにとなえているのに驚いた。われわれ日本人の学者が辞書を片手にサンスクリット原典をよむのとはちがい、彼らは聖句が身についているのである。

『リグ・ヴェーダ』の神々と葬礼

インド-アーリヤ人のあいだでは多くの神々が崇拝されたが、もっとも多く崇拝された神はインドラ神である。武勇の神で、暴風雨をひき起こし、悪竜を退治する。やがてこの神は仏教にとり入れられ、帝釈天《たいしゃくてん》として、仏法守護の神とされ、今日でも日本のあちこちで拝まれている。インドラ神が帝釈天となったのは、インドラの別名を俗語でサッカということから「釈」という字で音写し、「神々の帝王なる釈という天神」としたためである。

つぎに有力なのは火の神アグニである。これはラテン語のイグニスに相当し、英語のignition（点火）などという語とつながっている。太陽の神（日神）もスーリヤなどいろいろの名で拝まれていたし、月も神格化されていた（のちになってブッダのシャーキヤ族は太陽の子孫だと称していた）。

天空の神ヴァルナはやがて水神として仏教を通じて日本にきて、水天宮で拝まれている。湖沼の女神サラスヴァティーは、やがて智恵弁才の女神となり、日本にきて弁才天となった。だから弁天の社はつねに水辺にあるのである。

スーリヤ(日神)像(13 世紀)

サラスヴァティー(弁才天)像（11 世紀ごろ，カルカッタ，アシュトシュ博物館）

このように、『リグ・ヴェーダ』はけっして日本人から離れたものではない。『リグ・ヴェーダ』の神々は日本人の民間信仰のうちに生きているのである。

リグ・ヴェーダ時代についてみると、古くは埋葬が一般に行なわれていたが、移住のために、おそらくインドの風土に影響されてであろう、のちには火葬も行なわれるようになった。火葬されると、遺骨は通常埋葬された、と学者は推定している（しかし遺骨崇拝にはさほど言及していない）。この火葬の習俗も仏教とともに日本にはいってきたのである。

第三章　農村社会の確立とバラモン教

1　カースト的社会の成立

バラモン文化の完成

パンジャーブ地方に定住していたアーリヤ人は、おそらく西紀前一〇〇〇年ごろからと思われるが、東方へ向かって移住を開始し、ヤムナー川とガンジス川との中間の肥沃な平原を占拠した。この地方を中国またはクルの国土という。

この地方の肥沃な土壌と酷熱多雨の気候とは、農業生活に好適であったために、アーリヤ人は、牧畜狩猟よりも、むしろ定住して農耕に従事したのである。彼らはここに多数の小村落を新しく建設し、司祭者を中心として氏族制農耕社会を確立し、孤立的閉鎖的な経済生活を営み、バラモン教の文化を完成するにいたった。したがってこの地方は、後世、バラモン文化の聖地と目されている。

この時代にバラモン文化は、東はヴィデーハのあたりまで、南はヴィンディヤ山脈を越えてヴィダルバにまで達したらしい。

インドカーストの基盤——四姓の発生

この時代に形成された社会制度ならびに文化は、典型的にインド的特徴をそなえていて、その後のインドに広範囲にわたって影響をおよぼしている。それは、幾分か変容した形態において、全インドの諸地方にひろがったらしい。征服された先住民は隷民すなわちシュードラとして労役あるいは家庭の雑務に従事したが、一般自由民と隷民との階級的差別は厳守された。

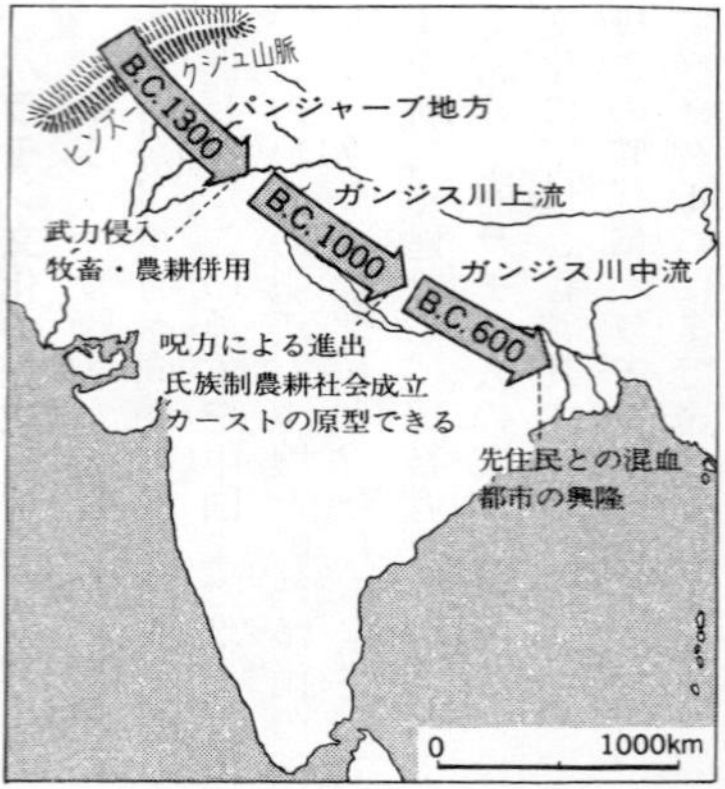

アーリヤ人の移動図

またアーリヤ人のうちでも、司祭者と武士とはとくに独立の優越した階級を形成した。そうして、各人の職業は世襲となり、彼らのあいだの階級的身分的区別はしだいに深まった。ここに四姓の階級制度が成立するにいたったのである。

すなわち、バラモン（婆羅門《ブラーフマナ》、司祭者）、クシャトリヤ（王族・武士）、ヴァイシヤ（庶民）、シュードラ（隷民）の四階級を四姓という。当時はこれよりもいくらか細かな階級的区別もあったらしいが、今日のインドにおいてみられるような多数のカースト（血統・生まれ）の成立する原因は、すでにこの時代に胚胎している。この四階級のうちではバラモンがもっとも尊く、クシャトリヤがこれにつぎ、シュードラはもっとも卑しいものと考えられていた。

もっとも、当時の階級制度は、後世のインドのカースト（caste）制度のように、カーストごとに会議と共同の祭宴をもつ一つの組織とはなっていなかった。ただ、身分の世襲、共通の職業の追求、異なった階級間の結婚について相当大きな制限を加えることにほかならなかった。後世のインドのように、賤《いや》しい身分のものから食物をもらうと汚れるという思想は、まだ現れていなかった。祭祀《さいし》を実行する者が他人と食事することについての制限は規定されているが、まだカーストとは結びつけられていない。

現代インドとカースト制度

カースト制度の成立後、この制度がますます細分されて発展したことは周知の事実である。そして現在、カーストの数は四千種に達しているという。

異なったカーストのあいだでは結婚することができず、また食事をともにすることもできない。もちろん、こうした社会現象はかならずしもインド特有のものではない。およそ全世界にわたって、原始民族のあいだでは、通婚の権利と食事をともにする権利について制限がある。すなわち、前者については、婚姻関係の成立する範囲が制限され、族内婚と族外婚が行なわれる（インドでは、同じカーストのうちで異姓の者と結婚するのである）。また、集落の神聖な饗宴には部族外の者の参加を排除し、もしそれに参加を許されたら、部族の一員としての資格を獲得するということが行なわれている。だからこれは世界的な現象である。

しかしながら、インドでは、こうした現象が極端に発達した。そうして、すでに文化的発展と爛熟《らんじゅく》とを経過した今日にまでも、なおこのような制限を伝えていて、それがきわめて有力にはたらいている。

たとえば、二十世紀になってからでも、インドの工場では同一カーストの者のみが寝所をともにする。工場では手洗水をカーストごとに別々の容器に用意しなければならない。工員たちは労働者であるという意識よりも、カースト所属員としての意識のほうが強いから、彼らは団結してストライキを起こすことが少ない。これは資本家にとってははなはだ有利な点であるといわれている。かつて大都市において共同食堂を設けようとしたところが、カースト別にせよという反対論が起こったほどである。

独立後のインドでは、差別待遇は憲法によって禁ぜられ、近代工業の発達は、急速にカースト打破の傾向を示しているが、農村地方ではカーストの制度は、依然として根強く残っている。結婚も、こまかなカーストの区別（sub-caste）は無視されるけれども、同一の大きなカーストのあいだで行なわれている。これを無視することは、大都会以外では許されない。

インドの知識人は、民衆の服装やものごしを見ただけでそれぞれの人のカーストをいい当てる。わたくしがアンドラ・プラデーシュ州の荒地をドライヴしたときのことである。色のついた布をまいているが、上半身ははだぬぎで、はだしで歩いてくる女がいた。同行のシュリー・ニヴァーサン博士は「あれはある低いカーストの女だ」といった。特殊な低いカーストの女はサーリーをすっかりかぶらないで、上半身をあらわしながら歩かねばならないのである。このカースト制度の現実は、外国人旅行者にはなはだ奇異な印象を与える。

　インドの二等車に乗っていると、或る一人のインド人が召使の青年をつれていた。かれはサーバント用の車から、汽車が停車するたびにやって来て、主人の用を足している（インドの列車は各車体が別々で、日本やアメリカの列車のように中がつながっていない。だから列車が駅で停車したときのみ、主人の二等車にやって来ることができるのである）。主人は何もしないで、召使に一切やらせている。鬚《ひげ》を剃るにも召使が主人の顔に石鹸をぬり、かみそりで上手に剃ってくれる。剃り終わらないうちに発車して、召使が去ると、主人の顔に石鹸が残っていても、次の駅に着いて召使がふきとってくれるまで、主人は自分で拭こうとしない。

（藤吉慈海『印度セイロン紀行』仏教文化研究所、一九五五年十月、一五ページ）

わたくしも旅行中によく見かけたが、主人が一等車でひろい場所を占有していると、その横に控えの間があり、そこに召使が幾人か坐っている。そこの部分の窓にはガラスがなくて、上下にわたって幾本も鉄条の桟だけがわたしてある。まるで人間が檻《おり》に入れられているような変な光景である。

カースト制度発達の要因と今後

カースト的な社会構成は、まえにも言及したように、普遍的世界的な現象であるが、同時に、以上に述べたようなインドの特殊性は、インド特有の事情がそれに加わっているということを考慮せねばならない。カーストが細かく分かれて発達した理由については、学者のあいだで種々に論議されている。

リズリーは、カーストは主として混血に由来するのであり、カーストが高いほど、アーリヤ人の血の割合が多くなっているという。またセナールは、インドでは同じ階級のあいだで、しかも他の姓のものと結婚しなければならないという社会慣習があったためであると説明する。またネスフィールドは、職業の分化と世襲にもとづくと説明している。

しかし、これらの仮説のどれか一つが絶対的である、ということはできない。おそらく上述の諸理由がからみ合っているのであろう。また、集団的な改宗・移住なども、新しいカーストを成立させる原因となっていると考えられる。

カーストの制度を打破しようとする運動は、後世に仏教徒などによって盛んに唱導された。しかしついに、インド社会機構の根幹を変革することができなかった。イギリス帝国もカースト制度の改革には手をつけようとしなかった。カーストはそれほどねづよく、インドの土に密着している制度であるといえよう。そうして、これを打ち破りつつあるものは、インド産業の近代的な機械化にほかならない。

2　王権も従属したバラモン

インド文化をになうこと三千年余

ところで、ヴェーダ時代に、バラモンが社会の最上位を占めていたことは、とくに注目すべきである。「学識あり、ヴェーダに精通するバラモン」は「人間である神」として尊崇された。そうして、祭贊《さいし》によって神を満足させ、布施によってバラモンを満足させるならば、この両種の神々は人を天の世界に導くともいう。バラモンは、当時の氏族制農村社会において指導者の地位を占め、祭祀教学を独占していた。

当時のインドにおいては、国王は、社会的権威の点ではバラモンの下に立っていた。インド的な、農村の氏族制社会の組織が確立した時代には、国王の世俗的な権力は宗教的な権威に従属していたのである。このことは、じゅうぶんに注意しなければならない。ここにわれわれは後代のインド文化にも支配的影響を及ぼしているところの顕著な一特徴をみいだすことができるからである。

バラモンは、じつに三千年余の歴史を通じてインド文化の担持者であった。インドには、かつて政治的・軍事的な統一は、きわめてまれにしか実現されなかった。にもかかわらず、インド人を社会的に統一し、同一民族としての自覚を持たせたものは、じつに司祭者階級たるバラモンであった。インドの一般農民は、武士および商人をさほど重要視しなかったけれども、バラモンに対しては絶対的な尊敬をはらい、帰依してきた。農民とバラモンとのこの密接な結合は、三千年余の歴史を通じて不動であり、インド文化の主流はどこまでもバラモンの文化なのである。

バラモンの優越性・権威はなにによるか

たしかに、バラモンの社会的優越性をそこなうおそれのある歴史的大変動は、その後二千数百年のうちに、枚挙にいとまがないほど起こっている。それにもかかわらず、バラモンの社会的勢威は、けっきょくくつがえらなかった。アショーカ王の仏教国教主義も、西方異民族の侵入も、イスラーム教徒の剣も、イギリスの帝国主義も、この歴史的伝統を根絶することができなかった。

もちろん、世界中のどこの国においても、未開の時代には、僧侶が文化の維持者であり、したがってまた文献の作成者でもあった。しかしインドではとくにこの点が濃厚である。社会一般の言語は変化しても、バラモンたちは三千年間同一のサンスクリット語を用いて、今日に及んでいるのである。

このような特異な社会現象を説明するために、マックス・ウェーバーは「氏姓霊威」(Gentilcharisma) という観念をもち出している。すなわち、「霊威(カリスマ)とは、事実であると、外見上または臆測上であるとを問わず、一人の人間の日常性超越的資格(außeralltägliche Qualität) を意味する。霊威的権威 (charismatische Autorität) とは、それが外的であろうと内的であろうとかまわず、この特定人がもつ、このような資格に対する信仰を吹きこんで人々を従える支配力——その支配力を意味する。こうした霊威は、個人に対してのみならず、一つの氏姓に付与されることがある。バラモンのばあいには、それが顕著に現れ出たものである」と。

ところで、魔術者層が氏姓霊威的身分にまで成長するということは、インドだけに特有な社会現象ではない。古代ギリシアでも、たとえばミーレートスでは、聖なる踊り手のギルドが支配者的身分を構成していた。大陸の精神文化が移入される以前の古代日本においても、巫女《みこ》は必ず、威力あるなんらかの神の血統を引いている者であった。つまりその血縁のゆえに、その神の霊力が巫女にのりうつり、悪霊を退散させることができると考えられた。したがって、こうした巫女や、その血統の一家は特別の階級として尊崇され、また、社会的指導者としての意義をもっていたといわれる。

しかしながら、もろもろの部族、あるいは職人団体すべてのあいだで、相互に儀礼的祭儀的な異質体であったということは、インドのカースト制度にだけ認められる現象である。たとい「氏姓霊威」というような観念を立てて説明するにしても、このような観念が強力にはたらいた根拠を、われわれは明らかにしなければならない。それはおそらく、インドの風土に即した社会生活の特性として解明されねばならないであろう。

いったいインド農村社会において、バラモンがあのような絶対的優位を獲得しえたのはなぜであろうか。それはけっきょく、一般インド人がバラモンの管掌する祭祀ならびに呪術《じゅじゅつ》の意義を重要視したからにほかならない。

超自然の霊力にたよらせるインドの風土

インドの風土においては、自然が圧倒的な暴威をたくましゅうし、自然は人間に対して支配的威力をもつ。暑熱と結合した天候は、しばしば大雨・暴風・洪水・旱魃《かんばつ》というような荒々しい力となって人間に襲いかかる。ときにはイナゴのような虫の大群がむらくものように農作物を襲うこともある。このような力が迫ったばあい、人間の意志的努力はあまりにも無力である。その反面、もしも自然の恵みにあずかるならば、人間はさほど努力しなくても、豊饒肥沃な土地、酷熱多雨の気候は多量の農産物をすみやかに生産させ、生活を安易にした。

このような生活においては、人間の技術的作為にたよるよりも、むしろ、自然現象を支配すると考えられる神々の霊力にすがろうとしたことは、当然であろう。とくに、酷熱の気候は人間の労働努力への意欲を麻痺させ、人間の無力感をことさらにいちじるしくする。

さて、神々から恵みを得るためには祭祀を行なわねばならないと考えたから、当然、その祭祀が重要視された。王族は戦勝を祈って大規模な祭祀を催し、一般民衆は農耕・牧畜・製作のゆたかな成果を収めようとして、それぞれ祭祀を行なった。

ヴェーダの祭りにはいろいろあるが、たとえば覇権を確立した大帝王は「馬祀《うままつ》り」を行なった。その祭りは征服に出かける前に、または戦勝を博したのちに行なわれ、国王の成功を祈り、武力の増大と帝国の繁栄をめざすものであった。また「即位式」も規定されているが、一九七五年二月にはネパールの国王の即位式がヴェーダの古式にのっとって、バラモン僧の司祭のもとに大がかりに行なわれた。

ところで、祭祀が重要視されるにつれて、司祭者の社会的地位はしだいに向上し、絶対的優位を占めるにいたる。祭祀の儀礼や学問が複雑になるにつれて、司祭者の立場はいよいよ独占的となった。そうして、ガンジス川流域を中心とするインドの風土はつねに同一であり、そこでの農業生産および農村の社会生活の様式が三千年を通じてほぼ同一であったため、バラモンの権威は今日にいたるまで不動であったのだと考えられる（この権威をくつがえしうるものは、ただ、インド産業の機械化・近代化だけであろう。今日、バラモンの威信は急激に低下しつつある）。

馬祀りのあとで国王が水浴した浴槽　ナーガールジュナ・コーンダ

ただバラモンの精神的支配が同じようにつづいていたのではない。祭祀の意義に疑惑をいだく知識人たちもあらわれた。

この知識人たちはあらゆるカーストのなかから出てきたが、彼らは宇宙の根本原理を探求した。その根本原理をブラフマン（梵《ぼん》）というが、若干の哲人たちはそれはわれわれの本来の自己（アートマン）にほかならぬと主

ウパニシャッドの写本　南方インドのカナーダ文字で書かれている

張した。その本来の自己を知ることによって、精神的な解脱をもとめたのである。

彼らの思想は、ヴェーダの一部であるウパニシャッド聖典のうちにまとめられている。ウパニシャッドと呼ばれるものは多数存するが、重要なものは仏教以前につくられた。この梵我一如の思想が後代のインド哲学の主流になっているのみならず、ショペンハウアーなどを通じて近代西洋哲学にも影響を及ぼしている。

聖なるもの——バラモンと牛

ヒンドゥー教は、ひとくちにいえば、階級宗教であるバラモン教の大衆版であるが、そのヒンドゥー教において、バラモンの尊重とならんで顕著なのは、牛の尊重である。当時のインド人は牛を極度に理想化し、子牛に添う牝牛の姿、朝に出て夕べに帰る牛の群れのうちに美の極致を見いだし、詩人は自己の詩を牛の鳴き声に比較している。牛を尊重する風習は現代にまで存続し、牝牛は神聖にして殺すべからざるものとされている。ヒンドゥー教徒にとっては、バラモンを殺すことと牛を殺すことが二つの大罪なのである。だからイスラーム教徒はわざわざ牛を殺してヒンドゥー教徒を怒らせる。

電車道に牛が坐りこむと、電車は動こうとしない。事実、わたくしが一九五六年にガヤーからブッダガヤーへいったとき、大きな街路で、牛がのろのろしているところではバスがとまった。バスが牛の前でとまるというのはけっして神話ではなかった。牛そのものだけでなく、その糞をも尊重する。ヒンドゥー教の行者はからだに灰を塗りつけるが、その灰は牝牛の糞を乾かして焼いてつくったものである。

ガンジス川を小舟でくだっていったら、かたわらに大きな黒い塊が浮きつ沈みつして流れているのに遭遇した。それは牛の死骸であった。ヒンドゥー教徒は、牛が死んだら聖なる川、ガンジスに流すのである。ガンジス川、またはその支流から遠い人々は火葬にする。彼らは、その皮をとるということはしない。

3　聖都ベナレス

天界への道――ベナレスの沐浴

ヒンドゥー教の信仰が集約的に表現されているのは、ガンジス川の左岸に沿うてひろがっている宗教都市ベナレスである。ベナレスは、イギリス人のなまった発音で、ただしくは、古来のサンスクリットのとおりに、現在でもワーラーナシー（Vārāṇasī）と書いている。

ベナレスはバラモン教ないしヒンドゥー教の文化を象徴する典型的な都市である。ここは、ヒンドゥー教徒にとってもっとも神聖な都市であって、ガンジス川ぞいに多数の寺院、

聖なるガンジス川の女神（5世紀，ニュー・デリー美術館）

祀堂、もとの大王や富者の別荘が小路をはさんでならびたっている。そしてヒンドゥー教徒が、その小路をとおりぬけ、それから石の階段をおりて川水に浴する。ベナレスで有名なのは、このガンジス川での沐浴である。

沐浴はインド人の生活において本質的な意義をもっている。すでに述べたように、インダス文明に見られる大きな水浴場は、なんらかの宗教的意義をもったものであったらしい。ヒンドゥー教徒にとっては、沐浴は欠くことのできない神聖な儀礼である。とくにベナレスで聖なるガンジス川に沐浴すれば、その功徳によって、死後には天の世界に生まれることができると考えた。だからここでは、毎日一万人の人々が沐浴し、祭礼のときには三十万人の人々が沐浴するという。

この風習はイスラーム教徒にまでもおよび、ベナレスの河岸にはイスラーム教徒専用の沐浴施設もある（ただし、イスラーム教徒はガンジス川の沐浴を一種のレクリエーションとして行なっているらしい）。

ベナレスではガンジス川の北岸に、石の階段（ガート ghat）が六十四ヵ所つくられている。とくに一般庶民に開放されているガートはシャシャスメール・ガート Śaśasumeru-ghat

である。全インドから集まる巡礼者は、このガートをおりて、どろでにごって、緑色がかった褐色のガンジスの水に身をひたす。両手を高くかざして合掌し、聖句をとなえると、ジャブンと河水にとびこむ。

ヒンドゥー教徒はここで沐浴したあと、われわれが、ちょうど海水浴のあとで砂浜によこたわるように、砂の上によこたわりながら、傘の下で身をかわかして休息する。「死ぬまでに一度はベナレスにお詣りしたい」というのがすべてのヒンドゥー教徒の願いである。

わたくしはこの地を三度訪ねているが、いつのばあいも、水はどろでにごっていて汚かった。とても浴する気にはなれないが、民衆は喜んでいるのである。あるとき、わたくしの乗っていたバスの運転手が見えなくなったと思ったら、彼はガンジスの水につかってジャブジャブやっていた。

ベナレスの沐浴所

ベナレスの市民はここで十時ごろまで沐浴し、休息して、それから仕事場へ出勤するという。

暁の川岸に黙坐するバラモン僧

川岸のガートは民衆に公開されているものもあるが、富豪や旧藩侯（マハーラージャ）の専用のガートもあり、そこには、彼らの宮殿のようなりっぱな別荘がある。それはちょうど、熱海やハワイのワイキキの砂浜のある部分を若干のホテルが占有しているのと同じわけである。

それぞれの地域ごとにガート名がつけられていることもある。たとえば、プラヤーガ・ガート（Prayāga-ghat）はアッラーハーバード市あたりの人々の水浴する独占的な沐浴場であり、ダルバンガ・ガートは、むかしの商業都市ヴァイシャーリー市あたりの人々の水浴する場所である。ダルバンガ・ガートには白い横線がはっきりとしるされているが、それは一九四八年の洪水のときに、その白い横線にまで水が達したのだという。

また沐浴場はヒンドゥー教のそれぞれの宗派によってきめられている。信徒は巡礼にきて、お寺に泊まってから階段を下りてきて沐浴するのである。

民衆は川岸で、合掌して神々に祈り、顔を洗い、うがいをし、耳をすすぎ、体をこする。男は下半身に何かまとい、あるいは、ふんどしやさるまたをつけてとびこむ。婦人はサリーをまとったままとびこむ。また、岸辺で洗濯をしている婦人もある。水を器にすくっている人もある。

ガートの途中には休憩所があり、木の葉で編んだ大きな傘を立てていて、人々はその下で休む。ときには行者がだまって坐っている。

日の出どきにガンジス川のガートに詣でると功徳があるとされているので、かなり多くの人々が未明に集まっていた。薄明の中で、半身はだけた蓬髪長髯《ほうはつちょうぜん》の行者が傘の下で黙然と床《しょう》几《ぎ》に坐っていたのは強烈な印象であった。彼はヒンドゥー教のバラモン僧である。一人の行者の前にはカガミ、クシ、コメなどがそなえてあった。そこにある赤色の粉は祝福を意味し、黄色のものは白檀の粉である。この行者が祈るのに対して、巡礼者はその代わりに金銭か生活必需品をこの行者に呈するのである。

ガートの途中では屋台が店を開き、川岸のうえにのぼったところには本式の店が開かれている。ガンジス川の水は聖水とされているから、店々ではそれを売っている。金属の小さな壺に詰め、それをハンダづけにしている。わたくしも二個持ち帰ったが、旅行中に荷物が揺れても水が漏ることはなかった。ヒンドゥー教徒は、これを末期《まつご》の水として使う。病人の臨終が近づいたときに、この水を綿にふくませてその唇にひたすのである。

ガンジス河畔に瞑想するバラモン　ベナレスのあけがた

また、ベナレスにはとくに時期をかぎることなく流し灯籠の習俗がある。木の葉を編んで籠のようなものをつくり、それにロウソクを立てて火をともし、ガンジス川に流すのである。横山大観の名作「流燈」はその風俗をえがいたものであるが、日本で行なうお盆のあとの灯籠流しとよく似ている。

火葬場の風景

ベナレスに通じる道では、死者の遺体を、二メート

火葬の光景　薪を組み合わせた上に死者をのせ火をつける

ル半くらいの二本の棒にむぞうさにしばりつけて、聖なる川へ運ぶ葬送の列によく出会う。屍体を包む衣の色はいろいろであるが、オレンジ色のばあいは女であった。赤色のものはむしろ祝福を示す。そのまわりにカラスが啼いて飛び回っているのは、やはりうすきみ悪い。その遺体をガンジス川の水につけて浄めて、火葬の薪の上におき、火をつけて荼毘《だび》に付するのである。

ベナレス市の火葬場の火はいつも燃えている。そこで、死者にもっとも近い人が草でその火をともし、遺骸のところにもってくる。その火をとるときに、貧富の程度によって異なるが、二ないし五〇ルピーを献じて、ベナレス市に払うのである。そうして、その火を持って遺体のまわりを五度まわる。五度まわるわけは、からだが地・水・火・風・空の五元素から成り、天にもその五元素があって、からだが破壊されると、魂は天に帰ると信じているからである。

火葬の光景は、写真撮影を禁じているので、おおやけに伝えることはできないが、遺骸を完全に焼きおわるには四時間か五時間かかる。焼けきると、竹の棒で頭蓋骨をたたきこわしてしまう。そうすることで、閉じこめられていた魂が天におもむくと人々は信じているのである。

そこには白骨と灰が山のように堆《うずたか》く堆積している。それをのちにガンジス川に流してしまうのである。そのあたりは雑然としていて、牛と犬が徘徊《はいかい》し、それを背にして魚釣りをしている人もいる。食用にするのだろう。

川から見て火葬場の左手にある建物は、無料宿泊所である。無料宿泊所といえば、のんきな感じがするが、ここに回復のみこみのない病人を連れてきて、死ぬのを待つのである。死ねば隣で火葬される。骨は流される。ただ凄惨《せいさん》としかいいようがない（ネパールの、カトマンズ郊外のパシュパティナート寺院の川岸にも同様の施設がある。ここでも骨は流される）。また、川岸の近くには未亡人のための建物があり、家族・友人・親戚が訪れている。ただ、訪ねてくるのは男だけだという。

さかんなサンスクリットの学統

ベナレスには、サンスクリットの学問の伝統が生きている。螺髻《らけい》（ほら貝のように束ねたもとどり）を頭上にすこし残して、あとはすっかりそり、額に赤いしるしをつけて、ひげをはやしているバラモン学者（パンディット）たちをいたるところに見かける（この赤いしるしをクンクムという。サフランの液をまぜて粉末を額にまるく小さく塗るが、祝福のしるしなのである）。国立ベナレス・ヒンドゥー大学や州立サンスクリット大学のほかに、サンスクリットを教える私塾がたくさんある。彼ら古風な学者たちは、サンスクリットでの会話は自由自在である。

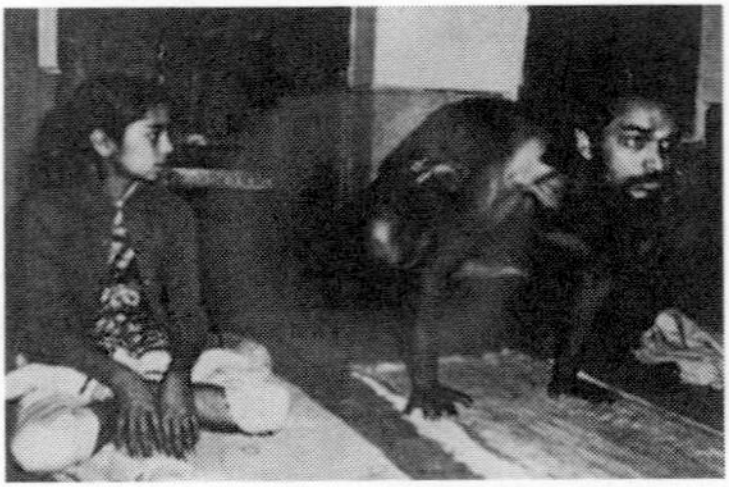
ヨーガ　リシケーシュの修道院にて

インド人であるX博士が親戚のQ博士のことを語りながら、わたくしにいった。「カルカッタのQ博士なら、サンスクリットを話すときにまちがえるかもしれませんがね、ベナレスのパンディットたちなら絶対にまちがえることはありませんよ」

ここには寺院が千五百あるという。とくに黄金の寺院、サルの寺院などは有名である。公園も多い。また「ヨーガ・センター」という標札のかかった施設もある。街路の交叉点には、インド独立の指導者サルダル・パテル（Sardar Patel）の彫像が立っている。彼は指導者のうちでももっとも保守的な人であったから、ベナレスによくそぐうような気がする。

最古代と近代の併存

ベナレスは古来綿布の産地としても有名であるが、現代でも、サリー・錦織・真鍮製品を産することで知られている。この保守的なベナレスにも近代文明は浸透しつつある。そうして、タータ（Tāta）と書いたトラックやライトバンが疾走している。Tata Diesel Service なども見受ける。

タータはインドの代表的な重工業財閥である。Banaras Transport Company という英語を、デーヴァ・ナーガリー文字（ガンジス川上流・中流地域の人々が現在用いている文字）で書いたトラックが走っている。つまり、国際化していて、ここには中国料理店もある。

しかし、それにもかかわらず、ここには最古代が厳存しているのである。仏教やジャイナ教がガンジス川の水浴を盛んに攻撃したけれども、なんのききめもなかった。

4　英雄たちの戦い

叙事詩『マハーバーラタ』

バラタ族の大戦争は、インドの国民詩とでもいうべき叙事詩『マハーバーラタ』（Mahābhārata）の主題とされている。

クル国の盲目の王ドリタラーシトラ（Dhṛtarāṣṭra）の百人の王子と、彼の弟パーンドゥ（Pāṇḍu）の五人の王子とは、覇権を争って、クルの野に戦うこととなった。十八日間にわたる天下わけめの大激戦ののちに、百人の王子の軍隊は全滅し、五人の王子は勝ちに乗じて首都「象の都」（Hastināpura）に進入した。そののち、ここではパリクシトという人が支配者となって統治した。このパリクシト以後のことがプラーナ聖典のうちに系譜のかたちで述べられている。

インドにおける王統としての歴史は、このパリクシトからはじまるといってよい。そうして、たとい伝説的なかたちにもせよ、バラタ族の戦争以後は王朝の系譜が、はっきりと伝えられているのであるから、バラタ族の戦争を転機として、アーリヤ民族は、一段と大規模な、広範囲にわたる国家を形成したのであろう。これは、それ以前の諸部族のたんなる連合より、はるかに組織をそなえたものであったと考えられる。

デリーの郊外に荒廃した古城の遺跡がある。それは、叙事詩『マハーバーラタ』に出てくるパーンドゥ王の諸王子（パーンダヴァ族）の首都インドラプラスタ（Indraprastha）であったという。今日でもその村落を Indrapat というから、やはり歴史的な確実性のあることなのであろう。

五人の王子にまつわる五つの岩塊寺院

いま、南インドのマハーバリプラムには一つの岩塊から成る寺院が五つあるが、それは窟院ではない。岩山を掘り削って寺院の形だけを掘り残したのである。だからこれらの寺院は地球の岩石の一部なのである。

これらの掘り残された寺院はナラシンハ・ヴァルマン一世（在位六三〇〜六六八）の時代につくられ、それぞれ叙事詩『マハーバーラタ』のパーンドゥ王の五王子と結びつけて伝えられ、この種のものとしてはインドで最古のものである。その一つ一つの寺院は「車」と呼ばれている。どれも車のかたちを表現しているからである。

(1) ドラウパディーの車。もっとも優雅なものである。ドラウパディーとは叙事詩の五人の王子（兄弟）の共通の妻であった婦人のことである。

(2) アルジュナの車。アルジュナとは叙事詩の主人公であった王子のことである。これは未完成である。つぎの「ビーマの車」と同様に、上部ほど彫刻が丹念で、手がこんでいる。つまり彫刻は、岩を掘りこぼちながら、上部から順次に刻んできたことがわかる。その壁面の一部には、「牡牛の近くにいるシヴァ神」が従者にはべられている浮彫りもある。

(3)「ビーマの車」。ビーマとは叙事詩の英雄である。この寺院は未完成で、内部には神像がない。神像はあとで刻むことにしていたのであろう。

(4)「法王の車」。もっとも南にあるが、ここではいちばん高い寺院である。五人の王子の中での長兄ユディシティラと結びつけて考えられているが、彼はけっしてうそをいわなかったという。四隅には都合二つずつ、合わせて八つのパネルの彫刻があり、そのうち四つはそれぞれ、ハリ・ハラ・梵天・スカンダ神（軍神、韋駄天《いだてん》として）、四本の腕のあるシヴァ神三体、ナラシンハ・ヴァルマン王、半身が男性で半身が女性である神像（シヴァ神とパールヴァティー妃の結合）を表している。

(5)「ナクラ、サハデーヴァの車」。上部にはなんの彫刻もない。ナクラとサハデーヴァとは、やはり叙事詩に出てくるが、パーンドゥ王の子で、双生の王子であったという。

マハーバリプラム彫刻「ガンジスの降下」（7世紀）

王子アルジュナ苦行の図

マハーバリプラム彫刻の圧巻は、アルジュナ苦行の図である。アルジュナ王子がシヴァ神を喜ばせて武器を授かるために苦行を修したという『マハーバーラタ』の物語によっているのである。

森の中で苦行しているアルジュナの左上に太陽神、右上に月神がいる。向かって左側は密林のありさまを描いてある。密林にいる野獣や鳥、苦行者、猟師などが彫り出されている。

上からガンジス川がくだってくるが、その下で岩壁がたてに右と左とに裂けている。その裂け目のところに竜王と、その下に竜女がいる。下のほうでは猫までが苦行を修しているのが見え、はなはだこっけいな感じを与える。その下では鼠《ねずみ》たちが喜んでいる。猫が苦行を修していると、鼠たちはつかまえられないからである。

右上では、ガンダルヴァ（天上の伎楽師）たちとガナ（神々にしたがう半神）たちが踊っている。苦行がみごとに完成されたことを喜びたたえているのである。その左上

『ラーマーヤナ』の浮彫り（8世紀中ごろ，エローラ）

にシヴァ神が武器を手にしている。

叙事詩『ラーマーヤナ』

『マハーバーラタ』とならんで有名なものは、叙事詩『ラーマーヤナ』である。これは、北方アヨーディヤー（Ayodhyā）市のラーマ（Rāma）王子の妃シーター（Sītā）が悪魔ラーヴァナに誘拐されて、南方ランカー島（セイロン島?）に連行されたが、ラーマ王子が猿王ハヌマットのひきいる猿軍のたすけをえて妃を奪還する、という物語である。

聖都アヨーディヤーは、サラユー川（Sarayū 俗語では Sarajū ともいう）の西岸に位置している。この川は水の澄んだ、美しい大河である。やがてはガンジス川に流れこむのであるが、ベナレスあたりの濁水とは雲泥の相違である。舟をうかべて青い服装をした人々が乗っている。彼らは兄弟の漁夫であろうとインド人は語っていた。

アヨーディヤーにはヒンドゥー寺院が群立し、家々には卍の印がついている。

『ラーマーヤナ』はアジャンターの近くにあるエローラの窟院にも浮彫りにされている。『ラーマーヤナ』に取材して、猿王ハヌマットが悪魔ラーヴァナに立ち向かい、猿軍がラーヴァナ追討のためにランカー島に渡ろうと橋をかけている図の浮彫りがある。

第四章　都市の出現

1　ガンジスの夜あけ

アーリヨ－ドラヴィダ族の発生

西紀前六世紀後半に、世界宗教としての仏教が現れた。それは、インド社会の、ある大きな変動期においてであった。

仏教などの新思想がおこるよりも以前の時代（ほぼ前五〇〇年以前）のインドでは、前の三章において述べてきたように、アーリヤ民族が他の先住民族を支配し、ガンジス川上流地方を中心とする諸地域にインド的な農村を確立し、バラモンを中心指導者として共通の祭祀による精神的結合のもとに、ささやかな農耕生活をいとなんでいたのであるが、その後およそ西紀前六〇〇年ごろ、さらに東方へ進出し、ガンジス川中流の諸地域に定住するとともに、社会的・文化的にめざましい変動を生じた。

まず、アーリヤ民族は東方へ再進出して、未知の新しい土地に定住した結果、その男子は必然的に先住民族ドラヴィダ人の婦女をさかんにめとることになった。現代インドの民族分布状態の調査報告をみても、純粋のアーリヤ人が居住しているのは、主として西北インドであって、ガンジス川流域の住民は、アーリヨ-ドラヴィダ族という類型に入れられている。すなわちアーリヤ人とドラヴィダ人との混血種なのである。

このような混血は、相当古い時代にまでさかのぼりうる社会現象であると考えなければならない。原始仏教聖典をみると、学徳兼備のすぐれたバラモンを評するにあたっては、かならず「七世已来父母真正」としるしている。すなわち「父かたについても母かたについても双方ともに由緒正しく、純潔なる母胎に宿り、七世の祖先に至るまで血統に関しては未だ曽て指弾せられたことがなく、かつて非難されたことがない」ということであって、これが真正なバラモンの標幟の一つとされる以上、当時の多くのバラモンならびに一般民衆は、かならずしもアーリヤ人としての民族的な血の純潔を保持していなかったにちがいない。

ガンジス中流域に超人種的新文化

さてこのような混血が盛んに行なわれたとすると、そこには当然別種の民族が成立する。植民地に新たな民族が形成されると、その民族は、もはやかならずしもアーリヤ人の父祖以来の伝統的な風習・儀礼・信仰をそのまま遵守《じゅんしゅ》しようとはしなかった。古来の民族的伝承に対しては、むしろすこぶる自由な恣《し》意的な態度をとった。当然、彼らはヴェーダ文化すなわちバラモン教の文化をさほど重要視しなかった。彼らはアーリヤ人系の言語のうちでも崩れたもの、すなわち俗語（プラークリット）を使用していた。

また、かならずしも混血が行なわれなくても、当時の商業都市においては、皮膚の色のちがう多くの異民族が共に住むこともあったようである。商業都市ヴァイシャーリー市のリッチャヴィ族は、当時もっとも富裕であり、もっとも進歩的であったが、人種的には種々雑多であったらしい。リッチャヴィ族のある人々は黒色、ある人々は黄色、ある人々は赤色、ある人々は白色であったと伝えられている。やがては混血を成立せしめることになったであろう。

もはや父祖以来の伝統的な習俗儀礼を守ろうとはしないで、ほしいままのすこぶる自由な態度をとっていた。そうして、こういう超人種的な基盤が、やがて仏教やジャイナ教のような普遍的・論理的宗教を伝播させるもととなったのである。

農業生産の著増と都市の成立

ガンジス川中流地方に移住してきたアーリヤ人たちは、積極的に開墾を行なった。田をつくるために、森を切り開いたのである。また彼らは、農業生産を高めるために、積極的に灌漑用水の設備をつくった。仏典においては、灌漑水路は、一般世人が熟知しているものとして前提におかれている。また、方形に区画された耕地整理も完成していた。そのうえ、彼らの定住した地方は、地味が肥沃であったらしい。

このような諸事情にもとづいて、多量の農産物を産出したために、彼らの物質的生活はきわめて豊かで余裕があり、また安易となった。

そうして物資が豊富になるとともに、しだいに商工業が発達し、多数の小都市を成立させるにいたった。ヴェーダ文献には都市（ナガラ）のことが出てこない。しかしこの時代には、生産力が高まるにつれて、若干の大きな聚落は、やがて都市に発展したのである。都市は城壁をめぐらされ、国王はそれぞれの都市の中央にある宮殿に住んでいた。

都市の建設には王権が積極的にはたらいたこともある。そして、これらの小都市を中心に、周囲の町々や村落を包括する群小国家が多数併存していた。

強大な諸王国および共和制諸国

時代の経過とともに、群小諸国はしだいに大国に併合されていく過程にあった。大国の首都はひじょうに繁栄し、壮大な都市が建設されていた。

前２～前１世紀の都市（想像図）　P.ブラウン『インディアン・アーキテクチャー』による

原始仏教聖典のうちには、しばしば当時の大国を「十六大国」として総称してその名を挙げているが、その中でもとくに強力優勢であったのは、コーサラ、マガダ、アヴァンティ、ヴァンサの四国であった。そして、この四国のうちでもコーサラ国とマガダ国のことは、仏教およびジャイナ教の聖典に、とくに多くしるされている。それは、この両宗教が最初にこの地方で興起したからである。じっさいにも、この時代のもっとも重要な国家はコーサラとマガダであった。この両国は当時のインドの政治的中心であったばかりでなく、多くの新しい思想や宗教の興る母胎となった。

古代インド領域の国家分布図

西のほうにはヴァツァ国があり、ウダヤナ王が支配していた。この王は後世にまでいろいろの伝説で知られている。さらにその西南にはアヴァンティ国があった。それを支配したプロディヨータ王は強力でかつ獰猛《どうもう》であった。西北方面では、クル国とパンチャーラ国がなお独立を維持していた。しかし、ここはバラモン教文化の根拠地であり、当時としては保守的であった。

インド文化圏の西端にはシンド国があ

り、また最西北端にはガンダーラ国があったが、この両国はまもなくペルシア王国に併合されてしまった。

そのほかに一群の貴族制共和国があった。マガダ国の北にあったリッチャヴィ族が商業都市ヴァイシャーリーを中心にして共和制を発展させたし、またコーサラ国の東北方に居住したシャーキヤ族、マッラ族なども貴族による共和制をとっていた。

ところでこの時代の新しい宗教が共和制の国々の中から出現したことは注目さるべきである。ジャイナ教の開祖マハーヴィーラはヴァイシャーリー市の近郊の出身であり、仏教の開祖シャカ（ゴータマ・ブッダ）は同じく共和制のシャーキヤ族出身である。

コーサラ王国の栄え

強大な王国コーサラの首都は、ネパールとの国境に近いシュラーヴァスティー（舎衛城）にあった（祇園精舎《ぎおんしょうじゃ》はその郊外につくられた）。この国は、ブッダ時代にはパセーナディ王に統治されていたが、その領土を南に拡大した。そしてその過程で歴史的に重要なことは、ベナレス（カーシー国）を征服したことである。

このベナレスは当時、商工業のもっとも重要な中心地であり、とくに織物業で有名であった。このベナレスを手に入れることで、コーサラ国の経済的勢力は急に高まったと考えられる。そうして、その余勢をもってシャーキヤ族など、共和制の諸国をもつぎつぎと征服した。

コーサラ国のかつての首都シュラーヴァスティーは、現在マヘートと呼ばれるところで、一段と高くなったその台地は荒れはてたジャングルである。しかし、首都シュラーヴァスティーであったころは、城塞化した都市であった。その城門と城壁のあとは、発掘によって明らかになった。

ただし、その城門の上部はすでに崩れ落ち、城壁も完全ではない。城壁の内側の都市跡からは、邸宅の遺跡やレンガのストゥーパ、祀堂が発見された。そして、このシュラーヴァスティーの遺跡から数百メートルのところに祇園精舎の遺跡がある。

マガダ王国の発展――全インド統一

コーサラ国のライバルであって、それよりもはるかに重要な歴史的意義をもっていたのは、ガンジス川中流域のマガダ国である。やがてこの王国が発展して、前五世紀末、インド全体を統一し、ナンダ王朝をたてることになるのである。

前五世紀のなかばごろに、マガダ王国はビンビサーラ王が統治していた。その子アジャータシャトルは父王ビンビサーラを幽閉し、殺して王位についた。この王は父の領土拡張政策を継承し、絶えず侵略戦争を行なった。北方のヴィデーハ国とその近隣の諸地方を征服した。しかしライバルのコーサラ国との戦いでは決定的な勝利をおさめることができなかったらしい。

仏教興起時代にはインド最大の強国であったこのマガダ王国の首都は、現在のラージギルであった。ラージギルは、サンスクリットでラージャグリハ（Rājagṛha）、パーリ語ではラ

王舎城跡　現在のラージギル。強国マガダ王国の首都のおもかげはみられない

王舎城の城壁跡

ージャガハ（Rājagaha）といい、漢訳仏典では「王舎城」と訳されている。「王舎城」というときの「城」とは、城壁にかこまれた都市という意味であって、日本人が一般にいだく「城」の観念とはかなり異なっている。そして、インド最大の都城であったいまのラージギルはすっかり荒れはてて、灌木がおいしげり、往古のおもかげはない。

しかし、荒れはてているにもかかわらず、二千五百年むかしの栄華を示すものが、いまなお、その中に残っている。たとえば、ビンビサーラ王の戦車競走場のあとというものがあるが、そこには、岩石の平地のうえに、車の轍《わだち》が残っている。そしてこの地で、西紀一世紀から五世紀のあいだの碑文が見つかったが、それによって、まちがいなく戦車競走場のあとであることが明らかになった。

また、ビンビサーラ王の倉庫といわれるものがあるが、これは崖をくりぬいてつくってあり、中は長方形の室である。金庫も見つかったという。

しかしこの王国の領土はしだいに拡大されていき、その結果、もはや連山にかこまれた要害の地（ラージャグリハ）を首都とする必要がなくなった。そしてのち、ウダーイン王のときに、首都を水陸交通の要衝パータリプトラに移した。

西紀前五五〇年に創始されたマガダ国シャイシュナーガ王朝は、ナンダ王によってほろぼされ、西紀前四一三年、新たにナンダ王朝が成立した。そして、アレクサンドロス大王がインドに侵入したころ（前三二七～前三二五）、ガンジス川流域の主要地は、このマガダ国ナンダ王朝が統治していた。この王朝はまた、南部のかなり広い地域をも支配していた。当時のマガダ軍は、歩兵二十万、騎馬二万、戦車二千、象三千をもっていたという。

貨幣経済の急進展

生活物資が豊富となり、商工業が発達したのにともなって、この時代には貨幣経済の進展がいちじるしい。従来、インド研究者のあいだでは、貨幣はこの時代から使用されるようになったと考えられてきた。文献について見ても、貨幣のことはこの時代から盛んに現れてくる。貨幣の考古学的遺品もこの時代以後のものが多く発見され、ことに文字による刻銘のある貨幣の遺品は、この時代以前には存在しない。当時すでに金貨も用いられていたということが知られている。

これに対してインド人の学者は、（おそらく主観的にはインド民族の国粋主義にうながされてであろうが）貨幣使用がヴェーダ時代から盛んに行なわれていたと主張する。そしてこの説にも相当に根拠がみとめられる。ことに西紀前六〜前五世紀ごろ、つまり、マガダ王国が栄えたころの打印貨幣と、インダス文明の度量衡単位とのあいだに密接な連関のあることが、近時の研究によって明らかにされており、したがって、ヴェーダ時代にもインドのどこかで貨幣が使用されていたことは否定できない。

しかしながら、都市の出現とともに、貨幣経済が急激に進展したこともまた、たしかなことである。

総じて、流通経済が盛んになり、生産品が商品として等価交換されるようになれば、いっさいのものが貨幣価値によって評価されるようになる。とすれば、貨幣で評価できる財富を多く所有する人が、社会的勢力をもつようになるのは当然である。

こうして、貨幣経済の進展の結果、都市には莫大な富が蓄積され、商工業者たちは多数の組合をつくり、都市内部の経済的実権を掌握することになった。そしていまや、経済的実権を把握した人が社会的覇者として登場した。すなわち、「たとえシュードラ（隷民 śūdra）であっても、財宝・米穀・金銀に富んでいるならば、他のシュードラは彼よりもさきに起き、あとに寝て、進んで彼の用事をつとめ、彼の気に入ることを行ない、彼に対してうやうやしいことばをかけるであろう。クシャトリヤ（王族 kṣatriya）でもバラモンでもヴァイシヤ（庶民 vaiśya）でも、彼よりもさきに起き、あとに寝て、進んで彼の用事をつとめ、彼の気に入ることを行ない、彼に対して好ましいことばをかけるであろう」という社会的事実が、原始仏教聖典の中に認められている。

また、ときには、資産者（居士《こじ》）が王族・バラモンにつぐ階級と考えられることもあった。

多くの商工業組合

商工業者たちがつくった組合（ギルド）は、ある記録によると、その数は十八あったという。その十八とは、ある推定によると、（一）大工、（二）金属工、（三）石工、（四）織工、（五）皮革工、（六）陶工、（七）象牙工、（八）染織工、（九）宝石工、（十）漁師、（十一）屠者、（十二）猟師（ただしこれはギルドを形成していなかったかもしれない）、（十三）料理人ならびに菓子商、（十四）理髪師および髪ゆい、（十五）花売り、（十六）水夫、（十七）葦《あし》を編む人・かごつくり、（十八）絵師である。

動物を殺し、その皮肉を加工する職業（猟師・罠掛人・漁師・屠者・鞣《じゅう》皮《ひ》工など）は、社会的に軽蔑されていた。そのほかに、蔑視される職業としては、蛇使い・俳優・踊り子・音楽師・織工・車製造人などがあり、そのうち最後の二つは、先住民の世襲的職業であったから、とくに蔑視されたのであろう。

尊敬された名誉ある職業は、象牙職工・織物師・菓子製造人・宝石貴金属細工人・弓矢製造者・陶工・花環つくり・理髪業であった。また、それら手工業のほかに航河海業者、貿易業者、あるいは商人があり、それに関連して、隊商護衛者または陸路案内人もいた。彼らのあいだに統領がいたことに言及されているが、その統領または資産者のうちの代表的な人々が漢訳仏典でいう「長者」である。いま日本でいう「億万長者」などは、これに由来する。

古来の階級制度の崩壊

政治経済面の急激な変化に対応して、古来の階級制度に乱れが生じた。王族の出身でなくても王位につき、バラモンでなくても聖典の文句に通じ、庶民でなくても農業に従事し、隷民でなくても他人に奉仕する状況がうまれた。だから仏教徒は、バラモンがそれぞれの階級のつとめとして定めていることは虚偽だと主張した。「剣をとってさまようバラモン」のいたことさえも伝えられている。

新しく発展した地域においては、もはや旧来のバラモンの社会的威信は認められず、他方、社会経済の方面において発展がいちじるしかったから、バラモンの血統ならびに身分をたもちながら、他の職業に従事する人々が現れた。バラモンでも耕作や商業に従事し、山羊や羊を養う者がいた。隊商を護衛する者もあった。「あるバラモンらは剣・盾を取り、刀を手に持って商人の通路に立ち隊商を導く」（ジャータカ）。兎《うさぎ》・猫・蜥蜴《とかげ》・魚・亀をとらえたりした。バラモンで大工を業としていた者もあった。

当時の階級（あるいは身分）として、原始仏教聖典のうちの古層には、多く、クシャトリヤ（王族）、バラモン、ヴァイシヤ、シュードラ、チャンダーラ、プックサ（Pukkusa）の六つを挙げている。最後の二つは最下の賤民であり、チャンダーラは屠畜を行ない、プックサは汚物清掃人であるといわれる。

しかし最上位の王族の地位もけっして安定したものではなかった。悪王に対しては民衆が蜂起してそれを追放し、あるいは殺したという記事が仏典の中に現れている。いまや旧来の社会制度、とくに階級制度が崩れはじめたのである。

2　自由な思索家の輩出

旧来の宗教を超えて

生活が豊かになり、安楽になるにつれて、人々は、ややもすれば物質的享楽にふけり、道徳の退廃現象がようやく顕著になった。娼婦が「都市の飾り」とさえ呼ばれた。インド史上有名な遊女アンバパーリーは、この時代に商業都市ヴァイシャーリーに生きていたのである。仏典によると、彼女はシャカに帰依していた。

今日、インドの各空港で半裸の美女の人形を売っているが、どこでも「アームラパーリー」（＝アンバパーリー）と名づけている。乳房にだけブラジャーをつけている。きいてみると、「日本人もよく買って行きますよ」ということであった。

遊女がある種の敬意をもってみられるこのような社会において、人々が旧来の宗教に満足することができなかったのは当然であろう。神々に犠牲をささげて「生天招福《しょうてんしょうふく》」を祈るヴェーダの宗教は、もはや彼らの眼にはたんなる迷信としか映じなかった。

バラモン教では、火を神聖なものと考えて毎朝祭っているが、しかし、それは意味のないことである。もしも火が神聖であるならば、人間のうちでは鍛冶工がもっとも神聖である、ということになるだろう。また、ガンジス川に浴することが功徳であるならば、ガンジス川の亀や魚が解脱を得ることになるだろう。このような皮肉な批評を浴びせている。

こうした思潮に乗って新たな自由思想家が幾人も現れた。

唯物論者アジタ・ケーサカンバリンは主張した。「人間は地・水・火・風の四元素から構成されていて、死ぬとこれらの四元素に分離する。死後にも残る霊魂というものは存在しない。人々は火葬場にいたるまで嘆きのことばを述べるけれども、屍体が焼かれると、あとにはハト色の骨が残るだけである。善業《ぜんごう》あるいは悪業《あくごう》をなしたからとてその果報を受けることもない。施しや祭りを行なっても無意義である」と。

パクダ・カッチャーナは、「人間の各個体は地・水・火・風の四元素と苦と楽と霊魂との七要素から構成されている。それらの要素は不変である。利剣をもって頭を断つとも、これによって、なんぴとも、なんぴとの生命を奪うことはできない。ただ剣刃が七要素のあいだを通過するだけである」と主張した。

また、プーラナ・カッサパは、どんな悪いことを行なってもかまわないという道徳否定論を説き、ゴーサーラは、人間の輪廻の運命はもともと定まっているものであるから、人間の意志的努力によってはいかんともなしがたいものである、と考えた。

「苦行」の発生

インドには仏教と並んで発展した宗教としてジャイナ教というのがある。それはいろいろの点で仏教と似ているので、仏教の姉妹宗教のように見なされているが、異なった点も少なくない。ジャイナ教とは「ジナ（勝利者）の教」という意味であるが、勝利者とは煩悩にうち勝った人という意味である。戦場で敵に打ち勝つよりも、自分の煩悩にうち勝つことのほうがもっと難しいというのである。

ジャイナ教の開祖マハーヴィーラは厭世観をいだき、業《ごう》に束縛された悲惨な状態を脱して永遠の寂静《じゃくじょう》・至福の状態に達するためには、極度の苦行を実践して、霊魂をきよめることが必要である、と教えた。このジャイナ教は、後世、仏教とならんで発達する。

ジャイナ教の祖師像（デーオガルヒ寺院）

初期のジャイナ教の行者は無所有の戒律を厳守した。いっさいの所有を否定した結果は、衣類を身につけることも禁じることになる。彼らは真っ裸で暮らしていた。そして、現代もなおそうした行者が山奥にいて尊敬されているということをきいて、わたくしは半信半疑でいたが、一九五六年にデリーでひらかれたジャイナ教徒の大会において、現実にそれを目撃することができた。会場では、裸の行者が坐って司会していた。そして、立ち上がって去るところを見ると、真

片足でたつ苦行者　バギーラタ仙人（7世紀，マハーバリプラム）

っ裸で、ただ手に払子《ほっす》をもっているだけであった。

ジャイナ教の行者たちは徹底的な苦行を行なう。わたくしが会った管長トゥルシー師は四十二歳だということであったが、一見七十歳ぐらいに見えた。むろん、苦行のためにそうなったのであろう。

苦行はヒンドゥーの行者のあいだでも行なわれている。たとえば、クシナガラにいるヒンドゥーの行者は、十数年間立ったままの苦行をつづけている。眠るときにも立ったまま眠るという。釈尊の当時にこういう行者のいたことが仏典に伝えられているが、いまなお存在するのである。断食、無言、裸形などの行《ぎょう》も、この時代から行なわれていたのである。

「不殺生」の徹底

不殺生《ふせつしょう》の戒律を守るという点で、ジャイナ教行者たちは徹底している。みなはだしで、払子のようなほうきをもって歩く。それによって途上の虫をはらいのけ、殺生の罪を犯さないようにするのである。一般に白衣をまとい、口にはマスクをしている。それは、口の中に小さな虫がとびこんでくるかもしれず、そのために不作為に殺生罪を犯すおそれがあるからである。

不殺生の戒律の厳守は、行者ばかりでない。世俗の信徒たちも堅く守り、そのため、職業としては商業を選ぶ傾向がある。生産業に従事すると、とかく生き物を殺すおそれがあるからである。そして、現在信徒は約二百六十万人いるが、富裕な商人が多い。前世紀までのインド民族資本の過半数はこの少数のジャイナ教徒の手中にあった。

懐疑論者サンジャヤと名医ジーヴァカ

ブッダ時代の懐疑論者サンジャヤは、形而上学的問題に関して他人から質問されたときにはすべて、ことさらに意味のとらえられないあいまいな答弁をして、確定的な返答を与えなかったといわれる。つまり、「うなぎのようにぬらぬらしてとらえがたい議論」とよばれている。そして、原始仏教の新しい立場は、このような思想的混乱をのりこえたところに開かれたのである。

ゴータマ・ブッダの二大弟子であるサーリプッタとモッガラーナは、もとマガダの首都ラージャグリハでサンジャヤの弟子であったが、あるときに、同門の者二百五十人とともにゴータマ・ブッダの門に帰したという重要な歴史的事実がある。このことを知ったサンジャヤは「口から血を吐いた」という。

この時代には種々の科学や技術が進歩したが、マガダ国の首都ラージャグリハからは、名医ジーヴァカが出た。

日本ではむかしから名医のことを「耆婆《ぎば》・扁鵲《へんじゃく》」という。「耆婆」はインドの「ジーヴァカ」という人の名を音写したのである。ジーヴァカは仏典で「医王」「薬王」とよばれる名医であった。彼は国王と娼婦とのあいだに生まれた。小児科の医者であったともいう。

ジーヴァカはゴータマ・ブッダがカゼを患っていたのを治療し、失明した人の治療を行ない、傷ついた人に繃帯《ほうたい》をまき、死んだ妊婦を解剖して、その胎内の子をとり出したという。また、病気の治療法の一つとして蒸しぶろをすすめたことが、ある経典の主題となっている。

こうしたインド医学は今日も存続しており、医師免許状も、インドでは、西洋医学とインド医学の二種類がある。

第五章　原始仏教の出現

1　樹下のさとり

王子シッダールタ誕生

ヒマラヤ山脈のふもと、ネパールとインドとの、国境に近いところにシャーキヤ族の一小国があった。その国民は水利灌漑による米作を生業とし、政治的には一種の共和制をしいていた。当時の主権者はスッドーダナ、ゴータマはその長子である。

仏教の開祖であるゴータマは、ふつうブッダ（仏陀）と呼ばれているが、それは「覚者」（真理を悟った人）という意味である。姓をゴータマ、個人名をシッダールタという。彼は西紀前四六三年ごろに生まれた（異説によると五六四年ともいい、定説はない）。「釈迦」というのは、彼の属していた種族の名シャーキヤの音写である。

ゴータマ・ブッダの誕生地は、ネパールのルンビニー園である。妊婦は実家でお産するならわしがあったので、彼の母はその習俗にしたがったのであろう。仏典には、ルンビニーは花園としてたたえられているが、現在のルンビニーは広漠とした平地で、樹木もほとんどな

アショーカ石柱　ゴータマ・ブッダ誕生の地（ルンビニー園）を記念して建てられた

く、そのまわりは、よく耕された田畑である。しかし、いまから五十年前には、そのあたりはジャングルで、虎がうろつき、毒蛇がはいまわっていたという。

　ここで考古学的に見るべきものは、マガダ国マウリヤ王朝のアショーカ王が建てた石の円柱と、ゴータマ・シッダールタの母のマーヤー夫人《ぶにん》をまつる堂とだけである。

　アショーカ王の石円柱はマーヤー夫人堂の裏手に立っていて、四角形の鉄柵でかこまれている。この石柱は、ドイツの考古学者フューラー（Führer）が一八九五年に、チュリア（Churia）丘陵地帯を調査しつつ歩きまわっていたときにたまたま発見したものである。相当に高い円柱であるが、上部の頭飾は消失している。

　この円柱の下部に近いところにブラーフミー文字で詔勅文が明瞭に刻まれている（円柱の上部にもデーヴァ・ナーガリー文字らしい刻文がいくつか見えるが、これは後世の付加）。この詔勅文に、

　　神々に愛せられ、温容ある王（＝アショーカ）は、即位灌頂《かんじょう》ののち二十年を経て、みずからここにきて祭りを行なった。ここでブッダ・シャカムニは生まれたもうた〈のを記念

するためである〉。ルンミニ（＝ルンビニー）村は税金を免除せられ、また〈生産の〉八分の一のみを払うものとされる。

としるされているから、ゴータマ・ブッダがこの地で誕生したことは疑いない。と同時に、ゴータマ・ブッダが実在した歴史的人物であったことも、疑いのないところである。

ルンビニーの祀堂の左方には、近年発掘して復元された浴池がある。この浴池で釈尊は誕生ののちに身体を洗われたとその土地の人々は一般に説明している。ちょうど日本でうぶ湯を使うように、インドでは浴池の水で洗うのである〈インド人は一般に熱い温湯に入浴することをしない。暑い国だからである。そのかわり冷水に浴する〉。

ゴータマ・ブッダが誕生ののち水浴した浴池

この蓮池で釈尊が誕生直後に身体を洗われたということはありえたことである。まえにもふれたように、インドでは一般に、庭園・霊場には真四角な浴池をつくり、そこで水浴するならわしになっていて、その習俗はインダス文明にまでさかのぼるものであるから、前五世紀ごろのルンビニーでも行なわれていたにちがいないし、それを仏教徒が大切に保存修理したのであろう。

シャーキヤ族

シャーキヤ族の本拠はカピラ城（Kapilavastu）であったが、従来、カピラ城はネパール領内のチラウラコットとする説、あるいはルンビニー付近とする説など、意見がわかれていた。日本の立正大学もチラウラコットに発掘調査団を送ったことがある。

インド政府の考古学局は、一九七〇年からネパールとの国境に近い地域の発掘をつづけてきたが、ついにその所在をつきとめ、それはピプラーワーという寒村である、と発表した（ここでは、先年、ゴータマ・ブッダまたはその一族の遺骨をおさめた骨壺が見つかっている）。この発表に対してネパール政府考古学局の学者は、「とんでもないデタラメだ」と反論している。

こうして、釈尊の国籍争いについて、二つの国家が対立するにいたったが、現在のところ、まだどちらの説が正しいか、断定できる段階には達していない。

ともかく、シャーキヤ族がコーサラ国に従属していたことは、仏典の文句から知られる。当時のシャーキヤ国は、カピラ城を中心としてシャーキヤ一族が各村の首長となり、これらの首長が合同協議して、シャーキヤ国という一つの共和政体を形成していたようである。その面積は（東方のコーリヤ族の領域をも加えて）東西八〇キロ、南北六〇キロほどのものであって、現在のインドとの国境の近くで農耕を主業としていたらしい。

貴公子シッダールタの苦悩

シッダールタ（釈尊）は、生後七日で母マーヤー夫人が死んだので、叔母マハープラジャーパティーがその養育にあたった。そして、当時の王族の教養として必要なあらゆる学問・技芸をならい、非凡の才能を発揮したといわれている。

彼は、あまやかされて、わがままに育った。感受性がゆたかで、繊細な神経をもち、つねにものおもいに沈みがちであったが、しかし、自分の思うことはやり抜こうとする気の強いところがあったらしい。ともかく、その天性と、母のないさみしさのために、少年時代から深く人生の問題に思いをひそめたといわれる。城外に遊んでは、老いさらばえた人や病患者を見て生の苦悩を痛感し、死人を見てはそぞろに無常のこころを起こしたともいわれる。

托胎霊夢　マーヤー夫人は白象が胎内に入る夢をみて太子をみごもった（2世紀ごろ，アマラーヴァティー出土）

ゴータマは、その青年時代の栄華の生活を回想して、つぎのように語っている。

わたしは富貴に恵まれ、過度の栄華の生活を送っていた。そのとき、わたしに、ふとこういう反省がめざめた。――およそ無知の凡夫は、みずから老衰の運命をまぬかれないのに、しかも他人の老衰したすがたを見ては嫌悪の情をいだく。しかし、彼の感じるその嫌悪は、やがて自分自身に向けられてくるのではないか、自分もまたこのように老い衰える運命をまぬかれないのに、他人のこうしたすがたを見て嫌悪の念をいだくとは、なんということだろう。病気や死についても同様である。

一度このように感じると、ゴータマの、青年に特有ないっさいの意気はとみに消沈してしまった。

おしつけられた結婚と歓楽の日々

父王は、王子シッダールタがとかく思索にふけり、その心中に出家の意図のあるのを知って、十六歳のときにヤショーダラー妃を迎えて結婚させた（一つの伝説によると釈尊の妃は三人あったという）。アジャンター第一窟内の壁画には、その歓楽のありさまがまざまざとえがかれている。妃とかたらうシッダールタのきれながの眼が妖《あや》しく情欲に燃えて光り、口唇が官能美を暗示する。

父王は彼のゆううつな気持ちを除こうとして、あらゆる手段を講じた。多くの美女をかしずかせ、荘厳な宮殿を設けて寒暑の悩みを除き、ひたすらこの世の歓楽のうちにとどめようとした。そのために宮廷で催した酒宴の場面が、同じくアジャンター第一窟の壁画にえがかれている。もっとも、それは西紀前五世紀のシャーキヤ族の宮廷の場面というよりは、むしろ千年後の、グプタ王朝時代の宮廷生活の反映であろう。

宮廷の酒宴　踊り子の蠱惑的な姿態がえがかれている（6～7世紀，アジャンター第1窟壁画）

歓楽のシッダールタ　妃との官能の宮廷生活（6～7世紀，アジャンター第1窟壁画）

シッダールタはヤショーダラー妃とのあいだに一子ラーフラをもうけた（アジャンター第一七窟の一壁画は、その母子を主題としている）。しかし、このようなことも、ついに彼をつなぎとめることはできなかった。彼は王宮を出て出家した。二十九歳であった。

シッダールタとビンビサーラ王

出家したシッダールタは、当時のインド最大の強国であるマガダ国の首都ラージャグリハへおもむき、宮殿に招かれて、国王ビンビサーラと会ったことがある。そのときの対話が、原始仏教の聖典のうちに伝えられている。

王「あなたは若くて青春に富み、これから人生の始まる若者です。容姿も端麗で、生まれ貴いクシャトリヤ（王族）のようだ。象の群れを先頭とする精鋭な軍隊を整えて、わたしはあなたに財を与えよう。それを享受なさい。わたしはあなたの生まれを問う。これを告げよ」

釈尊「王よ。あちらの雪山（＝ヒマラヤ）の中腹に、一つの民族がいます。むかしからコーサラ国の住民であり、富と勇気をそなえております。姓に関しては〈太陽の裔《すえ》〉といい、種族に関しては〈シャーキヤ族〉といいます。王よ。わたしはその家から出家したのです。欲望をかなえるためではありません。もろもろの欲望にはわずらいのあることを見て、また出離《しゆつり》は安穏であると見て、つとめはげむために進みます。わたくしの心はこれを楽しんでいるのです」

右のビンビサーラ王の申し出は注目すべきである。彼はシャーキヤ族の王子に軍隊と財力とを提供して後援することを申し出ている（象軍は当時最大の武力であった。のちにギリシア人の侵入軍を撃退しえたのも象軍であった）。なぜか。当時マガダ国はコーサラ国と競争関係にあった。マガダ国の立場から考えると、コーサラ国を倒すには、コーサラ国の従属国であるシャーキヤ族の国と同盟を結んでそれに軍事的経済的援助を与え、南と北とからコーサラ国を挟撃すればよかったからである。

しかしゴータマはこの申し出を拒絶した。彼は世俗の世界を出て、出家修行者となっていたのであり、どのような説得も彼の決心を翻させるものではなかった。以後、彼の聖者巡歴

大塔と菩提樹　釈尊がさとりを開いた聖地を記念する寺院（6世紀ごろ，ブッダガヤー）

苦行している釈尊像（2世紀後半，ガンダーラ出土，ラホール博物館）

がはじまる。

実をむすばない苦行

ゴータマ・シッダールタは、まずアーラーラ・カーラーマとウッダカ・ラーマプッタという二人の仙人を順次に訪ね、彼らの体験した禅定を修した。それは静坐して精神統一を行ない、その功徳によって天に生まれようとするものであった。

しかし、彼はその修行法に満足できなかった。そこで、つぎに山林にこもって六年間苦行を修した。その結果、彼の身体はやせ衰えて、肌の色は死灰のようになった。「苦行の釈尊像」の一つ（二世紀後半、ガンダーラ出土、ラホール博物館）は、その眼窩《がんか》は髑髏《どくろ》のように大きく落ちくぼみ、やせさらばえて、肩胛骨《けんこうこつ》・肋骨《ろっこつ》には不気味なほどに血管の走っているのがくっきりと見

降魔成道図（前１世紀，サーンチー第１塔北門部分）

え、腹部は内臓が失われたようにくぼんでいるさまが、ヘレニズムに由来する冷徹な写実主義で表現されている。
にもかかわらず、彼はなお、最高の認識に達しえなかった。

菩提樹の下のさとり

ここにおいて、彼はついに、苦行が真実の道ではないことを知り、苦行を捨てさって、一少女のささげた牛乳を飲み、川で身を洗い清め、気力を回復したのち、ブッダガヤーの菩提樹のもとに静坐沈思し、ついにさとりをひらいて、ブッダすなわち覚者となった、とつたえられる。ときに三十五歳であった。

このさとりをひらくまえには、彼は悪魔の脅迫や誘惑に悩まされたといわれる。

サーンチーの第一塔（前一世紀）の、北門中段の横梁の裏面には、「降魔成道《こうまじょうどう》図」がえがかれ、左隅に菩提樹と台座が示されているが、それは修行中の釈尊の存在を示す。その周囲には誘惑にやってきた悪魔の女人たちが示されている。また、右のほうには、脅迫威《い》嚇《かく》にやってきた多数の悪魔のグロテスクな姿が示されている。

菩提樹は、インド一般にはアシヴァッタとよばれ、ヴェーダ時代以来、霊樹と見なされていたので、ゴータマ・ブッダはこの大樹のもとに坐したのであろう。そして、彼がここの菩提樹の下に吉祥草をしいて、その上に坐してさとりをひらいたと伝えられているが、この樹は今日にいたるまで礼拝の対象になっている。

もっとも、現在の菩提樹は釈尊当時のものではなく、アヌラーダプラの菩提樹のひこばえを移植したものというが、確証はない。ともかくむかしの菩提樹は死滅したので、のちに移植されたものである。それはいま、みごとに繁茂して、大きな手をのばしたように、礼拝する信者をおおう。

菩提樹のまわりは、大きい矩形の石造の壇となっている。その菩提樹と大塔との中間に長方形の岩の石板があって、金剛宝座と呼ばれているが、釈尊がさとりをひらいた場所を示しているのである。これは後代につくられたものである。そのまわりに石の欄楯《らんじゅん》（石垣）があり、さらに、かたわらに高さ五四メートルの大塔がある。また境内にはむかしの仏教徒の寄進した多数の献納ストゥーパ（石造）が並んでいる。

大塔のかたわらには釈尊が沐浴したという蓮池があり、紅蓮華が美しい。池のまわりの白い回廊も鮮やかな色を示し壮麗である。

古霊場ブッダガヤー

では、ゴータマ・ブッダはさとりをひらくために、なぜこのブッダガヤーの地を選んだのか。それは、ガヤーが古来ヒンドゥー教の霊場であり、いうまでもなく、彼はヒンドゥー教の雰囲気の中にいたからである。

むかしから、ヒンドゥーの聖地ガヤーでは、種々の神々が拝され、とくにヴィシヌ神がたたえられている。そして、信徒が参詣して、祖先に供物をささげる儀式を十五日間行なう。これはこの地のバラモンの指導のもとに信徒たちがそれぞれ行なうのである。現在、ガヤー市の人口は約三十万人であるが、祭礼のときには九十万人にふくれあがるという。

ガヤーには浴池（タンク）がいくつも散見される。原始仏教では、このガヤーの霊場で水浴するのは、功徳のあることではない、と批判した。つまり実質的にはヒンドゥー的なこの儀礼を否定してしまったのである。

しかし、現在ガヤーではブッダもたたえられている。わたくしが一九七六年一月に訪れたときには、通りの壁に貼られた広告のちらしに Gautama Buddha とビハーリー語で書かれていた。

2　樹下のねむり

最初の説法と「鹿の園」

ガヤーの菩提樹の下でさとりをひらいたゴータマ・ブッダは、ベナレス郊外のサールナート、仏典でいう「鹿の園」（鹿野園《ろくやおん》）で、かつての苦行時代の友人五人に教えを説いて、彼らを感化した。

これは、以後四十五年間にわたって行なわれる彼の説法のはじまりである。そして、その教えとは、やすらぎ（ニルヴァーナ）に達する四つの真理（四諦《したい》）――すなわち、「苦」「苦の起源」「苦の滅」「苦の滅にいたる道」であった。

また、彼の最初の説法がベナレスの郊外のサールナートでなされたということは、ベナレスがヒンドゥー文化の中心であったという事実から切り離しては考えられないだろう。ベナレスにはヒンドゥー教の行者が多勢集まってくるし、またヒンドゥー教から見たら異端と思われる行者たちもいたので、彼らに対してゴータマ・ブッダは所信を表明して説得することによって、新しい宗教運動が出発しえたのである。

「鹿の園」といわれているサールナートは、いま、よく整備された公園となっていて、一面に美しい芝生がつくられている。ブッダのむかしには鹿がたくさんいたのであろうが、わたくしが一九五二年に訪れたときには、そのかげはなかった。ところが、四年後の五六年に再訪したときには、道のほとりに一頭の鹿がいた。「観光客を喜ばすために、連れてきた」ということである。しかし、それから二十年たった一九七六年に訪れたときには、どうしたのか、鹿の姿が見えなかった。

「最初の説法」は仏教美術でもしばしばテーマとされている。サーンチーの第一塔南門の、左側の柱の矩形区画構図の最上部もそれであるが、そこには多数の鹿がえがかれている。そして、まんなかに輪があって、その両側にそれぞれ一頭の鹿のいる図は、やがて後代には「最初の説法」を象徴するものとなり、「鹿野園」と「初転法輪《しょてんぼうりん》」を示すものとして、ナーランダーはじめ中世の大僧院でも用いられるようになった。

サールナートの遺跡は、もとは地中に埋没していた。一七九三年、この地のヒンドゥー王が露出している部分をこわして、そのレンガで市場をつくったことがある。それから百余年後の一九〇四年、さらに市場をつくろうとしてここでレンガを集めているうちに精舎（僧院）の大遺跡が出てきたのである。発見された仏像一万体は、他のある場所に集められたが、そのうちの重要なものが、ベナレスの博物館におさめられているという。

つまり、遺跡の破壊はイスラーム教徒やヨーロッパ人だけのしわざではなく、ヒンドゥー教徒であるインド国王もおかしたのである。インド人における歴史意識の欠如ということの一証左といえよう。

教化周遊の四十五年間

サールナートの遺跡

ゴータマ・ブッダはベナレスのあたりでしばらく教えを説いてから、ふたたびガヤー地方にもどった。そして火の行者であった三人のカッサパ兄弟を帰伏させたと伝えられている。彼らの儀礼の詳細はわからないが、総じてヴェーダの宗教は火を尊ぶ儀礼であるから、おそらくそれを受けていたのであろう。

その三人の兄弟とは、ウルヴェーラ・カッサパとナディー・カッサパとガヤー・カッサパとであり、それぞれ五百人、三百人、二百人の結髪のバラモンの弟子たちを引きつれていた。この三人の名は、それぞれ「ウルヴェーラー村に住むカッサパ」「ネーランジャナー川のほとりに住むカッサパ」「ガヤー市に住むカッサパ」という意味であったらしい。

ネーランジャナー川徒渉の奇跡
釈尊が川を歩いてわたり，ついにカッサパ兄弟を帰依させた（前１世紀，サーンチー第１塔東門）

ネーランジャナー川のほとりで火の祭りを行なっていたバラモンたちを帰伏せしめたという奇跡譚《たん》は、サーンチー第一塔東門の左柱の図（前一世紀）に出ている。釈尊は歩いてネーランジャナー川をわたったと信ぜられている（歩いて川をわたるという奇跡譚はイエスの湖徒渉の奇跡譚と似ているので両者の関係が問題となるが、アメリカのインド学界の元老ブラウン教授は、この伝説の伝播を詳細に研究して、仏伝のそれが西に伝わったのだと断定している)。

ある時期には、生まれ故郷カピラヴァストゥ(カピラ城)に帰って、家族と会い、彼らを教化したと伝えられている。

ブッダが故郷に帰って一子ラーフラと邂逅して説法したさまは、アマラーヴァティーの欄楯柱(三世紀、大英博物館)にえがかれている。ブッダは頭光背がうしろについているので、すぐわかる。そのすぐ左下の子どもがラーフラであり、乳母がその肩と腰を支えるように両手を出して、腰をかがめている。その左にヤショーダラー妃がいて、侍女たちにかこまれている。ブッダの右肩のところに半身をのぞかせているのが、父王スッドーダナであろうか。妃との邂逅をテーマとしているわけは、ゴータマ・ブッダはこの世の愛欲を絶ち、子を出家させようとしていたからである。

そののち彼は八十歳でなくなるまで四十五年間に、ガンジス川流域の中インド各地を周遊し、教化に余念がなかった。雨期には一ヵ所に定住して弟子たちとともに修養生活を送ったが、その他の時期には各地に赴いて、あらゆる人々に道を説いた(人々がその道をよろこんだ理由は、あとに述べる)。そのためにその教団は急速に拡大していった。

ブッダと息子ラーフラの邂逅(3世紀、アマラーヴァティー出土、大英博物館)

鷲の峰

ゴータマ・ブッダが滞在した主要拠点は、マガダ国の首都ラージャグリハ（いまはラージギルという）と、コーサラ国の首都シュラーヴァスティーの郊外にあった祇園精舎であった。ラージャグリハでは、とくに「鷲の峰」が説法の場所として有名である。

「鷲の峰」という山は、ラージャグリハの東北方郊外にあり、釈尊はそこに住んで説法したという。仏典では「霊鷲山《りょうじゅせん》」（Gṛdhrakūṭa）、略して「霊山《りょうぜん》」ともいい、『法華経《ほけきょう》』などはそこで説かれたと伝えている。

鷲の峰

この山はラージャグリハをとりまく五山のうちの最高峰で、灌木林におおわれているが、登山道路がよくできているので登るのはらくである。頂上にはレンガでかこまれた数メートル四方の禅室の四角な遺構があり、ここがゴータマ・ブッダの説法した場所だといわれている。

また、山頂には岩石が堂々と立っていて、ならんだ二、三枚の岩は鷲の翼を思わせ、だから「鷲の峰」というのだという説もある。しかしまた、むかしそのあたりに鷲がすんでいたからだという説もある。

頂上の近くはまったくの岩山であるが、そのあたりに多数の洞窟がある。その一つ一つの洞窟について、ここはだれが坐禅を修したところだなどと案内人は説明しているが、それは怪しい。ただ、このような推定はかなり古い時代から行なわれていたらしい。というのは、一つ一つの洞窟についての伝説を、この地を訪れた五世紀の法顕《ほっけん》や七世紀の玄奘が伝えているからである。

霊鷲山では岩石のはだが割れて裂けているのが見える。あたりは灌木の林であるが、ニムの林も見える。

祇園精舎

コーサラ国の首都はシュラーヴァスティー（Śrāvastī）であった。その郊外に祇園精舎（Jetavana 僧院）があった。現在シュラーヴァスティー市の遺跡のあるところはマヘート（Maheth）、祇園精舎のあるところはサヘート（Saheth）とよばれるが、両地は近接している（約〇・八キロメートル）ので、一般にサヘート・マヘートとよんでいる。ウッタル・プラデーシュ州のコンダ、バーライチ（Gonda and Bahraich）地方にある。

伝説によると、コーサラ国の首都シュラーヴァスティーにスダッタという慈善心に富んだ一人の長者（資産者）がいた。スダッタとは「よく施した人」という意味である。彼はまた「孤独な人々に食を給する人」（アナータ・ピンディカ）とも呼ばれ、漢訳仏典では「給孤独《ぎっこどく》長者」と意訳されている。彼だけがとくにこのように呼ばれていることから考えると、彼はその財富をかたむけて、世のよるべない人々に施しを行なっていたのであろう（もしも仏教教団の修行僧にだけ施与したのであれば、こうは呼ばれていなかったにちがいない）。

祇園（ジェータヴァナ）

彼が熱心な釈尊帰依者であったということは、仏典の、彼に関するすべての記述に共通であるから、おそらく事実であったのであろう。彼が商用でマガダ国の首都ラージャグリハへ旅行したときに、釈尊を首とする出家僧衆の崇高なすがたにうたれて帰依するにいたったといわれている。彼は自国への招待を申し出て、釈尊の承諾を得た。そうして彼は、シュラーヴァスティーにあった「ジェータの園林」（Jetavana）を仏教教団に寄進したという。「ジェータの園林」は、漢訳では「祇陀《ぎだ》園」などと記し、略して「祇園」という。ジェータはコーサラの国王パセーナディの太子であり、この太子がシュラーヴァスティーの郊外に所有していた園林を、スダッタ長者が買い取って教団に寄進し、そこに精舎（僧院）を建てたと伝えられている。そしてそれが有名な「祇園精舎」である。

この伝説がどこまで事実を伝えているか不明であるが、古い詩に「ここにジェータ林あり、仙人の群れが住む」とあるから、右の長者がジェータ林を寄進したことだけはたしかであろう。もっとも、今日そこに発掘されている遺跡が、はたしてゴータマ・ブッダ当時のものであるかどうかはたいへんうたがわしい。近年、考古学者が実測したところによると、三二エーカーほどあるというが、釈尊の時代にも、そのくらいの土地は寄進されたと考えられる。また、その土地の樹木をジェータ太子が寄進したという伝説があるので、それにもとづいてこの「祇園精舎」を「祇樹給孤独園」と漢訳することもある。

いま、まわりは一面の低い稲田と畑地であるが、祇園精舎の跡だけが小高い丘陵になっていて、樹木が茂り、遊歩して気持ちのよい公園といった趣がある。この地形はおそらく二千四百年前も同様であったろう。こういう快適な高地の樹林のあいだに修行僧らが「楽しく住んで」いたのであろう。「楽しく住む」（安楽住）という語は、仏典の中にしばしば出てくるが、祇園精舎や、マガダ国の首都ラージャグリハにあった竹林精舎の跡を見ると、「なるほど」と合点がいく。

なお、シュラーヴァスティーでは釈尊は外道《げどう》の教師たちと神変《じんぺん》を競ったという伝説がある。釈尊の教団はそのあたりでもっとも快適な場所を占めていたのであるが、しかし大国の首都であれば、諸宗教の仲間が集まってきていたことは当然考えられるから、衝突も起こったであろう。

新しい形の修行の場に

修行者が集団で住んだということは、当時のインドとしては新しい現象であった。それまでは仙人が森の中に庵《いおり》を構えて住んでいた。ゴータマ・ブッダとその弟子たちも、諸方の土地では、後世の精舎のような生活をいとなんでいたのではない。仏典の古い詩に「仙人の群れが住む」といわれているように、叙事詩に出てくる仙人のような生活をいとなんでいた。

祇園精舎の遺跡

だから、祇園精舎がつくられたことで、弟子たちの生活に大きな変化が起こったのである。『律蔵小品』によると、祇園精舎が建てられるまでは、ゴータマ・ブッダは、雨期には「空屋に住んでいた」のであるが、ここで、スダッタ長者が僧衆のことを思って、彼らが雨期をすごすために、ここに精舎を建てた。ジェータ太子はまず門屋をつくった、という。おそらく建築のはじまるのを標示したのであろう。

つづいてスダッタ長者は、ここに精舎・房・門屋・勤行堂《ごんぎょうどう》・火堂・食厨《じきず》・廁房《しぼう》・経行処・経行堂・井・井堂・暖房・暖房堂・小池・延堂をつくらせたという。たぶん、どれも簡単なものであったであろうが、やはり、このようなものは必要であったと考えられる。

また、釈尊がヴァイシャーリーの大林（Mahāvana）にとどまっていたとき、そこには病舎があった、と経典は伝えている。当時の教団の生活では、病人は隔離されていたが、ゴータマ・ブッダはとくに、みずから病人の看護をしたという伝説がある。

ともかく、祇園精舎によって、仏教教団は活動の拠点を得たのである（スダッタ長者は仏典の最古層の詩の中には現れないけれども、その歴史性は否定できないであろう。ただ、彼の帰仏の伝説は種々に潤色されているのである。また、日本では「祇園精舎の鐘の声」というが、祇園精舎など古代インド僧院には鐘はなかった。これも後代の空想にもとづく)。

商業資本家の台頭

ところで、ここに原始仏教の性格を解明するために重要な事実は、商人が土地を買って教団に寄進したということである。

第一に、もしもスダッタ長者が大地主であったならば、わざわざジェータ太子の所有地を買わなくても、自分の所有地の一部をさいて寄進することができたはずである。しかし彼は大土地を所有していなかったのである。われわれはここに、土地はさほどもたないが、莫大な金銭を蓄積していた商業資本家の台頭という事実を認めることができる。

第二に、大土地の売買(しかも国を異にする人のあいだの売買)がこのように容易になされたということは、貨幣経済の進展が著しかったことを示している。そうして、こうした商業資本家が仏教に共鳴し帰依し、それによって仏教教団が急速に進展していったということ、いいかえれば、呪力《じゅりょく》による支配――バラモン――および武力による支配――王族――を駆逐して四民平等を実現していくことは、経済的視点から見るならば、経済外強制の排除ということにほかならないから、当時台頭しつつあった商業資本家の理想にちょうど合致するものであったのである。

バールフット門檣《もんしょう》玉垣の円形の彫刻の一つは、スダッタ長者が祇園精舎を建立寄進した物語を造形的に表現している。つまり、スダッタ長者は釈尊の教団に、ジェータ太子所有の小高い丘の上にある園林を、購入して寄進しようと思って、ジェータ太子にその旨を申し出た。すると、太子はそれを高く売りつけようと思って、地上一面に黄金を敷きつめてくれたらそれを売ってもよい、といった。スダッタ長者はその申し出のとおりにしたというのである。この浮彫りは四角形の金貨を牛車に積んで運んできて、それを地面に敷きつめて、樹木の茂っているジェータヴァナをスダッタ長者が購入しようとする場面である（ただし黄金敷きの庭をつくったのではなくて、敷きつめた金貨は全部ジェータ太子がもらってしまったのだと考えられる）。

図の中央に把手《とって》のついた水瓶《すいびょう》をもっている人物がスダッタ長者。その下に同じく正面向きの人物が、彼の商売上の支配人。左隅の諸人物は、この園の所有者ジェータ太子とその従者五人である。

祇園精舎の建立（前２世紀，バールフット出土）

ここでは、庭園に敷きつめている黄金が金貨であったか、金塊であったかということが問題となる。図から見ると、四角な塊片が多数並んでいて金貨ではないかと考えられるが、インドでは、クシャーナ王朝以前には金貨はほとんど使われていなかったので、やはりスダッタ長者のつくった金塊であったのであろう。それらは画一的につくられていたので、当然、交換手段としての機能をはたしていたのであろう（古代のインドでは金貨と金塊、銀貨と銀塊との区別がほとんどなかった。国家権力が一つに統一されることがほとんどなかったからで、諸王朝の鋳造した貨幣が多種類、雑然と使われていた。そこで貨幣は金属塊として扱われたのである）。

この図の左半分は、すでに釈尊を迎えたときの光景が示されている。支配人の左側に玉垣でかこった菩提樹が見えるが、それは、釈尊の存在を暗示しているのである。これも、当時仏像のなかったことを示す。

また、若い苗木をレンガの垣でかこむことは、今日でもインド一般に行なわれている。苗木や若い樹木を無防備のままにしておくと、牛がやってきて食べてしまうからである。そのような目的をもった垣が発達して、形の整ったものとなったのが、ブッダガヤーの菩提樹のまわりに見られる四角形の石材の玉垣である。この図においては、まさにそれを表現しているのであるから、おそくとも西紀前二世紀には、ブッダガヤーの菩提樹のまわりの玉垣はすでにつくられていたのであろう。

祇園精舎の建物が二つだけ表されているが、最初期の僧院（精舎）は、ここに見られるようにきわめて簡単なものであったらしい。バールフット彫刻の図から見るとレンガづくりである。今日でも祇園精舎の地域だけが、小高くて涼しい森であるが、それ以外は荒漠とした平野であり、ほかに森林は見あたらない。

インドは一般に良質の木材にとぼしい。これに反して、近くのバルラムプル市と祇園精舎遺址とのあいだには、レンガ工場があるほどだから、土質はレンガに適しているのであろう。だから、ここの精舎はレンガづくりであったと解するのが妥当であろう。

スダッタ長者は右肩をぬいでいる。それは仏に対して尊敬の意を示しているのである（仏典でいう「偏袒右肩」であるが、世俗の人でもこういう姿をしていたことがわかる。それはすでにインダス文明に見られるものである〈既述〉）。これに反して、働いている労働者たちは、上半身は裸体である。

シャーラの木陰で——ブッダ永眠

その生涯の最後に、ゴータマ・ブッダはラージャグリハの「鷲の峰」を出て、生まれ故郷へと旅立った。そして、ネパールとの国境に近いクシナーラーというところで、八十歳で死んだのであるが、その臨終のありさまは、原始仏教聖典のなかにわりあいにくわしくのべられている。彼は信者である鍛冶工チュンダのささげたきのこの料理に中毒して下痢を起こしたと伝えられている。

病み衰えたゴータマは、クシナーラーへの苦しい歩行をつづけながら、愛弟子アーナンダをかえりみて、あえぎあえぎいった。

「アーナンダよ、この木陰に衣をたたんで敷いてくれ、わたしは疲れた。アーナンダよ、水を一杯汲んできてくれ、わたしはのどがかわいてたまらない」

彼は弟子や信者たちに見守られながら、安らかに息を引きとった。それはいささかも曇りや汚れを残さない、しめやかな愛情と親和感にみちた臨終であった。

クシナーラーは、サンスクリット語でクシナガラといい、現在のヒンディー語およびネパール語ではクシーナガルという。北インドの工業都市ゴーラクプルの近くにあるが、釈尊入滅の場所は、現在、塀でしきられて、公園になっている。わたくしが一月に訪れたときには、公園入口に、清楚で優雅なオオデマリの花が一面に咲いていた。

ストゥーパの遺跡とならんで、その場所の中心には白色の寺院（涅槃堂《ねはん》）が建てられている。そのすぐ前にシャーラの樹がある。『平家物語』などに「沙羅双樹」といわれるそれである。もちろん、ゴータマ・ブッダが「この木陰に……」といって永眠した当時のものではないが、代がわりをして今日におよんでいるのであろう。

むかしをおもうと、なんとなくものがなしい感じがする。

ゴータマ・ブッダの死後、その遺骸は火葬に付されたが、八つの種族がその遺骨を得ようと争ったので、遺骨を八等分して各種族がそれぞれ自分の故郷に持ち帰り、ストゥーパ（記念の塚）を建ててそのなかに納めた。この埋葬された遺骨を、のちにアショーカ王が掘り出して、八万四千のストゥーパに分け納めて安置したという伝説があるが、この伝説の歴史的真実性については、なお検討を要する。

一八九八年、インドのウッタル・プラデーシュ州の、北の国境に近いピプラーワーというところで、古墳を発掘したところ、そのなかから遺骨を納めた壺が発見された。それには、西紀前数世紀の文字で「釈尊の遺骨」である旨が銘刻されていた。だから、これはゴータマの真実の遺骨である。その舎利《しゃり》壺《つぼ》は、いまカルカッタの博物館に厳重に保管され、鍵は館長だけがもっている。なかの遺骨は仏教徒であるタイの王室に譲り渡されたが、その一部がさらに日本の仏教徒に譲られ、現在では名古屋の覚王山《かくおうざん》日泰寺《にったいじ》に納められている。

3　ゴータマ・ブッダの立場

不毛な論争への応答――沈黙

当時の思想界で、互いに、本質的に相容れない種々の哲学説が相対立し、抗争している事実を、ゴータマは注視し反省した。――ある人々が「真理である、真実である」と主張しているその見解を、他の人々は「虚偽である、虚妄である」と批評している。彼らはかくのごとく異なった見解をいだいて互いに論争している。それでは、われわれはどこに真理を求むべきであろうか。ゴータマはこの事実についてつぎのように批判した。

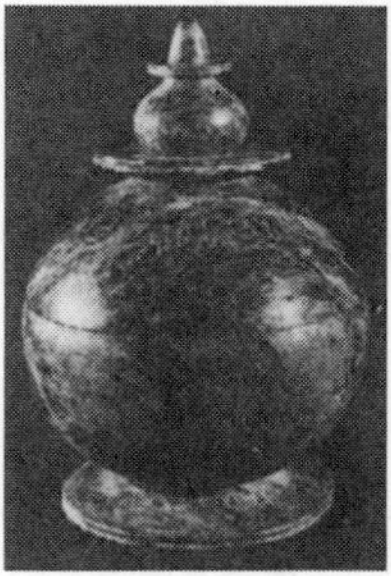
ブッダの舎利壺（ピプラーワー出土）

彼ら思想家は、けっきょく解決しえない形而上学的問題について論争しているために、執着にとらわれ、その結果として、はからずも道徳的な悪を犯しているのである、と。

彼はこのような論争は無意義であると考えて、「もろもろの論争を超越していた」のであった。だから彼は、「我および世界は常住であるか、無常であるか。我および世界は空間的に有限であるか、無限であるか。身体と霊魂とは一つのものであるか、別のものであるか。完全な人格者は死後に生存するかどうか」などの質問を発せられたときに、答えなかったという。答えないで捨てておくことが、じつははっきりした一つの答えを与えたことになるのである。

なぜ答えなかったかというと、このような論議は益のないことであり、真実の認識、すなわち正覚《しょうがく》をもたらさぬからである、という。

道はただ理法の実践に——無我

ゴータマは二律背反におちいるような形而上学説をできるかぎり排除して、真実の実践的認識を教えようとした。人間には、いつ、いかなるばあいにも、守るべき理法（ダルマ）がある。それは人間としてのあるべきすがたである。これを実践し実現しなければならない。

世間の人々は自己というものを見失っている。多くの世人は社会的地位や財産を自己とみなしているが、これらは自己から失われるものであるから、真実の自己ではない。最愛の家族といえども、死ぬときには別れなければならないから、自己とはみなしえない。肉体的・精神的機能も真実の自己ではない。当時のインドの哲人は、自己（アートマン）を一種の形而上学的実体とみなしたが、それも誤っている。

では真実の自己はいかなるものであるか。それは客体的なものとしてはとらえられない。それは見ようとしても見えないものである。ただ、人々が人間としての理法（ダルマ）の実践につとめるときに、真実の自己が実現されるのである。孤立した実体としての自己というようなものは存在しえない。ここにいわゆる無我説がひらかれているのである。

渇愛を捨ててこそ――解脱

彼は人生の苦という事実を直視する。人間はどこにあっても、またどんなものによっても、苦から脱することはできない。なんぴとも、老いかつ死なねばならない。「この世における生はいとわしきかな」

ところで、人々が苦しみ悩んでいるのは、常住永遠なる自己（我）があると考えて、それに固執しているからである。そのために多くの煩悩を生じている。煩悩のうちでも、とくに「渇愛」とよばれるものがもっとも根強いものである。それは、のどがかわいているときに水が飲みたくてしかたがないような盲目的な衝動である。人々はそれに悩まされている。だから、それに制せられないようになったときに、解脱の境地が得られる。

ある老人が、老齢に達し、身の衰えたことをゴータマにうったえて嘆いた。これに対して彼は「人々は渇愛におちいって苦悩を生じ、老いに襲われている。ゆえに渇愛を捨てよ」と教えた。このばあいには、生理的現象としての老死にとらわれなくなることが解脱なのである。「世間における対象そのものが愛欲なのではない。それらはまさにそのまま存続している。しかし、「賢者はこれらに対する欲望を統御する」ともいう。

彼はこのような実践的認識を説いていたのであり、それは古来の宗教家にも通じるものがあると考えていたのであるから、彼には新たな宗教を創始したという意識もなく、また、新しい形而上学を説こうともしなかった。

われは万人の友なり――愛他

人々のあいだに真実の実践的認識をひろめるために、ゴータマはその八十年の生涯をささげた。

ゴータマは人々に説いていう。――人生は淋しい旅路のようなものである。お互いに助け合っていこうではないか。

「曠野の道づれのように、とぼしいなかから分かち与える人々は、死せるもののなかにあって不死の意義がある」

他人を軽視してはならない。また他人をうらんではならない。

「じつにこの世において、うらみにむくいるにうらみをもってしたならば、ついにうらみのやむことがないであろう。うらみをすててこそやむ。これは永遠不変の法である」

そうして、他人に対し、さらに、いっさいの生きとし生けるものに対して慈悲をおよぼすべきことを強調した。

「あたかも母が自分のひとり子を身命をかけても守るように、そのようにいっさいの生きものに対して無量のいつくしみの心を起こすのだ」

父母親族が自分にしてくれるよりも以上の善を、他人のためにするようにつとめなければならない。

「われは万人の友なり、万人の仲間なり、いっさいの生きとし生けるものの同情者なり。いつくしみのこころを修して、つねに無傷害を楽しむ」

人間はみなおなじ——慈悲

ゴータマの説いた慈悲の精神は、カースト階級制度と抗争した。ゴータマは、人間のあいだにある階級的身分的区別などというものは無意義だと主張した。

「鳥や獣は、すでに生まれるときにそれぞれ異なっているし、また成長したときのかたちが異なっている。だから、彼らのあいだには差別がある。しかし、人間をみよ。人間はいかなる階級の者でも、生まれ落ちるときから死ぬときまで、そのなりゆきはすこしもちがっていないではないか」「世に名とし姓としてあげられるものは、ただことばにすぎない」

彼の説いた慈悲平等の教えに共鳴して、彼に帰依する人々がしだいに多くなった。ここに教団（サンガ）が成立したのである。信徒や弟子のうちには上層階級の者も少なくなかったが、また、身分の低い者、卑賤《ひせん》とされた職業に従事している者、社会の落伍者たちが争うようにしてゴータマの大慈悲にすがった。

スニータ長老は、在俗生活の日を追懐して、「わたくしは賤しい家に生まれ、貧しくて財がとぼしかったのです。わたくしは生業がいやしくて不浄物の掃除者でした。人々にいみきらわれ、軽蔑され、ののしられました」という。彼はあるとき、ゴータマが弟子たちとともに歩んでくるすがたを見て、心うたれて出家したのである。

一族すべて亡びてひとり取り残された貧しい寡婦、はちをたずさえ、つえをついて家から家に乞食《こつじき》し、寒熱に苦しめられていた婦人なども、彼の教団にはいっている。とくにゴータマが、婦人の出家修行者にも、男性のそれと同じ地位を認めたことは注目すべき事実である（人間の平等観念と婦人の独立を認めた教団は、西洋の古代社会にはなかった。だからギリシア人メガステネースは、このことを驚嘆の念をもってギリシアに伝えている）。

目標は万人のしあわせに――経済・国家

原始仏教によると、家長たる者は生業に勤勉に従事すべきであるという。人が戒律をたもって、あたかもハチが食物を集めるように働いたならば、財はおのずから集積するであろう。あたかもアリの塚の高められるようなものである。しかしながら、自分が財貨を一方的に獲得するのみでただ自分のもとに保持しておくことは無意義である。自分が用いると同時に、他人にも享受させ、有効に用いねばならない。「財産多く、金銀あり、食物を有する人が独り美味を食する」ことは堕落の門である、といっていましめている。

国家の問題に関しては、国王は、元来、人民の選出したものであると解していた。世界が成立してのちに、人民のあいだに略奪や盗みが起こったので、それを防ごうとして、人民たちは集まって評議し、衆の中から一人の有徳の人を選び出して、めいめいの収穫の六分の一を出し合い、この人を雇って防護させたのが、国王の起源であるという。「六分の一」というのは当時の税率である。

ところが、当時の国王はきわめて強暴であり、権力をもって民衆を圧迫していた。仏典の中ではしばしば、国王の難と盗賊の難とを併挙している。そこで仏教は人々ができるだけ国王の支配のもとから遠ざかって、自分らだけで完全な理想的社会（サンガ）をつくり出そうとした。しかし国家を全然無視して社会理想を実現するということは、当時のインドにおいても不可能であった。そこで仏教は国家のあるべきすがた（ダルマ）を説いたのであるが、それは後世のアショーカ王によって実際政治のうちに具現されることになった。

国境を超え民族を超えて——招提

初期の仏教徒たちは国籍の差を超え、民族の差を超え、真の人間として生きようとした。この理想は、かつて古代の日本においても生きていた。その典型的な一例として、奈良の唐招提寺がある。その「招提」とは、パーリ語の Gātuddisa の音写であり、「四方の人」つまり、国籍や民族を超越したコスモポリタンということである（ドイツ人の学者はこれを Weltbürger「世界人」と訳している）。真の人間は「四方」をわが住まいとして、人々とともに生きるのである。

こうした生き方を説く仏教への感激は人から人へと伝わった。そして、とくにカースト制度の桎梏《しっこく》を打破しようとしていた当時の新興商業資本家や手工業者の強い経済的援助を受け、つづいてマウリヤ王朝時代には、とくにアショーカ王の国家権力による保護を受けた。

つまり商工業者は品物や製品を売りさばくためには、国境やカーストの制約は邪魔になるから、自由な交通・通商を希望した。またマウリヤ王朝が統一国家を確立するためには、帝国の内部で小さな国々や民族が対立していたのでは妨げになる。カーストや種族の対立をのり越えて大国家をつくらねばならなかった。

こういう歴史的社会的事情にうながされて、仏教は歓迎された。そうして「アジアの光」とよばれるこの宗教は急速に諸地方にひろまり、またインドの外にまでも及んだのである。

第六章　統一的官僚国家の成立——マガダ国からマウリヤ王朝へ

1　マガダ国の発展

帝国の創建者ビンビサーラ王

都市興隆時代のあとをうけて、全インド統一の時代をむかえるが、これを招来した原動力は、中インドのマガダ国である。すなわち、仏教が興起した時代以後のインドの歴史は、マガダを中心としたインドの統一運動にほかならない。

マガダ帝国の建設者は、西紀前六世紀後半から前五世紀はじめにかけて活動したビンビサーラ王（Bimbisāra）である（Śrenika または Seniya Bimbisāra ともいう）。彼が父王のあとをついで王位についたのは十五歳のときであった。その首都は、すでにしばしば触れたラージャグリハである。

ビンビサーラは断乎とした行動家であった。無能な役人を放逐し、村長たちを招集して会議をひらき、橋をかけ、堤をきずき、国内を巡察した。

アジャータシャトル王による拡大

マガダ国はアジャータシャトル王（Ajātaśatru, Kūṇika-Ajātaśatru）のとき、すなわち前四世紀前半にひじょうな発展をとげた。彼は父王ビンビサーラを幽閉し、ついにこれを殺して王位についたと伝えられ、古来、悪逆無道の王として有名である。

即位してまもなくコーサラ国を攻めて制圧し、カーシー国（ベナレス）を併合して完全に支配し、さらに進んでヴァイシャーリー国を征服し合併した。こうしてアジャータシャトル王は、巨大な帝国を建設し、マガダ国の領域は、ガンジス川の北方ヒマラヤ山脈にいたるまで拡大した。

マガダのヴァイシャーリー征服は、ヴァイシャーリーのリッチャヴィ族が宝石鉱山の利権に関して約束を破ったことから起こったとも伝えられている。しかし、ともかく、当時コーサラ国とヴァイシャーリーのリッチャヴィ族とのあいだには友好関係があり、両者は共同してマガダに対抗していたものと思われる。その同盟をアジャータシャトル王は粉砕したのである。

ただし、彼は征服しただけで、絶滅させたのではなかったらしい。リッチャヴィ族はその後も存続し、西紀後四世紀にいたってもなおインド人一般からひじょうな尊敬を得ていた。

統一インドの基礎かたまる

ヴァイシャーリーとの戦争においてアジャータシャトル王は二つの新しい武器を使用した

釈尊に帰依したアジャータシャトル王

ビンビサーラ王のブッダ訪問（前1世紀，サーンチー第1塔東門）

といわれている。一つは巨石を射出する弩機《どき》であり、他の一つは鎚矛《つちほこ》をさきにつけていて、疾走しながら敵軍にひじょうな損害を与える戦車である。

この二つの武器は敵軍のあいだに恐慌をひき起こし、兵士も馬も象も争って逃げたと伝えられている。

もしもこれが事実であるならば、『リグ・ヴェーダ』時代の、弓の射手をのせ、馬にひかせて走る戦車にくらべて格段の進歩を示しているわけである。そうして、マガダ国がこうした武器の製作技術にすぐれていたことが、やがてインド全体を統一するにいたった一つの原因となっていると考えられる。

また、それを可能にした経済的理由としては、マガダの首都ラージャグリハのあたりがとくに優秀な鉄の生産地であった、という事実を考えねばならないだろう。

アジャータシャトル王の子ウダーインは、パータリプトラに首都を建設した。そしてこのことは、マガダ国が統一インド建設の基礎を固めたことにもなった。

従来の首都ラージャグリハは、拡大したマガダ国にとっては南方に偏しすぎ、かつ水路から離れているので、交通が不便であった。ところがパータリプトラはガンジス川に面し、諸支流との交通が便利であり、インド全体との連絡をとるにはあつらえむきであった。

ナンダ王朝から絶頂のマウリヤ王朝へ

マガダ国は、ビンビサーラの王朝についでシャイシュナーガ王朝が興り、そのつぎに立ったのがナンダ王朝である。

この王朝は巨大な軍事力をもっていた。また、経済政策の面で特別の成果をおさめたらしい。「度量衡はナンダ王朝の発明による」とさえいわれている。このような伝説や記述はまた考古学的な発見によっても確かめられている。ナンダ王朝の発行した打印銀貨はじつに多種多様であり、またその量目はじつに正確であった。

ところでマガダ国の王朝は、ゴータマ・ブッダ以後マウリヤ王朝成立（前三一七年）までのあいだに、しばしば交替している。前述のように、ビンビサーラの王朝、シャイシュナーガ王朝、ナンダ王朝の順に立ち、最後のマウリヤ王朝が全インドを統一したのである。

仏典の伝えるところによると、王子の父王弑殺《しさつ》をふくめて、王室には内紛暗闘が絶えなかった。しかし、このように政治的支配勢力がつねに動揺していたにもかかわらず、マガダ国の王朝は順を追って強大となり、しだいに他国を征服し、マウリヤ王朝においてその絶頂に達した。その理由はどこにあったのだろうか。

マガダ発展の二つの理由

まず考えられることは、この時代にはマガダ国地方の開発が進み、生産力が、王朝の交替などにわずらわされないほどに増大していたことである。当時、マガダ国はインドの穀倉と呼ばれていた。仏典のうちにも、「マガダ国だけは穀物にみちみちているそうだ」といっている。マガダ国は「穀米が豊かで、あたいがやすく、飲食きわめてゆたか」であるので、そこへ行って乞食しようと望む修行者もあったほどである。

だから、ひとたびマガダの宝庫をおさえたものは、ひじょうな経済力を把握しえた。そうして、水陸交通の要路にあたる、美しい衣服の産地カーシー国（ベナレス）を掌握したのちには、諸国への経済的な圧力はいっそうつよまったと考えられる。

第二に、この巨大な軍事力・経済力を成立させた他の一つの理由は、マガダ（現在のビハール州）が、当時のインドにおいて、鉄・銅その他諸種の金属をもっとも豊かに産出していたという事実であるらしい。こういう事実を背景としてこそ同地域から出現した王朝（ナンダ王朝およびマウリヤ王朝）が、ついにインドの支配者となりえたのであろう。

内的および外的新思想の刺激

また、このような経済的基盤にもとづくこのガンジス中流域地方では、バラモン教の勢力が、その上流地方ほどには強くなく、したがって、バラモンの呪術的な思惟が人々を全面的に支配していたわけではなかった。さきに述べたように、唯物論者・快楽論者・懐疑論者たちも現れて呪術的思惟を積極的に排斥するようにさえなった。この点では原始ジャイナ教も原始仏教も、彼らと共通の傾向が認められる。

この地方の上流階級が、その子弟を西北インドのタクシラ（タクシャシラー、タキシラ）の大学に遊学せしめて、外国からの新知識の吸収につとめたことは、『ジャータカ』にしるされているとおりである（古代西北インドの政治・経済の中心都市タクシャシラーへの遊学は、仏教出現時よりすこしおくれて、おそらくナンダ王朝のころに流行したのではないかと考えられる）。ここに新しい思惟が根を下ろすとともに、自然に対して合理的にはたらきかける傾向も強く現れたのであろう。

アジャータシャトル王の軍隊が、新兵器製造の機械技術を導き入れたのも、このような傾向の結果の一つである（マガダ国の首都、今日のラージギルには、アジャータシャトル王が戦車を走らせた競技場の跡がのこっていて、車の轍《わだち》が岩石の地面にきざまれている）。こういう二つの客観的条件がそなわっていたので、支配階級間の内紛・王朝交替がつづいたにもかかわらず、マガダ国は他の諸国を制圧することができたのであると考えられる。

2　ペルシアとマケドニアの侵寇

ダーレイオス王の侵略

アカイメネース朝ペルシア帝国の建設者キロス王（Kurush, Kyros 在位前五五九～前五三〇）は、ゲドロシア（Gedrosia）をとおってインドへ遠征した。しかし失敗して遠征計画を放棄し、わずか七人とともに辛うじて脱出し帰還しえたにすぎなかった。もっとも、ヒンズークシュ山脈のカーブル（Kābul）渓谷では成功を収めた。

ついで、アカイメネース朝ペルシアの最盛期をつくったダーレイオス王（ダリウス王 Dārayavaush, Dareios, Darius 在位前五二二～前四八六）は、ヘロドトスの伝えるところによると、「鰐《わに》を産する」インダス川の河口の事情を知りたいと思い、おそらく西紀前五一〇年ごろと思われるが、探検隊を派遣した。探検隊はインダス川をくだり、海に出て西に航して帰国した。そうして、このインダス川両岸の諸部族について詳細に報告したが、この探検旅行ののちにダーレイオスはインドを征服したのだという。

ダーレイオス王

ダーレイオスが併呑《へいどん》した「インド」すなわち Hidus（Hindush）がどの地方であるか、厳密に確定することは

アレクサンドロス大王

困難である。パンジャーブの大部分をふくんでいたと考えられるし、また、インダス川の両岸にわたって河口に達するまでの地域をふくんでいたとも考えられている。

ダーレイオスの子で、その後継者であるクセルクセース（Khshayārshā, Xerxes 在位前四八六～前四六五）は、やはりインドの諸地方を確保していた。前四八〇年の、彼のギリシア遠征軍二百六十万人は、自国領土内の四十九の民族から徴募されたが、ガンダーラ人は葦《あし》の弓と短い槍をもち、インド人は綿服を着て、籐《とう》の弓および鉄やじりのついた矢をたずさえてペルシア軍に加わり、ギリシア人と対抗したことを、ヘロドトスが伝えている。

インド美術は、すでにマウリヤ王朝以前から、西方の影響をいちじるしく受けていたが、それはこのような理由にもとづくのである。

アレクサンドロスのインド侵入

西紀前三二七年、アレクサンドロス（在位前三三六～前三二三）が西北インドに侵入した当時、同地方の諸小国家は相互に争い不和であった。そのために、このマケドニアからの侵入者は、インド民族共同の抵抗に遭遇することがなかった。なかったばかりでなく、彼らのうちのあるものは、隣国に対する憎悪から、かえってアレクサンドロスを歓迎さえした。

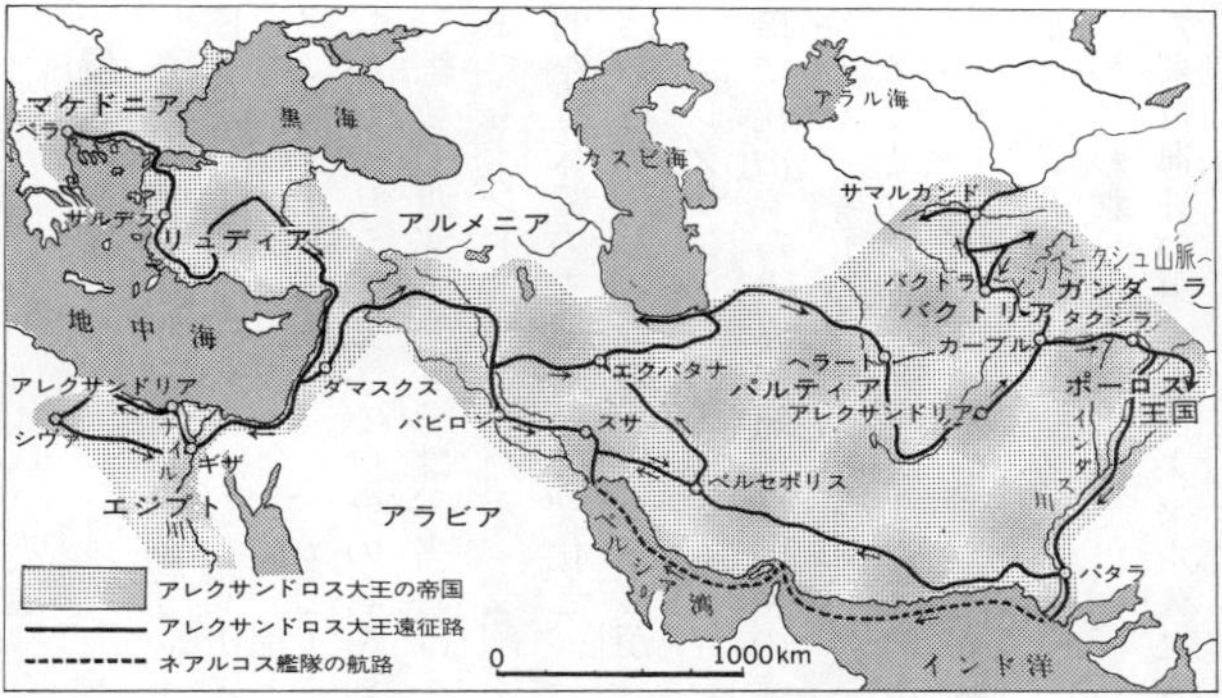

アレクサンドロスのインド東征図

しかしアレクサンドロスは、西部インドを征服したけれども、ポーロスという王に指揮された軍の徹底的抗戦にあい、部下将兵に反対されて、ついに、ヒファシス（Hyphasis, Beas）川を越えて進むことはできなかった。

アレクサンドロスの部下の軍隊が進軍をこばんだのは、兵隊たちが苦難と疲労に困憊《こんぱい》し、とくに、つねに雨にさらされる苦しみに耐えられない感じをいだいたためである。しかしそれだけではない。彼らは、ガンジス川地方の国と東方の国とが騎兵八万人、歩兵二十万人、戦車八千台、象六千頭を用意して、アレクサンドロスの軍隊を撃退しようと待ちかまえているといううわさにおそれをなしたのである。

アレクサンドロスは、やむをえず西への帰還を決意した。大艦隊を編成し、インダス川をくだって海に出て、メソポタミアにいたり、西紀前三二三年七月、バビロンで客死した。

侵入の影響

さて、アレクサンドロスのインド征服期間は二ヵ年にすぎなかったが、彼に従属したインド諸国王は、たちまちにしてギリシア的な文物への順応を示している。たとえばそのうちのある王の貨幣を見ると、この王のすがたはまったくギリシアふうで、ヘルメットをかぶり、しかもギリシア文字で自分の名を刻出している。

総じて西部インドでは、当時はインド文字の貨幣は発行されなかったらしい。民衆はどこまでもインド的であったが、支配階級は顕著にギリシア的となったのである。一般に、政治的な意味での支配階級の文化と、一般民衆の文化との乖離《かいり》ということは、その後のインド史にあらわれる一つの特徴であるが、それがすでにこの時代に見られるのである。

アレクサンドロスの侵入も、インド社会の実態を変革することができなかった。民衆を直接に統治する人々の組織は旧態のままであり、ただ最高主権者の地位と、それに付随する利益とを、ギリシア人が得ただけである。政治的支配機構にも変革が起こらなかったらしい し、人民の生活の実態には、ほとんどなんの影響もおよぼさなかった。古来、インド人がアレクサンドロスの侵入をまったく無視しているといってよいのは、このような事実にもとづいてのみ理解することができる。

われわれ日本人にとっては、元寇《げんこう》は大きな政治的ショックであった。また、太平洋戦争後の米軍進駐の事実も、未来永久に忘れないであろう。ところが、インド人はアレクサンドロスという人を文献のうちに伝えていない。史書にも、文芸作品にも、彼の名は現れてこない。西洋人にとっては、アレクサンドロスのインド遠征は重大な歴史的事実であって多数の記録が残されているが、インド人にとってはじつはどうでもよいことなのであった。しょせんアレクサンドロスのインド遠征は、一片のモンスーン的台風にすぎなかった。インドの風土には、同じように草木が生長するのである。

アレクサンドロス遠征の受けた運命は、また、その後の侵入者の受けるべき運命であった。侵入してきた諸王侯は最高主権をめざして戦った。しかし彼らは、インド社会の実態を変えることはできなかった。

3　マウリヤ王朝

初の全インド統一

インド全体が史上はじめて統一国家に形成されたのは、マウリヤ王朝の時代（前三一七〜前一八〇ごろ）においてであった。マウリヤ王朝を基準としてのみ、古代インドの歴史を構成し、想定することができる（Maurya 日本語では「マウリヤ」と発音したほうが原語の発音に近い。ārya を「アーリヤ」と発音するのと同様である）。

マウリヤ王朝を建てたチャンドラ・グプタ（Candragupta）は、ナンダ王朝をほろぼしてその領土を占取し、他の諸王国を征服しただけでなく、西北インドからギリシア人の勢力を

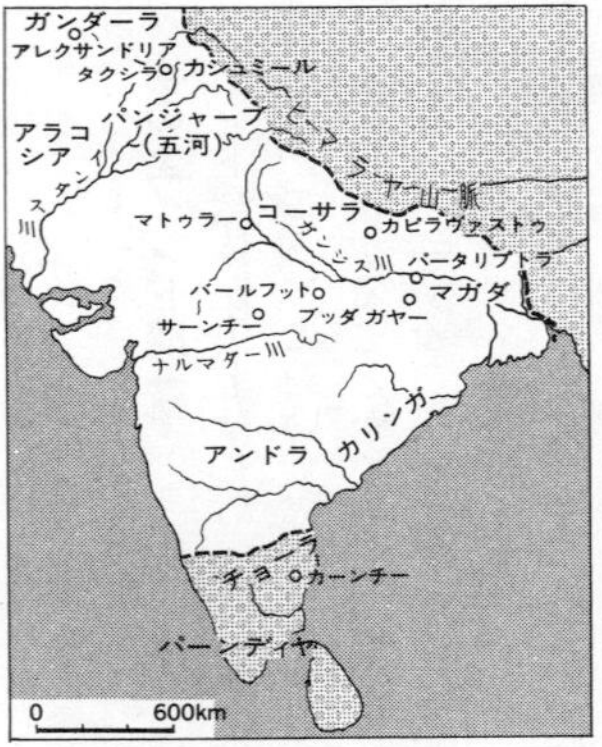

マウリヤ王朝の領土

一掃して、インドの大部分とその周辺地方を支配したのであるが、彼の形成した国家は、従前のインドには例を見ないほど集権的性格の強いものであった。

マウリヤ王朝は強大な国家権力をもって諸種の事業を遂行した。マウリヤ王朝が巨大な中央集権的政治組織を完成していたことは、後述の巨大な土木工事の遂行によっても知られる。仏教は本来普遍的宗教としての性格をもつものであったが、それが現実に世界宗教となるべき活動力を与えられたのも、マウリヤ王朝のアショーカ王のとき（前二六八～前二三二ごろ）であった。

しかし、マウリヤ王朝によるインド統一という偉大な歴史的事実も、じつは、古代世界における大きな激動が、東洋において現出させたところの、一つの波及的対応現象にほかならないのである。

アレクサンドロスの侵入によって、たとえ部分的にもせよ、また、インド人一般が無視しているにせよ、インドの土地が他の有力な民族に侵略されたという歴史的事実は、インド社会全体の支配者層に影響を与えないではおかなかった。

城を攻撃する象隊　P. ブラウンの『インディアン・アーキテクチャー』による

群小諸国の征服とギリシア軍の撃退

その当時、ガンジス川平原における最大の政治的勢力はマガダ国であり、インドはナンダ王朝の支配下にあったが、同国出身の一青年チャンドラ・グプタが卑賤《ひせん》の身分から身を起こして、西紀前三一七年ごろに、おそらく西北インドにおいて挙兵し、同地域からギリシアの軍事的勢力を一掃してマガダ地方に進攻した。そうしてさらに、北はヒマラヤ山麓におよび、南はヴィンディヤ山脈を越えて南インドにわたり、東はベンガル湾、西はアラビア海に達するインド最初の大帝国を建設した。

たまたまシリア王セレウコス・ニーカトール（在位前三〇五～前二八一）が、西紀前三〇五年にインダス川を越えて侵入してきたが、チャンドラ・グプタはその軍隊を撃破した。そして、講和条件として、両王家のあいだに婚姻関係が結ばれ、チャンドラ・グプタはセレウコスの王女を妃としたらしい。また、チャンドラ・グプタは、アリア、アラコシア、ゲドロシア、パロパニサダイの四州(Satrapeia)を手に入れ、これに対してセレウコスは象五百頭という比較にならぬ小額の代償をえただけであった。

なぜセレウコスは、そのような広大な領地を割譲してまで、象五百頭を欲したか。むろん、これらの象は愛玩用でもなかったし、荷物の運搬のためのものでもなかった。それは当時最強の戦力だったからである。

彼は、のちにこれを西方の戦線に出動させる。象隊による戦法は西方においてはまったく新しいものであった。そして、小アジアにおけるイプソスの会戦（前三〇一年）において勝利を決定する原因となった。セレウコスはこれによってアンティゴノスを破り、シリア王国の基礎を固めた。そして、これを契機として、その後、西洋の戦争に象隊が使用されることになる。

国民的英雄チャンドラ・グプタ王

前述のように、インド各地に割拠対峙していた群小諸国を征服して、インド史上はじめて全インドにわたる大帝国を出現させたチャンドラ・グプタは「インド人の最大の王」となった。ユスティヌスによると、彼は「インドを所有した」のである。

彼は「花の都」と呼ばれる中インドの中心都市パータリプトラ（Pāṭaliputra）を首府とした。全インドの首都であるこの都市に、いまや絢爛たる文化の花が咲きにおい、マウリヤ王朝の盛名はついにギリシアにまでも聞こえ、後世のギリシア人は「マウリヤ王朝」とはインドそのものを代表する名称だとさえ考えるようになった。こうしてチャンドラ・グプタは、ついに国民的英雄となった。

チャンドラ・グプタ王のこのような成功は、当時インドの穀倉と称せられていたマガダ国の豊かな財富が、その有力な原因となったのではないか、と想像される（マガダ国は後代にいたるまで農業に関しては生産性が高かった）が、しかし直接には、王の賢明な宰相カウティリヤ（Kauṭilya 別名チャーナキヤ Cāṇakya）の権謀術数に負うところが多かったといわれている。また、政治・経済・軍事に関する方策を教示した論典として有名な『カウティリヤ実利論』は、その著作として伝えられている。

チャンドラ・グプタは強権政治を行なったらしく、その恣意的な専制政治の一例は、仏典のうちにも伝えられている。インドに派遣されたシリアの大使メガステネースの記述によると、当時の刑罰はきわめて苛酷であった。

チャンドラ・グプタ王は、西紀前二九三年まで二十四年間、インドを統治したと考えられる。ジャイナ教の文献ならびにマイソール（Mysore）地方の諸碑文によると、彼はジャイナ教を信奉し、ある時期に退位して、出家したという。その没後、彼の子ビンドゥサーラ（Bindusāra）が即位した。

アショーカ王

チャンドラ・グプタの孫アショーカ王におよんで、マウリヤ王朝の勢威は絶頂に達した。彼は父祖の大領土を保持しただけでなく、東南岸のカリンガ国を平定し、南端を除く全インドを統一支配した。彼は「全大地の主」とよばれている。

マウリヤ王朝は、インド史上空前の強大な国家権力をもって、重要な諸事業を遂行した。

たとえば、チャンドラ・グプタは全インドにわたって多数の公路を建設し、駅亭を設け、また約二キロメートルごとに標識の柱を建てた。またアショーカは各道路に沿って並木を植え、約一二キロメートルごとに井戸を掘り、旅人のための休憩所を設けた。同時に、道路の交叉する主要地点には国家の倉庫を建設し、緊急のさいにそなえて物資を収容し、また、農産物の増加をはかるために貯水池をつくった。

このような大規模な国家的事業を遂行するためには、他の国の古代文明社会と同様に、インドでも多数の奴隷が使用された。たとえば、アショーカ王がカリンガ国を征服したさいには、捕虜十五万人を本国に送ったという。もちろん、いろいろな労役に服させるためだったにちがいない。また当時の文献にも、財産の一種として奴隷をかかげている。

しかし、前記のメガステネースの報告によると、当時のインドには奴隷がいなくて、万人が自由民であるといい、それを「驚異すべき事実」として報告している。それはおそらく、当時のインド社会で奴隷の人口がきわめてわずかであったこと、また、インドでは西洋の奴隷のような苛酷な取り扱いを受けることなく、インド人の寛容な性格にもとづいて（古代西洋と比べて）温情をもって遇せられていたことによるのであろう。

戦争から平和へ

アショーカ王のカリンガ国征服（前二五九年）は悲惨な結果をもたらした。そこでは十五万人が捕虜として他の地方に移送され、十万人がそこで殺され、また、その幾倍もの人が死

菩提樹に供養するアショーカ王　仏教に帰依し，法の教化につとめた。(前1世紀，サーンチー第1塔東門)

んだ。そこでは、たんに戦闘員が死傷しただけでなく、徳行ある多くのシャモン、バラモンたちが戦争のために殺され、あるいは災害を受け、人々は愛するものと別離するにいたった。

アショーカはこの事実をみて痛切に嘆いた。深い悔恨の情が起こった。そしてここに、アショーカ王の「戦争から平和へ」の一大転換が行なわれたのである。そして、このカリンガ征服戦は、彼の最後の戦いとなった。

これは彼の一生における重大な出来事であった。と同時に、これは全インド的に重大な出来事であった。このとき彼はつぶさに戦争の悲惨なことを痛感して、深刻な懺悔の思いをいだき、ダルマ（dharma 理法）の実現のための政治を行なう決意を固めた。ここに、宗教への道がひらけたのである。

彼はこのときから、「法の教化」に熱心につとめるようになった。諸国に対しても戦争手段にたよることを放棄して、平和的親好の態度をとるにいたった。彼は南方インドのチョーラ人、パーンディヤ人、ケーララプトラ族、サーティヤプトラ族、セイロン、あるいはシリアのアンティオコス王にむかって、もはや侵略の歩を進めようとはしないで、法のための協同を求めた。

彼は人間の理法としての「法」による政治の実現をめざして国家の経営につとめたのであるが、彼のいう「法」とは、仏教によって正しく説かれているものであると彼は信じていた。そして、仏教に帰依して在俗信者となった。彼の統治年数は三十七年であったといわれる。

4　アショーカ王の政治

迅速な政務処理

アショーカ王は祖父チャンドラ・グプタ以来の方針にしたがって集権的統一国家の基礎をかため、また、即位第九年には東南のカリンガ地方を征服して、その領土を拡張した。彼はとくに経済、交通に関する諸政策の実施につとめ、異常な熱意をもって遂行した。彼は、いつ、いかなるところでも、臣下の上奏を聞き、政務をきわめて迅速に裁可した。

過去長期間、いまだかつて（いかなる王といえども）、いずれのときにあっても政務を裁可し、あるいは上奏をきくということはなかった。ゆえにいま、わたしはつぎのように命ずる。すなわち、わたしが食事中であっても、後宮にいても、内房にいても、飼獣寮にいても、乗輿《じようよ》のうちにいても、あるいは遊園にいても、いつでも、どこでも、上奏官は人民に関する政務を奏聞すべきである。しからば、わたしはどこにいても、人民に関する政務をさばくであろう。また、わたしが恩賜あるいは詔勅に関してしたしく勅命したこと、もしくは、緊急事件について大官に委任したことに関して、そのことのために、会議において、論争または修正動議が起こったときには、どこにいても、どんなときでも、即時わたしにこれを奏聞しなければならない。

政務に関する帝王自身のこの真剣な態度は、アショーカ王自身もいうように、従前にはなかったことである。このように熱心に政務の迅速な処理を行なったということは、インド一般の国王の日常生活の惰習を完全に打破したものであった。

このチャンドラ・グプタ王やアショーカ王の道路建設事業がいかに功績の大きいものであるかということは、じっさいにインドを旅行してみないとわからない。たとえば——ビハールの地方は沃野がつづいている。菜種、甘蔗の畑であり、ところどころにレンガ工場があり、また、畑の中に祀堂がある。ヤシの植林もある。

ビハールの道路は大きく、よく舗装されているが、道路の並木は割合にまばらである。樹木はあってもポツンポツンの程度で、林はすけて見える。眼をさえぎるものはなにもない。森もないし、休憩所もない。そこで気品を重んじる婦人は、健康のためにはよくないけれども、旅行前に水を飲まない。また、日光をさえぎるものがないから、当然、日射病にかかりやすい。

「旅人のために宿泊所をつくれ」ということが仏典の中にくりかえしすすめられ、また、それをつくったことをアショーカ王が誇っているのもそのためである。彼はここに宗教的意義

宮殿遺跡の上のアショーカ王石柱　（前3世紀，デリー郊外トープラー）

を認めていた。彼にあっては、交通を容易安全でたのしいものにすることが、そのまま宗教につながるのであった。これは、仏典を書斎の中で読んだだけではなかなかわからないことである。

大石柱の詔勅文

アショーカ王は、その政治理想を民衆に徹底させるために、領土のうちに多数の巨大な石柱をたて、また国境地方では崖の岩面をみがいて、それぞれ詔勅の文字を刻み込み、そこに自分の決意を表明し、人民が心から王に共鳴協力してくれるように望んでいる。岩石詔勅は、大小とりまぜて、現在約二十一発見されている（岩石詔勅のことを日本のインド学の書にはたいてい「磨崖詔勅」とするされているが、それは誤りである。英語で rock edict というので、日本の学者は九州の臼杵の磨崖仏のようなものを連想してそれを「磨崖」と訳したが、それは日本の学者がインドの風土や生活を知らなかったために起こった誤りである。磨崖に彫刻や文章を刻んで通行人に呼びかけた日本的感覚と、大陸の広漠たる丘陵にころがっている大きな岩塊に文章を刻んだインド的感覚とはてんで異なっているのである）。

石柱詔勅も多数発見されているが、そのうちの六種はまったく同文で、しかも中インドの北部でのみ発見されている。この石柱そのものがじつはたいしたものなのである。今日の土木技術の見地からみても大変な仕事であった。それは砂岩を円柱状にみがき上げたもので、その光沢は金属と見ちがえるほどである。

アショーカ王の岩石詔勅は、アカイメネース王朝ペルシアのダーレイオス王の範にならったのであるかもしれない。しかし石柱を建物の一部としてではなく、独立に建設するということは、帝政ローマ以前には、西アジアでもヨーロッパでもかつて行なわれたことがなかった。

それらの石柱は、長さが一二～一五メートル、直径は平均五〇センチメートルほどある。すべてウッタル・プラデーシュ州のミルザープル（Mirzāpur）地方のチュナール（Chunār）石切場からもってきたものである。あるものは、石切場から数百キロメートルの遠方まで運ばれた。いったいそれをどうして運んだのであろうか。またそれを垂直に立てるためには、どんな技術にたよったのであろうか。

巨石運搬にみる動員力と技術

後年、イスラームの帝王フィーローズ・シャー王（Fīrōz Shah）は、一三五四年にフィーローザ・バードとして知られる新しい都市を、旧デリーの城壁外の南側につくった。現在荒廃した宮殿がなお残存しているが、そのうえに一本アショーカ王の石柱が高くそびえている。まさにそのゆえに、今日でも観光客のたえまがない。

それはトープラーという村で発見されたのを、同王が新宮殿の飾りにするために、デリーに運んだのである。その運搬について、史家の伝えるところによると、つぎのようなものものしさであった。

——トープラー近隣の住民を総動員し、マワタを地面の上にしきつめて、その上に石柱を徐々に倒していった。それからカヤと毛皮で柱を包んだ。四十二の車輪のある一台の車を用意させ、各車輪には綱をつけた。幾千人の人が手伝ってひじょうな苦心ののちに石柱を車にのせた。それぞれの綱を二百人がひっぱったから、総計八千四百人が車をひいたことになる。こうしてジャムナー川岸まで運び、それからいくつかの大きな船にのせてデリーへ運んだ。いよいよ目的地に達して、それを垂直に立てるためには、種々の装置を使って、すこしずつ立てていった。

この車体は今日なお残存し、まるで新品のようにぐあいよく動くという。車体には、この帝王の布告が刻まれているそうである。

偉大なるイスラーム教王フィーローズ・シャーでも、わずかに三本の石柱（最大のものではない）を二五〇キロメートル動かしただけにすぎない。ところがアショーカ王は、約三十本の巨石柱を産地から数百キロメートルはなれたところまで動かしている。そのためには、いかに莫大な労働力が利用されたか、それは想像を絶するものがある。

また、この石柱を円形にみがき上げるということは、容易ならない技術を要する問題である。総じて工作・運搬に関する当時の工学的技術の進んでいたことには、まったく驚嘆のほかはない。

インドでは、アショーカ王以前には、建造物は主として木造であった。ただ彼以前から石造の技術が徐々に発展しつつあったので、彼はそれを大規模に利用し発展させたのであろう。また、このように労働力ならびに技術が組織的に大規模に利用されたということは、当時、強大な中央集権的政府が確立されていたことをものがたるものである。

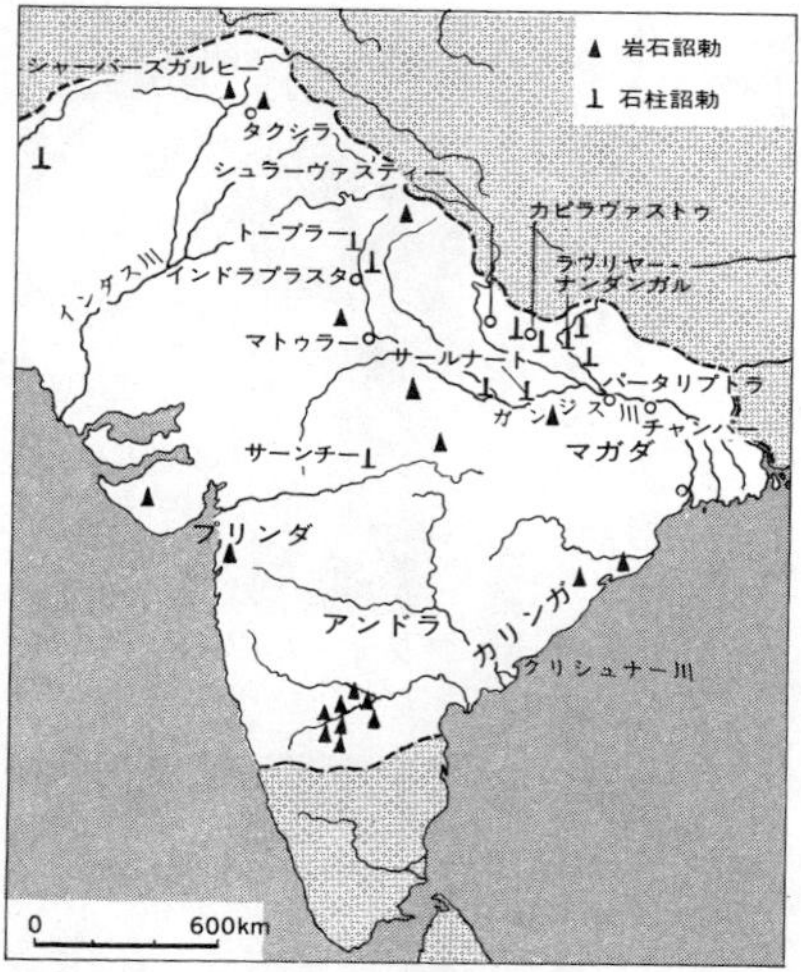

アショーカ王石柱と岩石詔勅碑の分布図

柱頭彫刻

アショーカ王石柱の文字は、後代には読めなくなっていた。フィーローズ・シャー王は、デリーに運んできた石柱の文字をバラモンの学者にみせた。碩学《せきがく》のほまれ高いバラモン学者がこれを読めないとはいえない。彼はしばらく熟視していたあとで、こう答えた。「王さま、わかりました。〈この柱はフィーローズ・シャー王以前にはなんぴともこれを動かしえない〉と書いてあります」

アショーカ王石柱断片（前3世紀，サールナート博物館）

アショーカ王石柱の獅子柱頭（前３世紀，サールナート博物館）

このアショーカ文字を実際に解読したのはイギリス人プリンセップである。彼は、やや後代の北西インドの諸貨幣（表がギリシア文字、裏がインド文字でしるされている）を手がかりにしてこの詔勅文を解読したのである。

アショーカ王石柱の柱頭には、美しい彫刻がほどこされていた。たとえば、ベナレス郊外のサールナート（鹿野園）に建てた石柱は、イスラーム教徒によって五つに折られたが、柱頭は破壊されずに残り、いま、同地の博物館に完全に保存されている。

この石柱は倒れて地中に埋まっていたが、今世紀のはじめに仏堂の西壁の近くで発掘された。柱頭の高さは二・一二メートル。釣鐘形の蓮弁の装飾をほどこしてある基部の上に円筒形の台をおき、その上に四頭の獅子がうずくまって四方を見つめて咆哮《ほうこう》、つまり「獅子吼《ししく》」を表現している。美しく研磨した砂岩にほどこされた写実的な彫刻である。

この柱頭彫刻は、これに「真理のみが勝つ」というウパニシャッドの文句を付加して、現在インド政府の公文書すべてに紋章として表示されている。

岩石詔勅が語るマウリヤ帝国の性格

岩石に刻されたアショーカ王の詔勅は、直接には、官吏または社会の上層者に向かって発せられたものである。岩石詔勅第七章では、徳性低く軽蔑さるべき者を賤人《せんにん》と呼んでいる。だから、詔勅において直接に呼びかけられている相手は、賤人ならざる人々であった。また別の岩石詔勅からみると、それらは明らかに官吏、ことに高官に対して発せられたものである。したがって、他の詔勅も、おそらく一般的には社会の上層あるいは教養ある階級に対して発せられたのであろう。そうして、彼らを通じて、一般民衆にまで及ぶ政治的ないし道徳的指導を行なおうとしたのであろうと考えられる。

アショーカ王の時代には、マウリヤ王朝の勢威はインド人の諸国だけでなく、ギリシア人の諸国にもおよんだ。そこでは二種の療院、すなわち人間のための療病院と獣畜のための療病院とが建てられたという。

「帝国」を自覚しなかった帝国

マウリヤ帝国には一つの「帝国」としての自覚がなかった。歴史家のあいだでは、一般に「マウリヤ帝国」(Mauryan Empire)という呼称が用いられている。しかし、マウリヤ王朝に言及しているインドの諸文献を見ても、マウリヤ王家の観念ははっきり示されているが、帝国の観念は現れていない。マガダ国の王であるアショーカ王が他の諸国を支配していたのであり、それらをあわせた全体は「かちえた土地」「征服した土地」と呼ばれていただけである。

マウリヤ帝国における最高の主権者はただ「王」（rājan）と称していただけであるらしい。たとえば、アショーカ王は、みずから「マガダ王」（rājan Māgadha）と称していただけであった。けっしてみずから「インド王」などと称することもなく、また後世のインド帝王のように、「大王」（mahārājā）あるいは「統王」（rājādhirāja）といった称号を用いることもなかった。彼はただ、彼以前からあった「マガダ王」という呼称を受けついだだけであった。彼以前のチャンドラ・グプタもおそらくただ「王」と称しただけであったらしい。

理法を実現するものとしての自覚

「王」を称する人々は、当時のマウリヤ帝国の内部にも、マウリヤ王室以外になお存在していた。従前の氏族制的な社会構成の残っていた各地方では、王なるものが相当に有力であり、じっさいに権力ももっていたのであろう。しかしアショーカ王の詔勅のうちには、特定の地方の「王」に言及することなく、もっぱら高官に呼びかけているから、実際の政治的権力は、マウリヤ王朝の中央政府によっていちじるしく制約されていたのであろう。

それならば一人の王であるアショーカ王が、どのようにして他のもろもろの王に対する優越性を誇示しえたのであろうか。彼が政治的・軍事的方面における覇者であったということが、もちろん現実面におけるその主要なる理由であったのであろう。だが、彼の主観的意識においては、彼はみずから「法」の実現につとめるという点に、それまでの諸王とは異なる絶大の意義を見出した。彼はマガダ王の資格にとどまりつつも、人間の理法としての「法」を実現することによって全世界の指導者となることをめざしたのである。

アショーカ王は、仏教の説く「法」の観念を現実に実現しようとしたのであるが、それはかならずしも近代諸国家における民主主義ではなかった。マウリヤ王朝も世襲制であり、アショーカ王もそれを当然のこととして承認している。その点では、古代ローマの帝政ともいちじるしく異なっている。しょせん、彼も特定の民族、特定の時代における政治家としての制約を免れることはできなかった。

しかし、あらゆる時代、あらゆる民族を通じて実現さるべき理法をめざしたという点で、アショーカ王は人類の歴史においても注目すべき人である。

精神的・道徳的「全世界の帝王」をめざす

さてアショーカ王のそれらの詔勅文を見ると、彼は自己の熱烈な宗教的信念を吐露し、現世を越えて、しかも現世に実現さるべき正法《しょうぼう》の理想を高らかにかかげている。他国あるいは後世のインドの帝王の詔勅の刻文には、他国を征服し帰伏せしめたことなど、もっぱら自己のなしとげた政治的・軍事的功業を誇っているものが多いが、アショーカ王の詔勅にはそのような態度はすこしも現れていない。

むしろ、カリンガ征服戦争によって多くの民衆を殺傷し苦しめたこと、さらに獣畜をそこなったことをさえも恥じて、悔恨の念を表明している。戦いの勝者がこのような深刻な反省懺悔の態度を示している例は世界の歴史においてもとぼしいであろう。

しかし彼は、自分の行なう政治がまさに歴史的意義を有するものである、ということに絶大の自負をもっていた。それは彼の政治が「法」(ダルマ)にもとづくものであるという確信をもっていたからである。法にもとづく政治はひとりアショーカ王のときから始まるということを、彼は大胆に宣言している。

彼は法によって彼の広大な領土を統治しようとめざしただけでなく、自分の領土以外の国々にまでもその法をおよぼそうとして使節を派遣した。したがって精神的・道徳的な意味での全世界の王であることをめざし、またその誇りをもっていたのである。

彼は世界中の人間の守るべき普遍的な理法の存することを確信し、これを「法」と呼んだ。「この法は、人間の存するかぎり永遠に妥当する法則である。それは〈いにしえよりの法則〉であるとともに、また日月の存するかぎりいつまでも遵守《じゅんしゅ》すべきものである」という。

政治とは報恩の行

彼はみずから称するように「法の実践」につとめた。そうして、人民一般が「法の増進」にいたらんことを願った。政治とは、人民の利益のために力をつくすことでなければならないとし、「世人の利益安楽」をはかることに最上の喜びを見出した。また、「それは国家の義務である」ともいう。「じっにすべての世人の利益をなすよりも崇高な事業は存在しない」

その世人の利益安楽は、現世に属するものと、彼岸《ひがん》の世界に属するものとがある。彼岸の世界に属するものとは、宗教的な意味のものであり、「時間を超越せるもの」である。両者はともに法の実践によってのみ得られる。

アショーカ王はすべての人間は相互に扶助されているものであり、互いに恩を受けているという道理を強調する。国王とても、その例外ではありえない。国王といえども、いっさいの生きとし生けるものから恩を受けている。したがって、政治とは生けるものどもに対する国王の報恩の行であらねばならない。「わたしがいかなる努力をしても、それはすべて、一つには、わたしが人々に負う債務を返還するがためであると同時に、また、人々をしてこの世では安楽ならしめ、かの世では天に達せしめんがためである」

従来の帝王は、人民から遠ざかり、人民を高いところから見おろしていた。しかし、それは国王としての正しいありかたではない。国王は民衆に近づかなければならない。「わたしみずから、彼らに親しみ近づくことが、わたしのなしうべき最上のことであると考えられる」

このような報恩の観念は、おそらく仏教から得たものであろう。世界各国の過去の諸帝王は、多くは、人民に対する帝者の威厳と恩恵とを強調した。人民は「君の恩」を無理強いに教えこまれた。これにくらべてみると、アショーカ王はちょうどその正反対である。政治とは報恩の行であると解した点において、アショーカ王は人類の政治史のうえでまったく独自の地位を占めるものである。

アショーカ王宮殿の柱頭（前4世紀，パータリプトラ出土，パトナ博物館）

優雅壮麗な大宮殿

往時のマウリヤ王朝盛時の栄華のあとは、近年発掘されたアショーカ王宮の遺跡や考古学的遺品にもとづいて追体験することができる。

パータリプトラの宮殿は、異国趣味にみちた絢爛たるものであった。その宮殿の柱頭（前四世紀、パトナ博物館）が王宮址から発見されたが、手のこんだ、装飾美ゆたかなものである。様式や文様はイランのペルセポリスの柱頭（前五世紀、パリ、ルーヴル美術館）と顕著に類似しているから、イラン美術の影響を受けたことは疑いもないが、ペルセポリスの柱頭が牡牛や奇獣の組み合わせであったのに対して、パータリプトラ宮殿の柱頭は、ロゼッタ花文・波流紐文・蓮弁文・パルメット文・籠目《かごめ》文などを配してあるため、優雅壮麗という感じを与える。矩形にコリントふうのうずまきをつけているが、ヘレニズム文化の影響であろう。

全体として植物的な落ち着きがあり、平和を求めたアショーカ王の美意識とでもいうべきものがうかがわれる。多分にコスモポリタン的であるが、静安と精緻を好むインド人の美意識が基調を形成している。

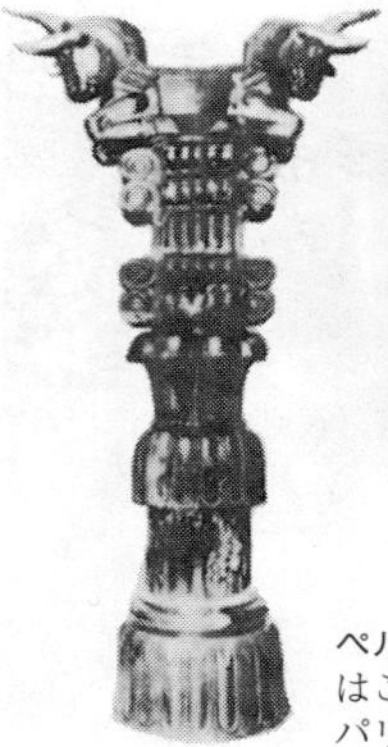

パータリプトラの宮殿跡

ペルセポリス柱頭　パータリプトラの宮殿の柱頭にはこれらイラン美術の影響がみられる（前5世紀，パリ・ルーヴル美術館）

アショーカ王時代の石彫技術は、アッシリア帝国以来の西アジアの石彫技術と造形感覚をとり入れ、さらにヘレニズム時代のギリシア美術の彫塑感覚を加えて総合したものであるといわれている。岩はだを美しく磨研し、動物の姿態を写実的に表現している。

ここに見られるように、マウリヤ王朝の造形美術はイランなど西アジア美術の影響を受け、それを消化し、意匠もインド化されている。イランあたりの職人をつれてきてつくらせたのではなかろうか。

アショーカ王以前の建造物は、インダス文明のそれを除いては、多くは木造であったらしい古代インドに、このようなレンガづくりの巨大な宮殿が出現したことは、当時としてはじつに偉大な驚異であった。宮殿の外面的構造はペルセポリスにあったダーレイオス王の宮殿と類似していたといわれている。

5　仏教と信徒アショーカ王

仏教信徒の社会層

仏教がインド諸地方およびインド外の地域にまでも急激にひろまったのはマウリヤ王朝時代においてであるが、この時代には、仏教の聖者の遺骨遺品を納めた塚をつくり、その周囲を壮麗な美術品で飾る風習が盛んであった。このような塚をストゥーパという（中国で音写して「塔」といい、日本の塔はそれの転化発達したものである）。

ストゥーパに対する寄進である旨をしるしたマウリヤ王朝時代の遺品が多数残っているが、それらには寄進者の職業や社会的地位の明記されていることがある。それを綿密に調査することによって、少なくともストゥーパ崇拝を行なっていた当時の仏教信徒の社会層を明らかにすることができるであろう。

まず国王の寄進と銘打ってあるものは、ほとんど残っていない。おそらく大国の王は大ストゥーパの建造という大工事を企画実行したのであって、他の人々と同じ資格において個々の小物品の寄進を行なうことはなかったのかもしれない。ただし王室の人々は大ストゥーパ建設に積極的に協力するとともに、みずからも物品を寄進した。

サーンチー仏教寺院（復原図）　P.ブラウンの『インディアン・アーキテクチャー』による

マウリヤ王朝時代に、霊場になにかを個人で寄進した世俗の人々は、ほとんどすべて商工業者である。その他には官吏が若干あり、武士軍人はまれである。なお注目すべきことには、農民として寄進した事例が一つも見当たらない（「資産者」gahapati と呼ばれたある人々は農村の土地所有者であったかもしれないが、一般農民とは区別さるべきである）。

マウリヤ王朝時代の仏教、少なくともその教団の建造活動を支持していた社会的基盤は商工業者であった。そうして、少なくとも考古学的遺品に見るかぎり、のちの時代においても、教団の盛衰消長は一に商工業者の運命にかかっていたのである。他方、仏教教団は農民層との社会的結合が薄弱であった。ここに、仏教が後代に滅亡するにいたった弱点の一つが潜んでいると考えられる。

以上は仏教に関して考察したのであるが、当時のジャイナ教信徒の社会層も、職業に関しては同様であったらしい。

仏教の民衆的性格とその消長

カニンガムならびにビューラーが採録出版したマウリヤ王朝時代のサーンチーの仏教銘文（第一回分）総計二百八十五のうちで、集団あるいは家族の献納が十ある。残りは個人の寄進者の名をしるしている。その中で個人の寄進者を分類すると、

修行僧　八一人

修行尼　八三人
在俗信者（男性）　一五二人
在俗信者（女性）　一〇三人（または一〇五人）

このように寄進者のうちには在俗信者と出家修行者との両方があるが、いずれにしても、一々の物品に多くは寄進者の個人名がしるされている。すなわち信者が個人の資格において宗教上の共同活動に参与しているのである。そうして、これらの個人はかならずしも上層階級の者ばかりではなくて、市井の平凡な世俗人もかなり多くいるのである。ここにわれわれは、マウリヤ王朝時代の仏教の民衆的性格を認めうるのである。ひとつには仏教信者が地域的には（たとえばカシュミールのようなところでは）開拓民の指導者であったこととも関係があるであろう。

この民衆的性格は、考古学的遺品、とくに碑銘について見るかぎり、マウリヤ王朝時代が絶頂であって、その後は、この傾向はしだいに減少する。そしてのちには、仏教教団への寄進も主として国王あるいは富者に限られるようになっていく。

グプタ王朝（前三二〇年成立）以後には、ヒンドゥー教寺院への寄進である旨を示した銘文が圧倒的に多くなるが、その寄進者は国王・貴族ないし富者であり、一般民衆が個人の資格でそれに参与することがまれになる。のちには、一般民衆は、寄進者である上層階級の者の命のままに、そのかげにかくれて、ただ働いていたのであったと考えられる。わずかな数ではあるが、仏教教団への寄進のばあいもまた同様であった。したがって、マウリヤ時代の仏教の民衆的性格は、グプタ朝以後の社会的活動における階位的隷属性の顕著な性格と対比さるべきものである。

ギリシア世界への波及

アショーカ王の時代に、仏教がセイロンに伝わったといわれている（これについては第十一章・セイロンの項参照）が、それだけではなかった。それはギリシア人の世界にまでもひろがった。

たとえば、アショーカ王が西方のギリシア人の国王五人のもとに「法」をひろめるための「使節」を派遣したが、このことは、かならずや仏教伝播と密接な連関があったにちがいない。ギリシア文で書かれたアショーカ王の詔勅が最近カンダハルで発見された。

伝説によると、アショーカ王時代の仏教教団にいたダンマラッキタという僧はギリシア人であった。「ギリシア人の世界に仏法が流通《るずう》した」という。さらに、後代の文献および銘文を見ると、多数のギリシア人が仏教に帰依している。

社会の変革が新しい思想を求めた

ところでマウリヤ王朝時代の仏教は、なにゆえに広範囲の民衆の帰依信奉を受けたのであろうか。そのもっとも根本的な原因は、マウリヤ王朝の成立にともなうインド社会全体の変革が、新しい思想を要望したということである。

バラモン教が立てている旧来の階級的区別は、身分上においてはなお存立していたであろうけれども、それはもはや重要な政治的意義をもたなくなっていた。新たな官僚的統一国家においては、才能ある人材が官吏に登用された。アショーカ王はギリシア人の藩王にも地方開発に関する重大な任務を託している。

このような新しい国家においては、氏族制的農村社会の指導的思想であって、異民族を蔑視するバラモン教は主位を占めることができなかった。そうして、それに代わって万人の平等を説き、民族的差別にかかずらわない仏教が、新しく指導的役割を演ずるにいたったものと考えられる。

しかしまた、他面では、社会の変化に対応して、当時の仏教は他の宗教より以上に民衆の心を引きつけるものがあったにちがいない。

それについては、アショーカ王を中心とする時代の伝道方法の卓越性に注意せねばならないが、いま社会的基盤という視点から注目すべきものを取り出すと、その一つは、当時の仏教が民衆の生活にはいりこみ、民衆のために、生産を通じて結びついていた事実を指摘することができる。

アショーカ王の宣教活動

アショーカ王はつとに仏教に帰依し、即位式後第七年目には在俗信者となったとみずから表明している。そうして、即位式後第九年目に行なわれたカリンガ国討伐に際しては、その地方で十万に達する人民が殺され、また、その数倍の人民がその戦争のために死んだので、戦争の悲惨なことをつぶさに痛感し、以来ますます仏教帰依の念を厚くした、といわれていることはすでに述べた。

彼の政治理想全体が仏教にもとづくものであるともいうことができるであろうが、とくに彼は、従来一般インド人が遵奉《じゅんぽう》していた祭祀、呪法は無意義なものであると説いて、仏教に帰依すべきことをすすめ、無益の殺生および獣畜の去勢を禁止した。貧しい人々、よるべき人々に給与するための「施しの家」をも設立した。人間のための病院を設立したことはいうにおよばず、獣畜のための病院までも設け、諸方に薬草を栽培させた。また、辺境の異民族を保護し、囚人に対してもしばしば恩赦を行なった。

さらに彼は、みずから信じる仏教の宣布につとめた。寺塔の設立修繕に力をつくし、仏陀にゆかりのある土地には記念の塔を建てて霊場とし、みずからも逐次巡拝した。

たとえば、ブッダガヤーの、ゴータマ・ブッダがさとりをひらいた場所にある金剛宝座は、有名な大塔の西側にある。そうしてこれは、アショーカ王がここに参詣したときに、ゴータマ・ブッダの開悟を記念してつくったらしい。

アショーカ王は、ブッダガヤーにも大きな柱を建て、その上に獣の彫刻をのせていたらしい。というのも、バールフットで発見された、菩提樹の下に祀堂のある浮彫り（西紀前二世紀、現在はカルカッタのインド博物館所蔵）の中には、菩提樹の下の金剛宝座のすぐそばに象の柱頭についた柱が示されているからである。

　釈尊の最初の説法の地、サールナートでも最古の遺物はアショーカ王の石柱であり、それにはアショーカ王の詔勅文が刻まれている。その内容は教団の分裂を戒めたものである。この柱は割れてしまったが、以前には上に獅子の柱頭がついていた。この柱頭は現在、インド共和国の標章とされている有名なもので、原物はサールナート博物館に保存されている。

象の柱頭がみられる浮彫り（前2世紀，バールフット出土，カルカッタ，インド博物館）

アショーカ王石柱の獅子柱頭　ヴァイシャーリー

　この柱頭は、みごとな四頭の獅子が背中合わせに浮彫りにされていて、円いアバクス（abacus 冠板）の上に位置しているが、そのアバクスには象・牡牛・馬・ライオンが浮彫りにされていて、それぞれ輪でへだてられている。そのアバクスは逆向きにした蓮華のかたちの基底の上に位置している。これらの彫刻はプラスティック芸術の壮麗きわまりない逸品であり、すばらしい思想を具現している。

　アショーカ王はここにまた大きな円形のストゥーパ（塔）を建設した。それを法王塔という。ただしそれは十八世紀にレンガどろぼうによってひどく荒らされ、破壊された。近代の

釈尊のストゥーパを礼拝するアショーカ王　（前1世紀，サーンチー第1塔南門）

研究によると、アショーカ王が建ててのちに修理され、拡大され十二世紀までつづいた。

アショーカ王の巡遊は古代彫刻におけるテーマとなっている。たとえば、サーンチーの第一塔南門の左側の柱の矩形区画構図の中部および下部の区画では、アショーカ王のサールナート訪問と、その帰還の行列図が表現されている。

また、サーンチーの第一塔南門の中段の横梁の図はラーマグラーマ（Rāmagrāma）にあった釈尊のストゥーパをアショーカ王が礼拝している図である。右側の図では、アショーカ王が馬車を先頭に象軍をひきいてストゥーパに向かっている。左側の図では、アショーカ王が車から降りて、徒歩でストゥーパに進み、合掌礼拝する姿を二度に分けて表現している。

「出家者と在家者とのすべての宗派を崇敬する」

仏教を保護し、その理想を実現しようとした点では、アショーカ王は本邦の聖徳太子に比せられるべき点が多い。

アショーカ王は熱烈な仏教信者であったけれども、けっして他の諸宗教を排斥することはなかった。彼はバラモン教、ジャイナ教、アージーヴィカ教などの諸宗教をも、同様に保護し援助し、「出家者と在家者とのすべての宗派を崇敬する」とした（アージーヴィカ教というのは一種の宿命論を奉じていた宗教であるが、マウリヤ王朝以後には勢いが衰えた）。

彼は、各宗教・各宗派が互いに争うことなく、提携し協同して善いことを行なうように願った。

「みずからの宗派に対する信仰によって、みずからの宗派のみを賞揚し、あるいは他の宗派を難ずる者は、このようになすために、かえっていっそうつよくみずからの宗派をそこなうのである。ゆえに、もっぱら互いに法を聞き合い、またそれを敬信するために、すべて和合することこそ善である」

したがって、彼は仏教をいわば国教のごとくにし、仏教に全身全霊をなげうって帰依していたのではあるが、けっして他の宗教を圧迫することはなく、いわんや迫害することなどはまったく承知しなかった。

ところで、彼が仏教信者でありながら、しかも他の諸宗教を保護し援助したことについては、それはどういうわけか、という疑問がいちおう起こる。それは矛盾ではないか、仏教信仰の念において欠けるところがあるのではないか。

しかしながら、彼の仏教は、最初期の仏教と同様に、他の宗教と対立したものではなかった。仏教とは覚者（ブッダ）の教えである。覚者とは万有の真理を体得した人にほかならない。このような覚者は、偏狭な先入見を去って、ありとあらゆるものにその存在理由を認め、種々な思想的立場に対しては、そのよって成立するゆえんを洞察するものであらねばならない。覚者の教えは他の教えと対立することがない。それらを超越してしかも包含しているところのものである。ゆえに仏教それ自身はかならずしも他の思想体系を否認せず、それぞれの意義を十分に承認し、それぞれの長所を生かそうとするものである。

仏教の本質は、まさにこのような立場に尽きているのであって、他の宗教と同じ次元に位するものではない、と初期の仏教徒は説いていた。

この点に注視するならば、アショーカ王が仏教を信仰しながら、しかも他の諸宗教を保護し援助したことは、少しも矛盾ではないのである。そして仏教が他の諸宗教と衝突せずに諸国にひろまることができたのも、仏教に、本来このような性格があるからである、と考えられる。

6　マウリヤ王朝の崩壊

帝国としての脆弱性

マウリヤ王朝はインド史上空前の大帝国を建設したが、さきに述べたように、その中央集権化を徹底的に遂行することができなかった。そしてその国家が統一的な官僚国家であったということは、政治上の上部組織に関してだけにいえることにすぎない。中央政府の威令がもっともよく徹底したのは、マガダおよびその周辺地区であったらしい。

ここで、もういちど思いおこすならば、全盛のアショーカ王の時代においてさえも、全領土にわたって統一的な詔勅が発布されることはなかったらしいことである。すなわち、詔勅については、「すべての文があらゆるところに適合するのではない。なんとなればわが領土は広いからである。……そのうちある点は場所の如何を考え、また他の原因を慮《おもんぱか》り、または刻者の不注意によって全部の刻せられないこともあろう」（岩石詔勅、第一三章）という。

全領土にわたって統一的な詔勅が発せられなかったことからも知られるように、アショーカ王のときにおいてさえも、マウリヤ帝国の中央集権化は徹底的には行なわれていなかった。すでに述べたように当時の人々には「マウリヤ帝国」という自覚がなかった。

また、経済的統制力が薄弱であった。たとえば、通貨にしても、王朝自体による貨幣の発行が、最近の研究で認められるにいたったが、だいたいにおいて、各地方ごとに別種の貨幣が流通していた。すなわち、各地方ごとに、行政官庁または商業組合が通貨を別々に発兌《はつだ》していたのである。この点は、日本でも明治維新以前には各藩ごとに別種の藩札を発行していたことと相似している。

そうして、マウリヤ王朝の初期に（少なくとも部分的には）確立した土地国有の原則も徐々に崩壊していった。とくにその有力な原因となったものは、仏教教団に対するマウリヤ王朝の荘園寄進であり、その面積は巨大なものとなったらしい。荘園の増加は王朝の経済的基盤をますますよわめた。

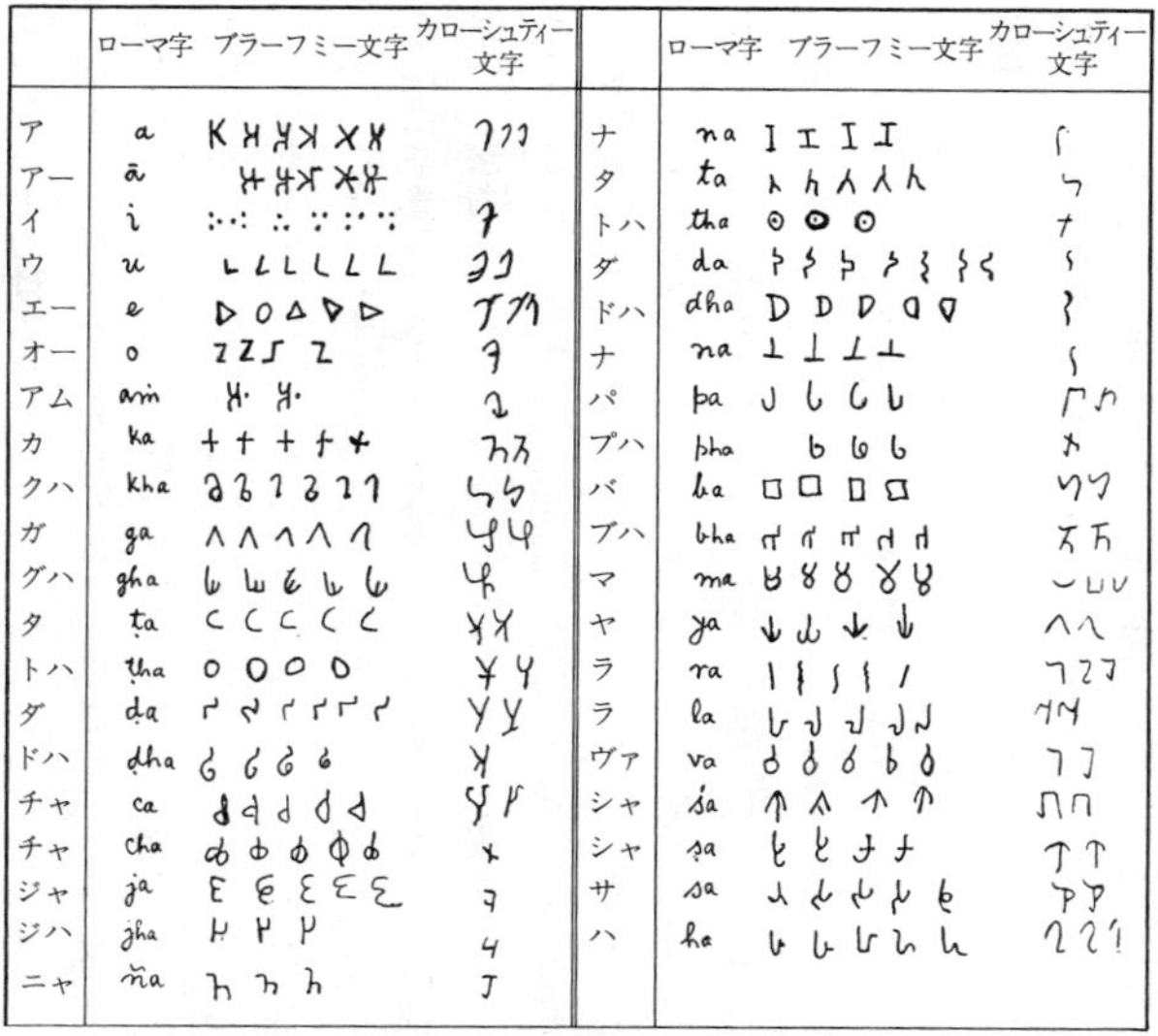

アショーカ王詔勅文等に使われた文字　同一音をあらわすのにいろいろの字を使った

また、言語の不統一ということがある。インド全体にわたる標準語あるいは共通語がなかった。

たとえば、アショーカ王の岩石詔勅は現在約九種残存しているが、それらは、内容がほぼ同一であるにもかかわらず、それを表現している言語の文法は一つ一つの碑文ごとに異なっている。

それらにはマガダ語の影響が著しいが、しかしマガダ語が標準語であったのではない。他方バラモンたちのあいだではサンスクリット語が行なわれていた。

アショーカは生きている

都市では種々あらたな組織も形成され、とくに商工業者が組合などをつくっていたが、諸地方の農村においては氏族制社会の様式が依然として残存し、のちのグプタ王朝以後の階位的な、バラモン教的特徴の強い社会構成を成立させる基盤を用意していた。

マウリヤ王朝の未曾有の政治活動も、インド農村社会を根底的に改造することはできなかった。ひとことでいうならば、当時のインドの経済的・社会的文化状態に対して、マウリヤ帝国はあまりにも大きすぎた。マウリヤ王朝の政治理想はあまりにも現実から離れすぎていた傾きがある。そうして、アショーカ王が表明したような、マウリヤ帝国を中心にして、法(ダルマ)にもとづいて諸国間に連合を構成しようとする政治理想は、当時としてはあまりにも高遠にすぎたのである。

このような事情にあったため、マウリヤ王朝は、アショーカ王以後、しだいにその勢力を失いはじめ、西北インドは早く分離独立したが、ついに西紀前一八〇年ごろ、同王朝の将軍プシヤミトラ王に滅ぼされた。そうしてそれとともに、インド全体は再び分裂状態におちいり、その後は西北方からの異民族の侵入がつづいた。

このような挫折にもかかわらず、アショーカ王は、いまなおけっして死んでいない。彼は現代によみがえりつつある。アショーカ王の政治理想は、現代の連邦であるインド共和国では、国家運営の指標としての意義をもっている。

一九五〇年一月二十六日に、デリーで共和国記念日の祭典が盛大に催された。この日、新大統領ラジェーンドラ・プラサードの就任式場にはアショーカ王石柱の四頭の獅子が飾られて、満場を見わたしていた。この獅子が、新しい大統領旗にも描かれているだけでなく、インド政府の文書をはじめ、インドを象徴するあらゆるものに用いられていることは、さきに述べた。また、アショーカの石柱には輪が刻まれていて、これは仏教の転法輪（説法）を象徴するものであったが、それはいま、インド共和国の国旗にも表されている。

いまやインド共和国は、アショーカ王の政治理想の実現を表にかかげつつ、世界の相対立する二つの軍事的勢力からいちおう離れて、インドの伝統的な理想の具現を夢見る少年のように、苦しく若々しい歩みを開始しているのである。

第七章　異民族の侵入

1　マウリヤ王朝崩壊後の状勢

四分五裂

マウリヤ王朝を倒したプシヤミトラ・シュンガ（Puṣyamitra Śuṅga）は、当時のいわば反動的勢力を代表しており、シュンガ（Śuṅga）王朝を創始（前一八〇年）すると、ただちにバラモン教の祭祀を復興した。もっとも、彼以後の同王朝の諸王は、仏教に対しても援助を与えている。しかし、バラモン教をおおやけの宗教と見なしていた態度には変わりがなかったのであろうと思われる。

シュンガ王朝の支配範囲はガンジス川流域だけにとどまり、西北インドには幾多の異民族が侵入してきた。まず、ギリシア人の諸王があいついで侵入し、幾つかの王朝を建てた。ギリシア人につづいては、サカ（Saka）人・パルティア（Parthian）人が侵入し、政治的支配を行なった。

他方、東南インドにも多数の小国が散在していたが、それらは純インド人の国王に統治されていた。それらのうちでも、カリンガ国のカーラヴェーラ王（Khāravela）は、西方から侵入してきたギリシア人の王を撃退し、四隣を圧していたことがあった。

後進性の定着

ともかく、このようにインド全体が四分五裂して、群小諸国が互いに対峙し、つねに戦闘を行なっている状態にあっては、インド農村社会の孤立的閉鎖的性格とあいまって、限定された小地域における階位的な人間結合を成立させやすい。すなわち、極度に階位的な後代インドの社会を構成させる基盤は、この時代に用意されたと考えられる。

総じて東洋の農村社会は停滞的であったといわれているが、当時の農村は、その生産手段に関するかぎり、従前の農村と同様であり、また、今日の農村ともそれほど異なっていない。たとえばバールフットの彫刻についてみても、インド人の用いる牛車及び轅桿《えんかん》は、この時代と今日とほとんど異なっていない。今日でもこれと同様のものを認めることができる。

西紀前二世紀には鋼鉄の鋳造の行なわれていたことが、遺品のうえから確認されているが、それが生産手段の変革にどのような影響を及ぼしたか不明である。とくに水車の利用がなされず、最近にいたるまで人力および家畜の労働力にのみ依存していたが、このことは、インド農業の後進性を決定的としている。

2　インド人の諸王朝

シュンガ王朝

マウリヤ王朝の最後の王ブリハドラタは、彼の将軍プシヤミトラ・シュンガに暗殺された。伝説によると、プシヤミトラは、軍の威容を誇示するという口実のもとに全軍の観兵式を行なって、その機会に暗愚なマウリヤ王ブリハドラタを殺したという。プシヤミトラは王位に即き、ここにシュンガ王朝という新しい王朝が成立した。

プシヤミトラ王の領土はガンジス川流域を中心としてナルマダー（Narmadā）川にまでおよび、パータリプトラ市、サーンチー大塔に近いヴィディシャー市、およびジャランダラ市をもふくんでいた。そうして王自身はパータリプトラ市に居住していた。国王の下に多くの藩侯がいて、それぞれの地域を支配していた。大塔で有名なバールフット地方もシュンガの藩侯が統治していたらしい。

シュンガ王朝は、諸プラーナによると、百十二年つづいたというから、前六八年に滅びたわけである。

仏教弾圧とバラモン教の復興

シュンガ王朝はマウリヤ王朝のはじめた進歩的・改革的な事業や文化政策を逆転させた。

初代プシヤミトラ王が当時の反動勢力を代表した人といわれるゆえんである。

プシヤミトラ王は、まずパータリプトラの仏教教団を弾圧した。僧園を破壊し、修行の僧を殺しはじめた。そのために、当地の仏教の中心であった雞園《けいおん》寺も被害を受けたといわれている。

他方、プシヤミトラ王はバラモン教の復興につとめた。彼はヴィダルバ国およびギリシア人の軍と戦って勝利をおさめたのちに「馬祀り」を行なった。そのことは、碑文にしるされて今日に残っているが、馬祀りを行なった王として碑文にしるされている最古の王であり、「二回馬祀りを行なった将軍」と呼ばれている。

馬祀りは、バラモン教聖典のうちに、偉大な帝王の執行すべきものとして規定されている。彼の立場がバラモン教的であったことはいうまでもあるまい。しかし、彼の王室の人々のうちに仏教に帰依した人々もいたことは遺品から知られている。

カーヌヴァ王朝

シュンガ王朝の大臣ヴァスデーヴァは前六八年、シュンガ王朝の最後の王を殺して王位に即き、カーヌヴァ王朝（Kāṇva）をひらいた。この王朝の諸王は、「シュンガの臣であってカーヌヴァの裔である諸王」と呼ばれている。この王朝では四人の王が四十五年間統治したというから、西紀前二三年までつづいたわけである。

この王朝も、シュンガ王朝と同様に、ガンジス川流域を支配していたにとどまり、バラモ

ヤクシニー像（前２世紀，バールフット出土，カルカッタ博物館）

ヤクシャ像（前２世紀，バールフット出土，カルカッタ博物館）

ン教を国教とし、仏教はそれほど重要視しなかったであろうと思われる。しかし仏教はこの両王朝のもとでも徐々に進展しつつあった。シュンガ、カーヌヴァ両王朝はバラモン教をおおやけの宗教とみなしていた態度には変わりがなかったが、王室のなかに仏教を信仰し、これに援助をした人たちがいたからである。

王族や王妃のすがた

バールフットの欄楯柱（石垣のようなもの）に表されたあるヤクシニー像――ヤクシニーについては後述――（前二世紀、カルカッタ博物館）は、高浮彫りのマンゴー樹によりかかっている。

頭髪は美しくくしけずられ、広幅の頭髪帯をつけ、額には輪宝を思わせる飾りがあり、眼は杏仁《きょうにん》形にみひらき大きな耳飾り（耳璫《じとう》）をたらし、首飾りや腕飾りも細密精緻である。鼻すじもとおっていて、ほおの張り・あごのつくりもみごとである。首から胸もとにたれている瓔珞は、豪華な黄金板と宝玉とを配していると考えられる。二条のひもが乳房を交叉しながら、蓮華吉祥文のペンダントに集まっている。

当時の王侯貴族の妃たち、宮廷の女官たち、富裕な商人の妻のすがたがここに反映している。むろん、他人の前に出るときには半裸体ではなかったであろうが、このような装身具を身につけていたと考えられる。

他のヤクシャ像は高貴なかおだちで、弧状のまゆ、細長くすっきりした鼻、つつましやかなくちびるは貴公子を思わせる。象に乗っているのは、王族であることを示すものであろうか。

3　仏教の発展

バールフット遺跡

シュンガ王朝およびカーヌヴァ王朝治下の仏教信仰のありさまは、バールフットおよびサーンチーのストゥーパによってうかがうことができる。

バールフットはアッラーハーバードの西南約一九二キロのところにある小さな部落で、ここで仏教遺跡が発見された。

この地は往時にはサーンチーを経てウッジャイニーにいたり、北はシュラーヴァスティー、東はパータリプトラにいたる街道の交叉点で、交通の要衝にあたるため商工業が栄えていた。この地の商工業者たちが仏教に帰依して、ストゥーパを造立したのである。しかしの

ストゥーパの欄楯の一部　カルカッタ博物館に復元されている（前2世紀，バールフット出土）

ちには廃墟と化し、一八七三年にカニンガム将軍が発見したときには、大部分が破壊され、消失していた。現存のものは、残存していた門檣・欄楯を発掘採集して、カルカッタ博物館に運び、復元したのである。

サーンチーのストゥーパ

サーンチーを中心とした地方は古来宗教文化の栄えた土地であったらしく、仏教、ジャイナ教などの多くの遺品が発見されるが、それらはボーパルとサーンチーとヴィディシャーの三中心地に集められてある。

サーンチーの諸遺跡は、ボンベイから北方アーグラーへ向かう鉄道で約一〇〇〇キロメートル、サーンチーという小駅南方の、約九〇メートルの丘陵の上にある。この丘は褐色砂岩からなっていて、南北に広く東西に狭いが、建造物はすべてその砂岩を使用している。

サーンチーは、じつに仏教のストゥーパがもっとも完全なかたちで保存されているところである。なぜそこなわれないで残ったかというと、かつてはこの丘全体が樹木におおわれていたために、ここに宗教的建造物のあることにイスラーム教徒が気づかなかったこと、また、大きな道路が遠く離れたところにあって、イスラーム教徒がここまでこなかったことによって、破壊を免れたからだという。

　ここにはアショーカ王の石柱があるから、かなり古くから、霊場として知られていたらしい。第一塔の南門の右側に、それの下の部分だけが残っている。もとは全長二一メートル三五あったという。こわれた断片が横にころがっているが、よく磨かれている。また、その柱頭（四頭の獅子が背中合わせのもの）の実物が、ここの博物館の中に保管されている。

サーンチーの第１塔全景

大ストゥーパ

　サーンチーには三つのストゥーパがあるが、第一塔がもっとも大きく、もっとも完全な形を残し、門檣・欄楯柱の彫刻も多数ある。この大ストゥーパは、高さ一六・四六メートル、基部の直径は三七メートルある。欄楯の直径も四三メートルあり、欄楯で囲まれている中に、覆鉢《ふくはつ》型のストゥーパがある。かつてはこれに漆喰《しっくい》を塗って多少の彩色をほどこしてあったらしい。

　その覆鉢部なるものは、古代インドの埋葬墳墓の土饅頭を増大拡張した型式をとっている。最初は泥土をもっただけであったが、それを切石で舗装し、石づみ漆喰化粧をほどこしてあった。さらにむかしは、そのうえに彩画浮彫りの装飾を加えてい

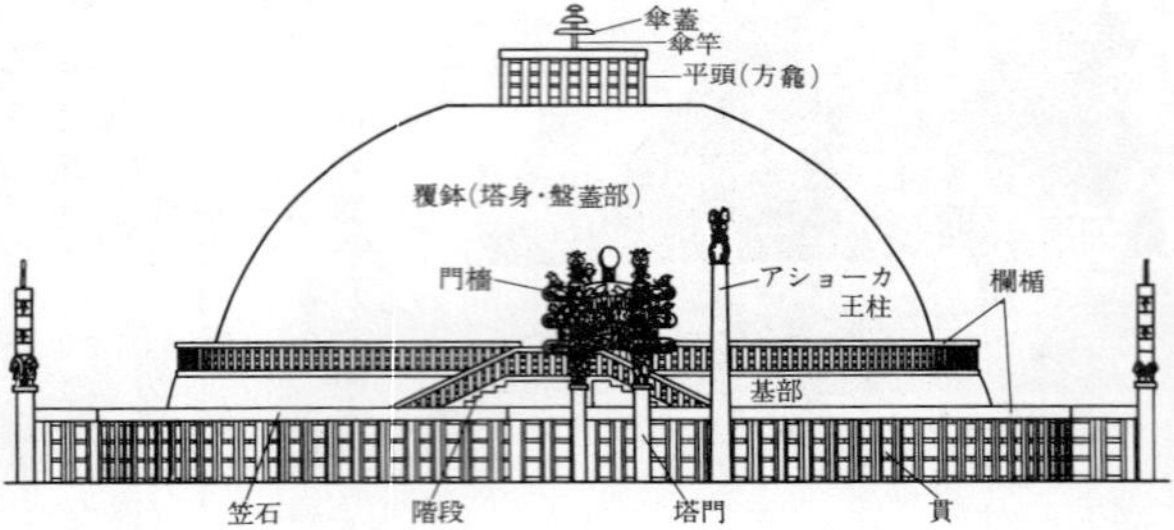

ストゥーパの構造図

たのだろうと考えられるが、まったく欠失していた（こういうスタイルのストゥーパの装飾がアマラーヴァティーにもみられるという）。発掘の結果にもとづいて推定すると、これは、もとアショーカ王時代の小甎塔《しょうせんとう》を中核として、これをシュンガ王朝時代に石で籠蓋《ろうがい》を増広し、ほぼ現形のようなものにしたらしい。

頂上には方形で箱形の柵垣（harmikā）があり、そのなかの中央に盤蓋《ばんがい》部、すなわち傘蓋《さんがい》（chattra）、傘竿《さんかん》(yaṣṭi)、承露盤《しょうろばん》がある。

傘蓋・傘竿は、もともと尊貴な人が遊行するときの雨露をしのぐためもあったが、それ以上に、直射日光をさえぎるために使ったものである。それをここにもってきて、葬られた聖者の尊厳と信徒の帰依の念を示したものである。

こういう塔のかたちは、そののちアジア諸国において変化し、わが国の三重塔・五重塔においては覆鉢部が小さくなり、基盤としてその姿をとどめ、他方、頂上の部分が発展して、露盤・擦《さつ》・九輪《くりん》・水煙部にそのおもかげを残している。

ストゥーパの門

ストゥーパの覆鉢部をとりまいて、高さ約三メートルの欄楯があり、そのあいだに、全面ことごとく浮彫りにおおわれた四つの塔門がある。すなわち、サーンチーの第一塔では東西南北にそれぞれ門檣がある。インドの都城にはそれぞれ東西南北に門があったから、その理念を受けているのであろう。

サーンチー第１塔の南門（前１世紀）

第一塔の門檣は南北東西の順につくられたのであって、南門が最初期（前一世紀）のものである。それは、四角形のどっしりした門柱の上に、三本の横梁がわたされていて、日本の鳥居を思わせる。表面には種々の動物・植物・幾何学的文様・人物が細密精緻に彫り出されている。

サーンチーは、直接には釈尊の生涯とは関係はないが、三つあるストゥーパのうち、第一のストゥーパの門（トーラナ）の彫刻は仏伝をしるしているので、釈尊の生涯を知るには重要な資料である。すなわ

ストゥーパを拝んでいる婦人信徒（前１世紀，サーンチー第１塔北門）

ち、その横梁に、長い構図で、矩形の図にはそれぞれ個別的に、仏伝やジャータカ物語が表されている。

第二塔は、上述の第一塔の西方約三二〇メートル、丘陵の西傾斜面にある。直径は第一塔の約三分の一にしかならないが、ほぼ同時代の築造で、欄楯も完全にのこっている。

第一塔の北東に近接している第三塔は、そこで発見された骨壺の銘によると、ゴータマ・ブッダの二大弟子、サーリプッタとマハー・モッガラーナの遺骨を祀ったものであるという。そのほかにグプタ時代ないしそれ以後にもおよぶ、前後およそ千四百年間の遺構遺物がのこっている。

ストゥーパを拝む出家・信徒

バールフットやサーンチーに残っているこのようなストゥーパは崇拝の対象であった。サーンチー第一塔の北門の裏面の貫《ぬき》の部分には、二人の婦人信徒がひざまずいてストゥーパを拝んでいるありさまが表現されている。やや後代には、さらに出家修行者と在家者とがともにストゥーパを礼拝しているありさまも表現されている。出家者のグループのあとについて在家者のグループが、ストゥーパに右肩をむけてへめぐっている（スワート、ストゥーパ礼拝図）。

ストゥーパの前では、上半身が裸の多数の楽人が笛を吹いたり、鼓を打ったり、手をかざして歌をうたったりしているありさまも表現されている（サーンチー）。仏塔に音楽を供養しているのである。伝統的な戒律では、出家修行者は音楽をたっていたのに、民衆の仏教は音楽を楽しむようになったのである。

窟院は、もうこの時代にできていたらしい。アジャンター窟院の大部分は後代につくられたものであるが、しかし第六～一三窟は紀元前のものである。

聖樹崇拝から樹神崇拝へ

民衆の仏教は、戒律書に規定されている僧尼の生活とはかなり異なったものであった。民衆はヤクシャやヤクシニーとよぶ精霊の存在を認め、それをみごとに造形している。

ヤクシャとは一種の神霊であって、マウリヤ王朝、シュンガ王朝の時代には美麗な彫像がつくられている。原始仏教や原始ジャイナ教が興起した最初の時期には、ブッダやジナ（マハーヴィーラ）がヤクシャ（俗語でヤッカ）と呼ばれていたこともあったが、のちにはブッダとははっきりと区分され、ヤクシャは半神的存在とみなされ、漢訳仏典では「夜叉」と音写され、異様な連想がともなうようになった（「金色夜叉」というような表現はそれに由来する）。

ヤクシニーは樹木の精としての女神であると、一般に解されている。すなわち、聖樹崇拝

如意樹（前２世紀ごろ，カルカッタ博物館）

とともに樹神精神が民間信仰のなかに大きな位置を占めるようになった。それは最初は聖樹の神聖犯すべからざる聖域の守護神であった。
ブッダ時代のチャイティヤとは、たんに大きな聖樹にほかならず、それを民衆が崇拝していたのである。そうして、そこには樹神が宿ると考えられていた。ところがシュンガ王朝やカーヌヴァ王朝時代になると、樹神はヤクシニーとして崇拝されるようになったのである。
インドの神話には如意樹（カルパヴリクシャ kalpavṛkṣa）という霊樹があり、それに祈願すれば、なんでも望みをかなえてくれると考えられた。そして、前二世紀ごろの如意樹の石彫がベスナガルにおいてみいだされている。それは、古拙ではあるが、力強い印象を与える。古くから民間で行なわれていた樹木崇拝に由来するもので、おそらく、実際にはバニヤンの樹（サンスクリットでニヤグローダ nyagrodha という）にもとづいてそのような樹を空想したのであろう。
それは、多くの枝をおろし、それらが地中に根を張ってこの大きな樹を支えているが、それらの中に袋につめたいろいろの財宝が置かれ、あるいは果実のように樹になっていると考えた。下にはこの霊樹を囲む籠目に編んだ柵があり、最下部は方形の台を形成し、玉垣の形を浮彫りにしている。方形の玉垣で囲むということは、ブッダガヤーの菩提樹のばあいと同

払子を持ったヤクシニー像（ディーダルガンジュ出土，パトナ博物館）

ヤクシニー像（前１世紀，サーンチー第１塔東門コンソール）

様である。

樹木にやどる女神ヤクシニーの像

さて、樹神を具象化したヤクシニーのすがたは、写実的であるよりも、肉感的に誇張されたものが多く、まことに蠱惑《こわく》的である。たとえばサーンチーのストゥーパの、門檣の横梁を支えるコンソール（張り出し受け）のヤクシニー像は、身をのり出すようにマンゴー樹にぶらさがっていて、その豊満な乳房と露出した下腹部は肉感的である。

同じくサーンチーのヤクシニー像（前一〇〇〜五〇）で、ボストン美術館所蔵のものも露出的な女性の蠱惑美にみち、その微妙な姿態と筋肉のもりあがりは、まさに生きた女体が動いているのではないかという印象を与える。

ヤクシニー像（前2世紀，バールフット出土，カルカッタ博物館）

また、払子をもったヤクシニー像（ディーダルガンジュ出土、パトナ博物館）なども、そのはちきれそうな乳房、大きく張った腰によって、みずみずしく女性の魅力を強調している。

あるいはまた、ゆたかな全肢体の、胸が高く、腰の広い典型的なインド美人として、力づよく造形されたヤクシニー像もある（前二世紀、シュンガ朝、カルカッタ博物館）。それが黒い石材によっているだけに、なおさらインド婦人らしい印象を与える。それに、頭布をつけているが、インド婦人のあの習俗はすでにこの時代にあったことが知られる。豪華な耳飾りや胸飾りを豊富につけている。

銘によると、「シリマー」という女神であるから、美々しく飾り立てていた宮廷の美姫の姿をかりて、この豊饒・幸福の女神を示したのであろう。

おそろしく人間的な像もある。たとえばバールフットの欄楯の柱に表されたヤクシニー像（前二世紀、カルカッタ博物館）は、右手はひじをまげて立て、その指を顔の横に動かし、人差し指を立てて合図を送るジェスチュアをしている。左手は下げて腰帯をもつ。なにか話しかけようとしていて、その姿態ははなはだ微妙である。

ところで、なぜ女神が、誘惑するような露出的な裸体像に造形されたのか。それについては、迫ってくる悪霊病魔の力を失わせるためであった、と説明されている。

仏伝およびジャータカ物語の石彫

当時の民衆を教化するために用いられていた宗教譚は、仏伝とジャータカとである（たとえばバールフットの現存遺品のうち、仏伝の図が十六図、ジャータカの図が三十二図あることが確かめられている）。民衆はむずかしい教義を聞いたのではなくて、仏伝とジャータカの物語に感激したのである。

バールフットの門檣玉垣の部分に、四角や円形の構図でそれらの場面が造形されている。それらはストゥーパを巡礼参拝した信者の絵解きに用いられ、彼らの感激をいっそうかきたてたのである。

そのバールフットの代表的な一つは、「鹿本生《ほんじょう》」（ミガ・ジャータカ Miga-Jātaka）と訳されるジャータカ物語の、つぎのような図である。

鹿王本生図（バールフット出土，カルカッタ博物館）

ゴータマ・ブッダは、過去世において金色の鹿の王に生まれてきた。鹿の王は急流でおぼれかけていた男を救助する（第一場面）。しかし男は、国王がこの鹿の王を探し求めているのを知ると、懸賞金に目がくらんで恩をわすれ、国王にその所在を告げ、王を案内して森の中にやってくる。王はその鹿の王を見つけて射殺そうとするが、逃げる鹿の群れのなかで、鹿の王だけは動かない（第二場面）。あやしんで近づい

「理想境ウッタラクル」の浮彫り（前2世紀，バールフット）

た国王は、この鹿の王から、いままでの話の詳細をきいて感服し、自分の身命を惜しまない鹿の王の善行をほめたたえた（第三場面）。この三つの情景が一つの図にまとめられているのである。

また、サーンチー第一塔（前一世紀）の、北門最上段の横梁の裏面には「六牙白象本生《ろくげびやくぞう》」（チャド・タンタカ・ジャータカ）すなわちゴータマ・ブッダが過去世に六本のきばをもつ象の王として生まれたときの説話をえがいている。そして、同じ北門の最下段横梁には、その表面から裏面へむかって「布施《ふせ》太子本生図」（ヴェッサンタラ・ジャータカ）の諸場面が克明に表現されている。

理想境神話の彫刻化

神話も当時の彫刻に現れている。当時の人々が、理想境ウッタラクル（Uttarakuru）というものを考えていたことが、叙事詩や原始仏教聖典によって知られる（ただし、原始仏教聖典では散文の部分に説かれているから、おそらくアショーカ王以後に盛んになった観念であろう）。

ウッタラクルでは、花は芳香あり果実は甘美であり、穀物が自生して耕作の苦労がなく、炊事するにもかまの下にマニ珠と呼ばれる特別の宝珠を置くだけでよいという。「食」に関する願望をかなえているのである（前二世紀、シュンガ朝、バールフット――左端の図）。

そして、つぎの図では、そこには願うものを授けてくれる如意樹がある。衣料や装身具そのほか必要な品が、あたかも木の実のように木になっていて自由に供給されるという。「衣」に関する理想をかなえている。なお、経典には「住」についても説くが、ここには表されていない。

男女は別々に住み、互いにみつめあうだけで恋愛が成立し、二人が木陰にいれば枝や葉がおおいかくしてくれる（右端の図――ビハールやウッタル・プラデーシュ州では、実際問題として、樹木がまばらで二人をおおいかくすようなところがないので、この願望が生じたのである）。

そして懐妊後十日で出産し、生まれた子は十字路のかたわらに放置しておけば、通行人がかならず指をふくませてくれ、それだけで乳が出て、成長する（右から二番目の図）。

また、サーンチー第一塔南門の、下段の横梁の図には、キーチャカ（Kichaka）と呼ばれる倭人《こびと》が、花環、蔓唐草《かずら》を口から吐き出し、手にもち、孔雀《くじやく》その他の鳥が遊ぶ楽園を表現している。この時代の理想とした楽園であろう。

これらをつくった石彫技術は卓越しており、おそらくマウリヤ王朝の崩壊後、諸地方の王朝や富裕な商工業者の仏教徒たちがパトロンとなって、このような傑作を残すことになったのであろう。

4　南インドの王朝

アンドラ王朝

マウリヤ王朝の衰微とともに、南方インドにおいてはアンドラ王朝（＝サータヴァーハナ王朝）の勢力が急激に増大した。アンドラとは、もとはゴーダーヴァリー川とクリシュナー川とのあいだの地方（つまりカリンガ国の南方）に住んでいた人々で、主としてドラヴィダ系であった（現代ではハイデラーバードのあたりの州をアンドラ・プラデーシュ州という）。

アンドラ王朝の貨幣

アショーカ王の時代には独立国であったが、その勢力は微々たるものであり、マウリヤ帝国の勢力に押されていた。ところがアショーカ王の没後、すなわち西紀前二〇〇年ごろに急発展し、のち三世紀まで存続し、その勢力はナルマダー川を越えてマールワーに達し、二世紀には、その領域はデカン高原全体にひろがり、西海岸にまで達した。

カリンガ国の王朝

カリンガ（Kalinga）国は東南インドの海岸地方に位置していて、カタック（Cuttack）からゴーダーヴァリー川にまでひろがった。ほぼ、現在のオリッサ州の大部分とタミルナズ州の北部に相当する。カリンガ国は、マウリヤ王朝初期にはなお独立を保っていたが、のち、アショーカ王が即位後第九年に征服支配したこと、そしてアショーカ王が、この征服を機に仏教帰依の念をますますつよくしたといわれていることは、すでに述べた。したがって、カリンガはアショーカ王時代にはマウリヤ帝国の領土の中にふくまれていたわけであるが、その後まもなく独立したらしい。

とくにカーラヴェーラ王の事績は政治史的に重要であるのみならず、その思想は、文化史的に種々注目すべきものがある。カーラヴェーラ王は、アショーカ王のように全インドを統治したのでもなく、また、それほどに軍事的・政治的な力をもっていたわけではない。それにもかかわらず、興味ぶかい諸特徴を示している。

カーラヴェーラ王の事績

(1)　現存碑文によるかぎり、カーラヴェーラ王はジャイナ教を保護後援したことのしるされている最古の王である。この点で、アショーカ王の仏教帰依に対比される。なお興味をひくのは、彼が、不殺生・不所得……など、いわゆる五戒を説くジャイナ教を信奉しながら、しかも血なまぐさい侵略戦争をしかけていることである。彼のばあいには、ジャイナ教を奉じ、その修行者を供養することに特別な功徳あるいは霊験がある、と考えていたのであろうか。

(2)　碑文が彼を「聖帝」（転輪聖王《てんりんじょうおう》 cakravartin）なりとしているが、五世紀以前の碑文において、国王を聖帝と呼んでいるのは、彼のばあいだけである。聖帝ということばおよびその神話的理想は、もちろん彼以前に成立していたであろうが、アショーカ王の詔勅文には出てこない。そこでは、カーラヴェーラ王はたくましい武断的成功者・英雄として描かれている。

(3) すべての宗教を尊敬するという態度はアショーカ詔勅に明言されているが、カーラヴェーラ王の碑文にもはっきり現れている。つまり、この態度はインドに伝統的なものと見なすことができるであろう。

5　ギリシア人の支配

ギリシア人と西北インド

ギリシアとインドとの交渉は、アレクサンドロス大王のインド侵略（前三二七年）をきっかけとして直接に行なわれるようになり、大王の西方帰還後にも、西北インドは一時ギリシア人の軍事的制圧下にあった。マウリヤ王朝の創始者チャンドラ・グプタが、そのギリシア勢力を撃退してインド全体を統一し、ギリシア系諸王の政治的支配が一時インド外の西方地域に退いたことは、さきに述べた（その間、インド内部に残存していたギリシア人およびその諸王は完全にマウリヤ王朝の政治的支配のもとに従属していた）。インド西方の諸地域は、シリアのセレウコス王朝が統治していたのであるが、その重要な二つの地方、すなわちバクトリアとパルティアとが、前三世紀のなかばにセレウコス帝国から離脱して、ほとんど同時に独立の王国を建設した。

インドにおいては、アショーカ王の強大な政治力がマウリヤ帝国を一つにまとめていたあいだは、ギリシア人諸王も積極的にインドの内部に手をつけることはできなかった。しかし、アショーカ王が死没するや、西方の諸王はインド侵略を企てはじめた。

バクトリアの第四代の王デーメートリオスは、アフガニスタン全体を征服したのみならず、さらにインドに侵入して、パンジャーブ地方と西部インドの相当部分とを攻略した。ついで、前一七五年ごろ、エウクラティデースという人が、デーメートリオス王国からバクトリアを奪い、ここに、バクトリアに由来する二王統の対立を生じた。

『ミリンダ王の問い』のメナンドロス王

当時の貨幣の遺品からみると、ギリシア人の諸王が約四十人も逐次現れたことが知られている。しかし、彼ら相互の関係、あるいは領土関係は、現在では知るよしもない。前九三年ごろにスキタイ人（サカ人）が侵入してきたので、ギリシア人のインド支配はそのために没落してしまった。

ギリシア人のことをサンスクリットでヤヴァナ、パーリ語でヨーナというが、それはイオーニアの転訛である。インドとギリシアとの文化交流は世界史にとっても大きな問題である。

これら諸王のうちでもっとも有名なのは、デーメートリオスの王統に属するメナンドロス

メナンドロス王の貨幣

王（Menandros 前二世紀後半）である。彼のことは、ギリシア方面の史書およびインドで発見された貨幣や碑文によって相当知られるが、しかしそれより以上に興味深いのは、パーリ語の仏典のうちに伝えられている『ミリンダ王の問い』（Milindapañhā）という書である。「ミリンダ」とはメナンドロスのなまった名である。

　これは、ギリシア人ミリンダ王が、仏教僧ナーガセーナ（Nāgasena）と対談し、仏教教理に関して質問を発して教えを受けるという形式で述べられている（ここでは、異質的なギリシア的思惟とインド的思惟とが直接対決しているのであるから、文化史的・思想史的にはひじょうに興味深い）。

メナンドロスの貨幣

　メナンドロスは西北インド一帯を支配し、彼の貨幣は、その没後なお二百年も通用していた。彼は当時のインド人によっても「全インドにおける第一の王」と呼ばれた。彼は西北インドのシャーカラに都したが、シャーカラは「ギリシア人の都市」とよばれるほどにギリシア人の支配的勢力が強かった。

　メナンドロス王の貨幣は、インドにおけるギリシア系諸国王のもののうち、もっともひろく分布している。地域的にはカーブルからマトゥラーにいたるまで分布し、一種は北方のカシュミールから、また港市バリガサからさえも発見されている。この事実は、彼の帝国が海外貿易をも盛んに行なっていたことをものがたるものであろう。

彼の発行した貨幣の流通量は巨大なものであったらしい。今日でも彼の貨幣をほとんど銀製品と同じ値段で買うことができるという。

なお、イギリスの南ウェールズの古代都市の遺跡からも、多数のローマの貨幣と一緒にメナンドロスの貨幣が一個発見された。これはおそらく、ローマの貿易商または兵士が珍奇なものとして蒐集していたのであろう。

メナンドロス伝説

メナンドロス王の生涯について現存資料をみると、彼はアフガニスタンのカーブルの近くのアレクサンドリア市で、ギリシア人の血をひいた王家に生まれ、太子となり、父王の死とともに王位に即いたらしい。若いときに種々の学問・技術を習得し、だれも彼にまさることができなかったという。

いままでに発見された二十二種の彼の貨幣のうち、八種には、彼の肖像が刻せられている。それによると、彼は面長であり、叡智に輝いた、しかも精力的な容貌をしている。しかし、鼻の先がいちじるしく隆起しているので、美貌だとはいえないであろう。彼の統治期間は相当長期にわたったらしい。貨幣に刻せられたその肖像をみると、若干は青年の像であり、若干は老人の像である。

彼は帝者の徳と威厳とをもって統治にあたったらしい。そして、みずから「正義を守る王」であることを標榜《ひょうぼう》していた。プルータルコスによると、彼は正義をもって有名な統治者であり、人民のあいだにひじょうに信望があった。彼が陣没したとき多くの都市がその遺骨を所有しようとして争った。そして、諸都市の代表者が協議の結果、彼らのあいだで分け、王を記念する建造物を建てることにしたという。

これは、ゴータマ・ブッダの死後に、八つの種族がそれぞれ遺骨を得ようとして、けっきょくそれを八分したという伝説を思い起こさせる。おそらくそのような観念にもとづいてなされたのであろう。

ギリシア人王国の実態

ギリシア人の侵入は、インド社会にどのような影響をおよぼしたか。

まず、古い階級的秩序の崩壊が仏典の中に明示されている。「おまえは聞かないか。ヨーナ（ギリシア人）、カンボージャ（西北インドの一種族）およびその他の辺境の地方では二種の階級がある。貴族と奴隷とである。貴族が奴隷となり、奴隷が貴族となる、と」「わたくしもそのように聞きました」（『アッサラーヤナ経』）

当時のメナンドロス王の帝国においてはギリシア人が覇権を握っていたが、バラモン教的な階級制度は、少なくとも表面的には崩壊してしまい、支配階級は、ギリシア人、旧来のインド王族（クシャトリヤ）、バラモン、資産者（gahapati）の順序であった。すなわち、仏教興起以来のインドの階級秩序のうえに、最上位の支配階級として、置物のようにギリシア人が登場しただけであった。

この時代に都市もつくられたけれども、それは民衆自身の力によってではなくて、王権によるものであった。このような都市の住民は王侯に対して抗争的であるわけはなかった。おそらく、農民より以上に国王に忠実であったであろう。

メナンドロス王は民族的にはギリシア人であったから、彼の宮廷の主要な官吏はギリシア人であったらしい。その側近には、つねに五百人のギリシア人が侍していた。また、かならずしもメナンドロス帝国のみならず、一般にギリシア人が国王であった西北インドにおいては、諸国の政治組織のうちにヘレニズム的体制が相当にとり入れられていた。

ギリシア語とインド俗語を併用した貨幣　表は弓をもつアポロ神，ギリシア文字。裏は救い主であるアポロドトス王，カローシュティー文字

ギリシア語・インド俗語の併用

彼らは公用、すなわち行政と実務とにはギリシア語を使用したが、一般民衆にむけては、インドの俗語をも併用したらしい。そうして仏教に関する寄進をするすばあいには、ギリシア語を避けて、カローシュティー文字を用い、西北インドの方言でしるした。

これらの諸王はギリシア的教養を身につけ、ギリシアの神々を信奉していた。たとえば Zeus, Athēnē, Hēraklēs, Nikē などの神々の像が貨幣に刻せられている。しかし、国王および官吏のうちには仏教に帰依した人々もあった。

これらの諸王はギリシア語を使っていたにもかかわらず、ギリシアおよびマケドニアとの密接な政治的・経済的関係が消滅し、ただペルシアとの経済的関係を保持していた。

なお『ミリンダ王の問い』そのほか当時のことを示す資料が、カーストにすこしも言及していないことが注目される。この時代にはまだカーストは国家的には認められていなかったのである（カーストが公法的に一般に認められるようになったのは、グプタ王朝以後であるらしい）。

メナンドロスの仏教帰依

以上に指摘したようにメナンドロス王は帝王として傑出していたが、また知識人としてもすぐれていた。彼はインド文化史上後世に影響を残していることの知られている唯一のギリシア人王である。すなわち、現存インドの文献の中にその名の伝えられているただ一人のギリシア人国王なのである。『ミリンダ王の問い』の中では、彼はたんなる国王としてではなくて、哲人として伝えられている。

彼は論客として近づきがたく、打ち勝ちがたく、種々なる祖師（ティッタカラ）のうちで最上者であるといわれる。全インド（ジャンブディーパ）のうちに、体力・敏捷《びんしょう》・武勇・知恵に関して、ミリンダ王にひとしいいかなる人もなかった。彼は大いに富み、大いに栄え、無数の兵力と車とがあった。

メナンドロス王はインドの言語を話すことができたらしい。彼とナーガセーナとの対談についても、通訳のことにはすこしも言及していない。たとえこの対談が事実でなかったとしても、通訳なしの直接の対談を、インド人は事実として想像していたのである。したがってそれは古代においても可能な事実であったことが知られる。

彼は、おおやけには仏教を信じていたらしい形跡は認められないが、『ミリンダ王の問い』によると、ナーガセーナ長老と対論した結果、仏教に帰依したということであり、ことに、同書のパーリ語本の最後には、彼は王位を王子に譲って出家し、あらかん（阿羅漢）となったとしるされている。そこで、これは仏教徒の側で捏造《ねつぞう》したことではないか、という疑いが起こるが、しかし彼が仏教を信奉したということは、やはり、ある意味では歴史的事実であるようである。そのもっとも有力な証拠としては、メナンドロスが奉献した由を刻した骨壺が最近シンコットから発見されたということである。

また、前述の、遺骨争奪や記念ストゥーパ建立の話は、彼が仏教徒から親しまれ敬愛されていたことを物語るものであろう。したがって彼はおおやけにはギリシアの神々を奉じていたが、個人としてはある時期から仏教に帰依していたのであろう。

なぜ仏教に帰依したか

メナンドロス王が仏教に帰依したということは、たんに彼一個人の主観的意向とか、伝道者としてのナーガセーナの卓越した才能にのみ帰すべきではない。それは当時のインドにおける大きな精神的潮流の一つのあらわれであると解さなければならない。

インドにいたギリシア人が仏教に帰依したということは、すでにアショーカ王時代から起こった事実であるらしいことは、銘文によって確かめられる。

たとえば、前一五〇年ごろに、郡守（meridarkha = Meridarkhēs）である Theüdora（= Theodôros）という人がゴータマ・ブッダの遺骨を供養したということをしるした碑文がある。また、メナンドロス王よりも約二世紀後のことではあるが、ギリシア人の仏教信徒がカールレー（Kārle）の仏教寺院に、あるいは柱を寄進し、あるいはジュンナルの仏教寺院に貯水池や講堂の門を寄進したものが、現在銘文とともに残存している。

それだけではない。アショーカ王の時代には、すでに、ギリシア人でありながら出家して仏教僧侶となった人々も現れていた。南方仏教の伝えによると、ギリシア人であったダンマラッキタというビクは『火むらの譬《たと》えの経』をパンジャーブ西部地方に伝え、また、ギリシア人の世界（Yonaloka バクトリア）へはマハーラッキタというビクをして『カーラカーラーマ経』を伝えさせたといい、これらは当時の重要な伝道活動として伝えられている。

では、なぜギリシア人がこのように大勢仏教に帰依したのであろうか。ひとことでいうならば、古来バラモン教の勢力のねづよかったインド社会においては、外来民族としてのギリシア人が、もしもインドの宗教を奉ずるとしたならば、どうしても仏教によらざるをえなかったのである。バラモン教の立場からみると、ギリシア人は、たといいかに高い文化をもっていたとしても、夷狄《いてき》にほかならない。彼らは蔑視される。

ヒンドゥー教の『マヌ法典』（一〇・四三～四四）によると、「パウンドラカ（南方インド先住民）とチョーラ（同上）とドラヴィダ（同上）とカンボージャ（西北インドの一種族）とヤヴァナ（ギリシア人）とシャカ（サカ人）とパーラダとパフラヴァ（ペルシア人）とチーナ（中国人）とキラータ人とダラダ人とカシャ人とは王族（クシャトリヤ）ではあるが、祭祀を廃棄し、またバラモンどもに諮問しなかったので、この世で漸次賤民（ヴリシャラ）となってしまった」という。

彼らは王族ではあるが、ただ武力だけをもっているにすぎない。宗教もなければ、文化もないというのである。また、諸種のプラーナ聖典においても、汚濁末世の状態を叙して予言のかたちでつぎのようにいう。

ここでギリシア人たちが法と愛欲と利益とによってあらわれるであろう。それらの諸王は即位灌頂《かんじょう》の儀式をすました人々ではないであろう。かえってそれらの諸王は時代の汚れのために悪い行動をなすであろう。諸王は婦女や子供たちを殺戮《さつりく》することにより相互に殺し合い、カリ期（＝末世）の終わりに大地を統治するであろう。もろもろの王朝がつぎつぎと現れ、現れてはたちまち没落していく。ここで諸王は運命によって順次に現れるであろうが、しかし、法と愛欲と利益とをかいているであろう。アーリヤ人と夷狄（Mleccha）の群衆がいたるところで彼らと混じて、順次に栄えるが、じつに人民は滅亡に赴くであろう。

法と愛欲と利益とは、インド人、とくにバラモン教徒が人生の目的としてもっとも尊重するものである。ところがギリシア人はバラモン教の諸種の儀礼や秩序を守らないから、これらをそこなうものである、と考えたのである。これに対して仏教は正反対の態度をとった。仏教は、宗教的な救いに関するかぎり、民族の差別や国境を超越する。仏教徒はつぎのように明言する。

人が戒律に安住して正しく注意努力するならば、サカ国でもギリシアでも、チーナ（Cīna 中国）でもヴィラータ（Vilāta 韃靼《だったん》）でも、アレクサンドリア（Alasanda）でもニクンバ（Nikumba）でも、カーシー（ベナレス）、コーサラ、カシュミール、ガンダーラでも、山頂においても梵天界においても、いかなるところにいても、正しく実践するものは、ねはんを証する。

これは仏教の基本的立場から導き出される当然の結論であった。このような二つの立場の対立を考えてみるならば、バラモン教的な階位秩序を遵守するインド社会にいれられないギリシア人が、四民平等を説く仏教に帰依したということは、容易に理解できると思われる。（それは今日でも、ヒンドゥー社会にいれられない賤民やカースト外への被追放者たちが、キリスト教にはしるのと事情が似ているようである。ただ、当時ギリシア人は、支配者として、あるいは富裕な商人として西北インドの社会にあらわれていたので、この点が現在の賤民のばあいとはいちじるしく異なっている。しかしそれにもかかわらず、ギリシア人たちが、閉鎖的なヒンドゥー社会から汚らわしいものと見なされていた点では共通であろう。メガステネースの伝えるところによると、アレクサンドロス大王がインドに侵入したとき、カラノス〈Kalanos〉という修行者は、欲に動かされてアレクサンドロスの側近に仕えたが、当時のインド人たちから非難されたという）

仏教の普遍性とギリシア建築の影響

なお補足的に、興味深い事実として、ギリシア人の高官がヒンドゥー教を信奉していた証拠があり、これはすでに指摘したとおりである。またデーメートリオスというギリシア人の娘エウケーがジャイナ教に帰依し、マハーヴィーラの像を寄進したという銘文も残っている。しかしヒンドゥー教もジャイナ教もその普遍的感化力においては仏教におよばなかったらしい。

東西文化の交流という視点から見て興味深いのは、サーンチーの霊場にギリシア建築の様式の影響らしいものが見られることである。それは四角な建物の遺跡であるが、前列にギリシア風の柱が一列に並んでいて、その上には平らな屋根が見られる。

考古学者マーシャルはこれを祀堂（チャイティヤ）と解している。その土地の考古学者はギリシア古典建築の影響であると説明していた。そうであるとしても、そうでないとしても、まことに注目すべき面白い建造物である。

6　サカ族の出現

サカ族の発生と移動

二世紀のなかばから四世紀のはじめに、インダス流域からガンジス流域にかけて王朝をたてることになるサカ族は、サンスクリット語でシャカ（Śaka）と呼ばれ、叙事詩のうちにしばしば現れる。唐音で「塞」（Sak）という字で音写され、西洋およびペルシアの文献ではSakaとしるされている。また、西洋人はこれをスキタイ人（Scythians）と呼んでいる。ステン・コノウというスウェーデンの学者は、この民族をイラン人だと主張している。たしかにサカ族はアカイメネース王朝の時代からペルシアと関係があり、ダーレイオス王の刻文によると、ペルシア帝国のうちにふくまれていた。

彼らは遊牧民で、イリ川流域に居住していたのであるが、前一六〇年よりすこしまえに月《げつ》氏《し》族に追われてそこを去った。月氏は匈奴《きょうど》に追われてイリ地方に来たのであるが、イリ地方ではまた烏孫《うそん》に追われた。ディオドトスの創設したバクトリア王国が前一三五年ごろまで存続していたが、ついにサカ族が北方から侵入してきたために滅ぼされてしまった。

インド定住

そののち、後述のサカ族の王マウエースはアフガニスタン南部からガンダーラに侵入したのであるが、それは、おそらく西紀前九〇～前八〇年あたりであろう。

ともかくガンダーラは、西紀前一世紀にサカ族に支配されるにいたった。『前漢書』には、「かつては匈奴が大月氏《だいげつし》を征服したとき、大月氏は西に移り、大夏《たいか》（Ta-hia　バクトリア）を征服した。そこで塞王（Sai-wang）は南に移り、罽賓《けいひん》を支配した」としるされている。

ガンダーラ支配時代のサカ族は、まだ文化の程度が低く、ただ、先住諸民族の文化を模倣していただけであるらしい。

サカ族は罽賓をギリシア人から奪ったけれども、永く支配することができなかった。しかし彼らはインドでは成功を収め、東はデリーのあたりを流れるジャムナー川、南は南インド第一の大河ゴーダーヴァリー川にいたるまでを支配した。インドの諸文献においては、サカ族は末世を治める氏族、あるいは堕落した王族（クシャトリヤ）として言及されている。ときには、西北の諸民族すなわちカンボージャ人（Kāmboja）やギリシア人（Yavana）とともに併称されている。

『カーラカ師物語』のさし絵

『カーラカ師物語』

ジャイナ教で有名な伝説『カーラカ師物語』（カーラカ・アーチャーリヤ・カター）のうちのあるものに、つぎのような伝説がしるされている。

ジャイナ教の法師カーラカは、彼の妹であった尼僧がウッジャイニー王ガルダビラ（Gaddabhilla, Gardabhilla）に誘拐され、後宮に幽閉されたので、それを救おうと思い「サカ族の岸」（サガ・クーラ。インダス川以西の土地）に赴いた（異本によると「ペルシアの岸」〈パーラサ・クーラ〉へ赴いたという）。

そこでは、カーラカは、統王（諸王の王）の不興をこうむっていた藩侯（サーヒ）九十五人をそそのかして、ともに「ヒンドゥーの土地」（ヒンドゥカデーシャ）に進撃させた。そこで一人のサーヒが「諸王の統王」として立てられ、サカ族の王朝（Sagarāṇaṃ vaṃso）が成立した。

さてしばらくの時期が経過してから、西インドのマーラヴァ地方の王ヴィクラマーディティヤ（Vikramāditya）が、このサカ族の王朝を駆逐して自分の暦年を創始した。しかしこの王朝も、他のサカ王によって亡ぼされた。そうしてこのサカ王は、ヴィクラマ暦の百三十五年が経過したときに、自分自身の暦年を確立した。この出来事はサカ暦の成立した起源を知るために語られた。
　右の物語は、ヴィクラマ暦年およびシャカ暦年創始の事情を示していると解する説がある。ヴィクラマ暦年は前五七年からはじまり、シャカ暦年は後七八年からはじまる。そして、学者の研究によると、物語の要点はまた歴史的事実と一致するようである。

マウエース王

インドの碑文および貨幣に現れる最初のサカ族の王の一人は、マウエース（Mauēs または Moa, Moga と同一視される）である。マウエースは大王と称し、タクシャシラー、プシカラーヴァティーなどを支配した。

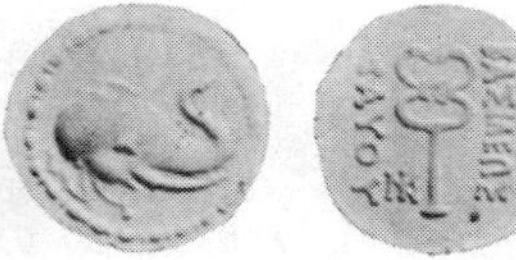
マウエース王の貨幣

　サカ族の諸王は、ギリシア系諸王とは異なって、彼らの貨幣には、表にはギリシア語で「諸王の王」としるし、裏面にはプラークリット語で「諸王の王なる大王」と刻している。「諸王の王」というのは、むかしのペルシアの帝王の称号であった。
　サカ族はもとは遊牧民であったにもかかわらず、ヘレニズム世界を通過してインドにはいってきたために、その文化的基調はどこまでもギリシア的であったと考えられる。マウエースの鋳造した貨幣の図案には、ギリシア神話が反映している。

サカ王朝の諸侯と国家意識

サカ帝国の中では、各地方において王が統治をつかさどっていたのであるが、これをサカ帝国ではとくにクシャトラパ（Kṣatrapa）と呼んでいた。これはペルシアのアカイメネース王朝以来の地方総督サトラップ（Satrap）の（インド語への）翻訳名である。サトラップの制度は、アレクサンドロス大王によってもそのまま継承された。おそらくその後のマウリヤ帝国やギリシア人の諸王国においても西部インドでは保存されていたのであろう。しかしながら、過去のサトラップは中央集権国家における地方官としての総督であったが、クシャトラパは世襲的な封建諸侯である。名称は同じでも、いまや実質が変化してきたのである。

そうしてサカ族の各国は、かならずしも中央集権化していなかった。各地方には国王の一族が封ぜられ、そのおのおのが相当の統治権をもっていたらしい。

北インドのクシャトラパは、つぎの三つの主要系統にわかたれる。

一　カーピシャのサトラップ
二　西パンジャーブのサトラップ
三　マトゥラーのサトラップ

インドに侵入したサカ族は独自の文化というものをもっていなかったらしい。したがって、サカ族が直接にインド文明に寄与した点は認められない。

しかし、彼らは、従来のインドにとぼしかったもの、すなわち国家意識をもたらした。彼らはその王号からも知られるように、帝王の権威を強調し、「国家のために祈る」という宗教的観念をもり上がらせた。これは当時興隆しはじめた大乗仏教とも結びつき、東洋の政治思想に重要な意義をもつものとなるのである。日本仏教における鎮護国家の思想の基となった諸経典も、源流をたずねると、このあたりの思想的影響を受けているのであろうと考えられる。

7　パルティア族の王朝

西北インド支配

パルティアは、もともとカスピ海（裏海）東南方の一地方であって、アレクサンドロス大王の没後はシリア帝国に従属していた。ところが西紀前三世紀にアルサケース（Arsakēs）というものがシリア王アンティオコス二世（Antiochos II Theos 在位前二六一～前二四六）にそむき、前三世紀のなかばごろ独立し、パルティア王国アルサケース朝を建設した。

パルティア王朝の諸王は、西洋ではアルサキダエ（Arsacidae）として知られている。古代の中国人は、パルティアのことを「安息《あんそく》」（Arsakēs の音写）と呼んだ。この王朝は、西紀後二二六年までつづいた。

ゴンドファルネース王の貨幣

西紀一世紀に、パルティア人の支配者が西北インドにあらわれた。そのうち最古の人はアゼース（Azēs, Azilisēs, Aya, Ayilisa, Ayasa）である。彼は「諸王の王にして法を守る偉大なる大王」と称し、前一七〜一五年ごろに統治していたらしい。

アゼース王の国家体制のうちには、多分にヘレニズム的な要素を残していた。たとえば、その一つに「将軍」（stratēgos）の制度がある。

ゴンドファルネースと聖トマス伝説

歴史的人物としての実在性がはっきりと認められているパルティア人の国王は、ゴンドファルネース（グドゥヴハラ Guduvhara, Gondopharnēs）である。彼の名はまた西洋においても、聖トマス（St. Thomas）の伝説のうちに伝えられている。

すでにオリゲネース（Origenes 三世紀中葉没）が、聖トマスはパルティアの伝道を託せられていたという伝説のあったことをしるしているが、後世には、聖トマスはむしろインド伝道の任についた人として伝えられている。オリゲネースとほぼ同時代につくられた『聖トマス伝』に、聖トマスはインドにおいて宣教し、ゴンドファルネース王を教化したが、のちにある王の怒りに触れ、刑殺され、殉教したという。

この殉教の物語が事実であるか否かについては、なお疑問の余地がある。しかし、彼がパルティアまたはインドにおもむいたことは事実であろう。そうして、キリストの没後まもなく、この王が西北インドを支配していたことが、西洋のキリスト教徒たちにも知られていたということは、興味深い事実である。

パルティア諸王の文化的意義

その貨幣からみると、ニーケー女神を刻出しているほどであるから、ゴンドファルネース王自身はヘレニズム文化の影響を受けて、従来の西北インドの諸王と同様にギリシアの神々を信奉していたのであろう。ただ前掲のキリスト教の伝説と照らし合わせて看過できないのは、彼がみずから「神に忠実なる者」「神に誓える者」と称したことである。これはどうも一般のインドの文献には見当たらない語である。おそらく彼はキリスト教を信奉したためにこのような呼称を用いたのであろう。

ゴンドファルネース王は一世紀前半に統治していたが、その統治期間は不明である。パルティア諸王は全般としては、依然としてヘレニズム文化の潮流のうちにあった。彼らは貨幣にギリシア文字を使用している。宗教に関してもギリシア的であった。彼らはゼウスの神や棕櫚《しゅろ》と花輪をもった翼のあるニーケー女神を貨幣に刻出している。ゴンドファルネース王がキリスト教を奉じていたとしても、それはやはりヘレニズム文化の潮流においてであったと解することができる。

第八章　クシャーナ王国

1　クシャーナ帝国時代

北インドから中央アジアまで

紀元後においてはクシャーナ王朝およびアンドラ王朝が支配的勢力となった。クシャーナ（Kuṣāṇa 貴霜《きそう》）族は月氏族の一種である。一世紀にクジューラ・カドフィセース（カドフィセース一世。およそ前五～後八〇）の指揮のもとに西北インドに侵入し、その子ウエーマ・カドフィセース（カドフィセース二世）が統一したが、別の家系の出身であるカニシカ王（Kaniṣka 在位一三二～一五二ごろ）はガンジス川流域にまで兵を進め、北インド全体を支配したのみならず、その勢力は遠く中央アジアにまでおよんだ。ここにアショーカ王以来の一大帝国が建設されたのである。この帝国は、彼の子孫である諸王が継承して三世紀ごろまでつづいた。

その領土が中央アジア・イラン・インドにわたる広大なものであったのみならず、中国やローマとも政治・経済・文化的交渉があり、また、領土内の西北地方に残存したギリシア文化の影響を受けているために、東西の文化を包容融合し、さまざまな系統の文化的要素を併存させている。

経済的方面では、クシャーナ帝国の金貨の単位はローマのそれと一致していた。ローマへは奢侈《しゃし》品を輸出し、その代わり、ローマからインドへ金が流れ込んだのである。インドの通貨史全体を通じてこの時代の金貨がもっとも良質である。当時は西方との貿易の結果、商人の勢力が増大しつつあったけれども、しかし王権に対抗できるほどの社会的勢力にまでは発展していなかった。国王ならびに官僚・藩侯は、つねに商人層に対して支配的勢力をもっていた。

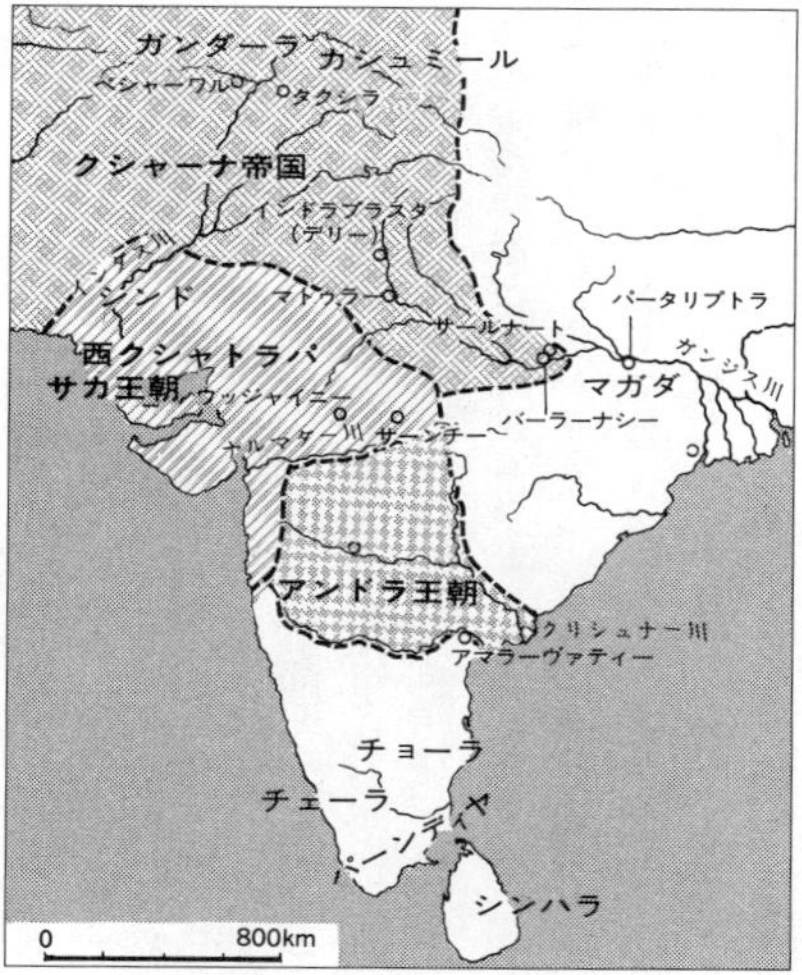

クシャーナ朝領土図

新しい学問・芸術・宗教の興隆

このクシャーナ族の生活様式は、中央アジア的なものを多く保持するとともに、ヘレニズム的な要素をも伝え、インドに土着するにつれてインド古来の習慣・習俗に同化していった。

こうした融合的・包容的傾向は宗

教の方面においても顕著である。たとえばカニシカ王の貨幣には、ギリシアの神々、イランのゾロアスター教の神、ヒンドゥー教の神々が刻されており、ごくわずかではあるがブッダの像を刻したものもある。クシャーナの諸王は種々の宗教を認めていたのである。

ただここに注目されるのは、クシャーナの諸王がみずから神的権威を標榜したことである。ウェーマ・カドフィセース王は、みずからを全世界の主宰神とか大主宰神とか称した。帝王の神的権威の観念がはっきり現れた。

対外交渉が活発であったこの時期に、インドに新たな学術が興隆しはじめた。天文学・医学・論理学などが発達普及し、芸術の方面ではガンダーラ地方にギリシア彫刻の影響を受けた一種の仏教芸術が成立し、宗教上では大乗仏教が出現する。

他方、南インドでは、アンドラ（Andhra）王朝が、純粋にインド的な帝国を建設し、バラモンたちを保護した。とくにガウタミープトラ王はサカ人、ギリシア人、ペルシア人の勢力を駆逐し、国内にはバラモン教の四姓の階級制度を確立した。その他の南インド諸王朝もアンドラ王朝とほぼ同様の立場をとった。

南インドの諸国が純インド的であったのに対して、北のクシャーナ帝国が多分に外国の文化的要素を摂取包含していたという区別はあるが、両者とも、封建制度的な特徴をもつ形態において構成されていた。すなわち帝国の内部に多数の小藩侯国が存在し、それが多くの身分的区別にもとづいて構成されていた。

ただクシャーナ帝国の内部には外民族の血統を引く小藩侯が比較的多数存在していた点

に、その相違が認められる。国王・藩侯をはじめとして、一般に社会的地位や身分は世襲であったが、当時はインド内部の動揺も著しかったので、職業の世襲は完全には行なわれなかった。

古代東西文化のるつぼ

右を要約すれば、つぎのようになる。すなわち――
インドの古代・中世を通じてもっとも国際性の豊かであった時期はクシャーナ時代であろう。紀元後まもなくクシャーナ族は、中央アジア、アフガニスタンから西北インド、さらに北インドまでも支配し、異種の諸文化を包容摂取したクシャーナ帝国を成立させた。このクシャーナ王朝は、同時代に南方インドの諸王朝が伝統的・国粋的特徴をそなえていたのと著しい対比を示している。そして、中央アジア、西アジアの諸民族のみならず、遠くローマ帝国や後漢の帝国と密接な交渉があった。

東洋の諸民族を文化的に結びつけたものは大乗《だいじょう》仏教であるが、それもこの時代から盛んになった。大乗諸経典の成立は、以上に概観した数世紀にわたって徐々に行なわれたと考えられるが、最初期の大乗諸経典は、とくにクシャーナ王朝時代に成立したと一般に学界で認められている。

2　クシャーナ族の侵入

五人の部族長

インドにおいてクシャーナ（Kuṣāṇa）と呼ばれる支配者たちは二つの系統に分かれる。一つの系統は、カドフィセース一世と同二世とを出し、他の系統はカニシカ王からはじまり、一世紀のあいだインドの大部分を支配した。さらに西北インドの小さな諸王朝はカニシカの末裔《まつえい》であり、はるかに後世にまで続いている。両カドフィセースを第一王朝、カニシカ王以後を第二王朝とよぶ学者もいる。

クシャーナ族の人種的起源はよくはわからないが、クシャーナはトルコ人（サンスクリット語でトゥルシカ Turuṣka）であったとインドの史書に伝えられ、近年でもそのように主張する学者もある。しかし、前述のように、少なくとも言語に関するかぎり、もとはイラン人であった、とステン・コノウは解する。また、コノウは、サカ族との親縁関係から、クシャーナ族はサカ族の一種であったろう、と主張した。そしてその後、クシャーナ族がサカ族ないしトカラ族であるということが、今日学界で一般に承認されている。

ところで中国ではクシャーナ（貴霜）族のことを「月氏」または「大夏」として伝えている。月氏は、もとはおよそ春秋時代のすえから、確実には戦国時代のすえまで、蒙古高原の西半を支配していた一大勢力であった。シナでは月氏の存在を、西紀前三世紀の後半以来明確に知っていたらしい。すなわち月氏は、はじめは西モンゴリア・ジュンガリア・甘粛《かんしゅく》西部・青海《せいかい》に威を振るっていたが、匈奴に圧迫されてアム川の北に移ったというのである。

月氏が匈奴に敗れたのは西紀前一七六年以前のことであるが、西紀前一六〇年以後に月氏は大夏を征したと考えられる。すなわち大月氏は匈奴に攻撃されて、西に移動し、今日のアフガニスタンの北部に進出して、バクトリア王国を倒したと考えられる。

バクトリアに移動した大月氏は、ヒンズークシュ山脈方面の交通の要地に五人の部族長を配置した。『漢書』（第九六巻、西域伝）によると、五人の部族長（五翕侯《きゅうこう》）はつぎのとおりである。

一、休密翕侯――和墨城 Sarik-čaupan
二、貴霜翕侯――護澡城 Wakhan の西部
三、双靡翕侯――双靡城 Mastoǧ
四、肸頓翕侯――薄第城 Badaxšan
五、高附翕侯――高附城 Jamgan

『後漢書』（西域伝における大月氏国の記事）によると、大月氏が大夏の国に移住して、五つの部族長に分かれて統治した後、百余年たってからこの国に大きな変化が起こった。五つの部族のうちでも、とくにクシャーナ族が強大となり、他の四つの部族長を攻め滅ぼして、

近隣諸国をも征服し、インドにまで攻め入ったのである。

クジューラ・カドフィセース

インドに侵入したクシャーナ族の王はクジューラ・カドフィセース(Kujūla Kadphisēs)であった。

クジューラ・カドフィセースがインドに侵入したという『後漢書』の記述は、またインドに発見された碑文からもほぼ確かめられるところである。もしも彼が『後漢書』の記載のように八十歳以上の長寿を保ち、右の征服侵略のときに五十歳から六十歳までであったとすると、彼は前五年ごろに生まれ、後七〇〜八〇年のあいだに死んだことになる。

クジューラ・カドフィセースの貨幣

クジューラ・カドフィセースはローマと通商を行なっていたらしい。彼の貨幣はローマのアウグストゥス(Augustus)のデナリウス(denarii)貨(前四〜後二のもの)を模したものである。ローマとの通商は、おそらく、クシャーナ帝国の軍事的発展を援けたものであったにちがいない。クシャーナ族はこの時代には、ヘレニズム文化の影響を受けていたらしい。クジューラ・カドフィセースの貨幣は、顕著にギリシア的である。

またカニシカ王からヴァースデーヴァ王にいたる諸王は、インドの帝王であり、殊に「ヴァースデーヴァ」というのはヒンドゥー教に由来する名称であるにもかかわらず、貨幣にはギリシア文字だけを用いている。クシャーナ族は月の名をしるすのにマケドニアふうの月の名を用い、インドのそれを用いなかった。碑文ならびに貨幣についてみると、クジューラ・カドフィセースは、みずからを「大王」「諸王の統王」「天子」と称していた。

インドに侵入したクジューラ・カドフィセースは、インドの国土の特殊性を認めて、独自の統治方法をとったようである。『後漢書』によると、前掲のごとく彼は特別の将軍をインド総督に任命したという。彼の貨幣は民族の由来を明示しているところのインド最初の貨幣である。

異なった風土の中に移り、東西文化のひじょうに激しい文化交流のうちにありながら、しかも自己の民族的風習をとどめていたことは、クシャーナ諸王の彫刻像のうちにも集約されている。クシャーナ諸王はインド文化の中に没入しながら、なお中央アジア的なものをとどめているのであった。

ウェーマ・カドフィセースの貨幣

彼の没年は不明であるが、『後漢書』によると八十歳の長寿を保ったという。

ウェーマ・カドフィセース

クジューラの後継者は『後漢書』によると、その子ウェーマ・カドフィセース（Wema Kadphisēs）である。彼の父は八十歳で没したというから、即位したときには、相当の年齢に達していたであろう。『後漢書』によると、彼は、「ふたたび」インドを征服したというが、それはインダス川流域のことであると考えられる。

ウェーマ・カドフィセースの帝国はインドだけに限られていなかった。彼は西北方では父王の帝国を継承し、何人かを総督に任命して統治させた。このことは貨幣の遺品からも知られる。

統一国家形成の成功とともに、帝王の権威は最高度にまで強調された。彼は父王クジューラ・カドフィセースの用いた帝号である「大王」「諸王の統王」のほかに、いまや「全世界の主宰神」、「大主宰神」と称するにいたった。神に等しい王の栄光が王から王に移っていくという教義は、後世ジャワ・カンボージア・チャム族（インドシナ南部）の天王の儀式における本質的要素であった。「大主宰神」とは、インドではシヴァ神に関してよく適用される呼称であり、ウェーマ・カドフィセースは、彼のすべての貨幣のうえにシヴァ神の像を刻出している。

ウェーマ・カドフィセースの統一国家形成の基盤となったものは、その経済政策の成功にあったらしい。彼はクシャーナ王朝において金貨を発行した最初の人である（前王クジューラは銅貨のみをつくった）。彼は少数の銀貨をも発行しているが、しかし主として金貨および銅貨を鋳造した。その理由は、銀が不足していたことと、ローマの金本位制への対応のためである。すなわち、ローマの商人との競争、および交易の便宜上、ローマの単位アウレウスと同標準の金貨を鋳造したのである。

当時ローマでは、カエサル（シーザー）が帝権を掌握すると同時に、最初の確定的本位制がはじまった。カエサルは金本位制を採用したが、その単位がアウレウス（aureus, 複数形はアウレイ）である。

ウェーマ・カドフィセースの金貨はローマの二スタテール（statēr）貨に相当する重量をもっている。すなわち、この時代にローマの貨幣の基準単位（statēr ＝ aureus ＝ denarius ＝ 124 grains or 8.035 grammes）がインドに採用され、二アウレイの重さの金貨が、ウェーマ・カドフィセースによって鋳造されたのである。西方ローマの貨幣とパーにすることによって、彼はいよいよ外国貿易を盛んならしめることができたのである。

彼以後の諸王の貨幣も、その単位はアウレウスであった。クシャーナ帝国の財力はローマとの貿易によって蓄積されたことも相当大きかったにちがいない（ローマ帝国の金貨の単位をインドの金貨の単位としたのみならず、その名称を採用することは、この時代あるいはそのつぎの時代を通じて行なわれていた。ローマ帝国のデナリウスはインドでは dīnāra、スタテールは satera と呼び、その用例はサンスクリット仏典の中に見出される）。ローマの金がインドに流入したので、クシャーナ族はこのように大規模に金貨を鋳造したのであろう。

富の増大を背景に諸文化の興隆

クシャーナ族が西北インドを支配した時代になると、ローマとの水路交通が活発になり、商業活動が盛んになった。陸路の旅行は困難であるが、水路の旅行は安楽で容易であるということが、当時の仏典にも盛んに強調されている。

この時代にはインドからローマに輸出された莫大な奢侈品と交換に、ローマから金が大量に移入された。クシャーナ帝国の商人はローマとの交易を開き、絹・香料・宝石・染料などを売ってローマの黄金を獲得した。プリニウスの伝えるところによると、その当時インドは毎年五〇〇〇万セステルス（sestertius）の金をローマからもち去ったが、それに対して送られた商品は原価の百倍で売られたという。

四セステルスが一デナリウスであり、右の金額はほぼ四二万五〇〇〇ポンドに相当する。当時の海上貿易の規模を考えると、これは巨大な数字であったにちがいない。そして、クシャーナ帝国の覇権の確立、ならびにこれにともなう諸々の文化現象、とくに大乗仏教の興隆は、このような社会的基盤から切りはなして理解することはできないのである。

ローマの貨幣は南方インドから、いままでに少なくとも二千個ないし三千個発見されているが、それらはそのまま交換手段として用いられた。他方、北方インド（クシャーナ帝国）ではローマの金貨はほとんど発見されていない。北方インドではその金貨を改鋳したか、あるいは金の地金を貨幣に鋳造したばあいが多かったのであろうと考えられる。

大乗仏教とその栄え

当時北方インドでは幾多のストゥーパや寺院がつくられ、仏像の製作もクシャーナ王朝以後盛んになった。大乗仏教もここで栄えたのである。また南方インドではアマラーヴァティーとかナーガルジュナ・コーンダの壮大華麗な仏教の建造物や美術品がつくられ、また大乗

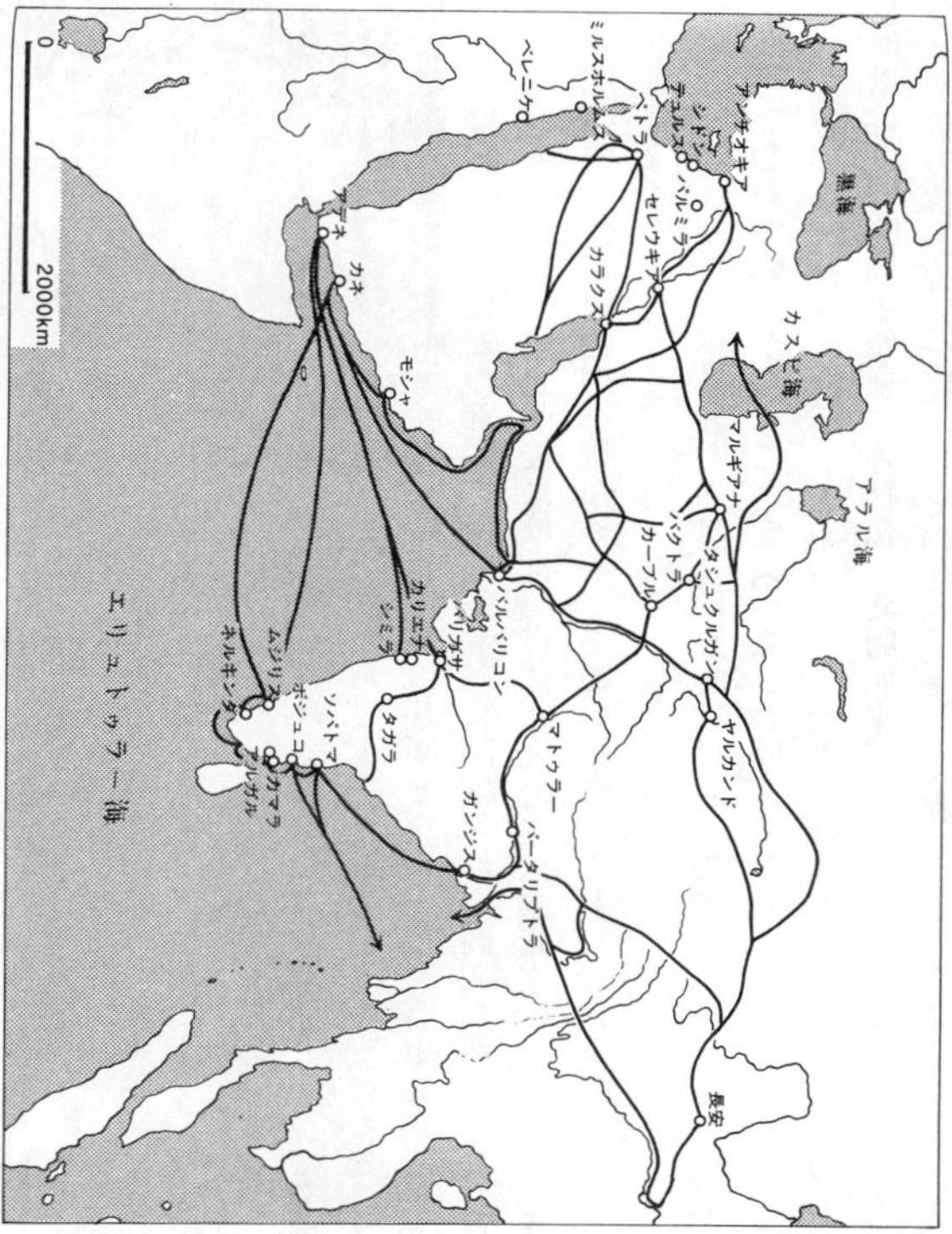

古代東西交通図（『エリュトゥラー航海記』にでてくる地名）

アマラーヴァティー大塔　大乗仏教はストゥーパを崇拝する人々のあいだから生まれたといわれる

仏教の最初の経典としての般若《はんにや》経典のつくられたのは南方インドにおいてであるといわれているが、それらはこのような経済的社会現象と密接な関係があると考えられるのである。

　大乗仏教の興起ということは、この時代のとくに注目すべき現象である。仏教はアショーカ王の保護を受けてのちには大教団となって発展した。王侯から広大な土地の寄進を受けたために、それは寺院の荘園となり、王の官吏も立ち入りが許されなかった。また、多大の金銭の寄進を受けると、教団はそれを商人の組合に貸し付けて利子を取った。このようにして紀元前後には教団自体が大地主・大資本家となってしまい、僧侶は大きな寺院の中に住んで瞑想を行なうか、あるいは煩瑣な教理の研究に従事し、悩める民衆のことを考えなくなった。

　民衆のあいだに現れた仏教指導者たちはこの点をはげしく攻撃した。従来の大教団の仏教は独善的な態度をとっていたから、これを〈小乗〉と呼んで貶斥《へんせき》し、自分らのあたらしい運動を〈大乗〉と称した。これは大勢の人々を救い、また教えがすぐれているというのである。

　彼らは釈尊以外に、阿弥陀如来、弥勒仏《みろくぶつ》、薬師如来、観世音菩薩《ぼさつ》、文殊《もんじゅ》菩薩、普賢《ふげん》菩薩、地蔵菩薩など多数の仏・菩薩を拝み、その慈悲によって救われることを願った。『般若経』

『法華経』『華厳経《けごんきょう》』、浄土経典その他多数の経典がこの時代につくられた（なお、この大乗仏教は、日本文化の形成にも決定的に重要な役割を果たすことになるので、あらためて第九章で、ややくわしく述べることにしたい）。

3　カニシカ王とその王国

カニシカ王の出身とその年代

カニシカ王

カニシカ王はコータンの出身であったらしい（コータンはホータンともいい、いまの新疆《しんきょう》の南西部）。しかし、カニシカ王がインドに侵入してインド帝国を形成するとともに、一部のインド人は彼をアーリヤ人で「日種」（太陽の子孫）と考えるようになった。もっとも、カニシカ王とその一族は、自分たちは「月の末裔」であると考えていた。プラーナ聖典などにみられるインド人の伝統的な観念によると、諸々の王家は太陽の子孫か月の子孫であると考えられていたから、異民族の侵入者であるクシャーナ王家がそのいずれかと結びつけて考えられたのである。

カニシカ王の年代は、古来、学者のあいだで盛んに論議されているが、近年フランスのギルシマンが碑文にもとづいて研究した結果、カニシカ王の在位を西紀一四四～一七三年と想定し、フランスの学者は多くこの年代を採用している。インドのディクシトは西紀一四四年ごろから一六四年ごろまでと推定している。また、ステン・コノウは『後漢書』にしるされた賢(Kien)をカニシカの音写と判断し、それが西紀一五二年に殺されたとあるのを採用している。この比定は絶対確実とはいえないが、たとえこれを採用しても大過ないであろう。カニシカ王はカニシカ紀元制定後二十三年または二十四年間王位にあったことが碑文から知られている。そうして、彼の統治期間にクシャーナ王朝はもっとも勢威が高まり、文化が栄えたのである。

大王・王中の王・天子カニシカ王

さてカニシカ王がコータン出身だとすると、彼は大月氏ではなくて、小月氏に属していたと考えねばならない。カニシカ王の本拠は西北インドであった。その居城はペシャーワル(Puruṣapura)であったと伝えられているが、ガンジス川の流域まで支配した。

カニシカ王およびその王朝に関する一つの謎は、同王朝諸王の発行した貨幣の文字がギリシア文字だけであって、インドの文字を使っていないということである。インド俗語の単語やイラン語の単語をしるすばあいにもギリシア文字だけを使っている。なぜこのようなことをしたのか。

おそらく、カニシカ王の軍隊がコータンを出発したときに、コータン語はまだ文字にしるされていなかった。つまり、彼らが中央アジアを通過するあいだに、最初に覚えたのがギリシア文字であったからそれを用いつづけたのであろう。だからこそ、その刻銘のしかたは、ときには拙劣《せつれつ》なのである。

この王は両カドフィセース王と同様に「大王」「統王」「天子」「主」「富裕なる支配者」「首長」という称号を用いている。それらのうちで「大王」はインドに本来ある呼称であるが、「統王」はイランから、「天子」は中国から、「主」以下の三つはサカ語からとり入れたものである。

カニシカ王のトルソー　遊牧騎馬民族クシャーナ族の王者の風格が感じられる（2世紀前半，マトゥラー付近出土，マトゥラー博物館）

マトゥラー付近で出土した二世紀前期のカニシカ王のトルソー（マトゥラー博物館所蔵）はその外套のすその部分に「大王、王中の王、天子、カニシュカ」という銘文がある。現在、この像は頭部と両腕が失われているが、全体として安定感を感じさせる造形である。フエルト製の長靴が大きく外側にひらき、ほとんど一直線となり、外套も、すそが二等辺三角形のどっしりした構成である。

膝の下におよぶ長い外衣、重そうな長靴はクシャーナ族の服装の特色である。下衣も外套も厚地の材質であることを暗示している。右手に王の笏杖《しゃくじょう》をもっているが、これは王権を示す矛《ほこ》なのかもしれない。左手には豪華な鞘《さや》飾りのある佩剣《はいけん》を握っている。王笏の基底部にマカラ魚の装飾があるのは、ヒンドゥーの民間信仰をとり入れているのである。全体として、遊牧騎馬民族出身の王者の理想を示しているのであろう。

マカラ魚（神話的な大魚）　その形をワニに近く表し，インドの民衆に信じられていた（バールフットの彫刻より）

普遍宗教としての仏教保護

カニシカ王のような政治的立場は、種々の異質的な文化の交流融合を、たんに容認するのみならず、むしろ積極的に促進させた。

まず、文化におけるこのような立場を可能にする宗教は、普遍的な宗教でなければならない。それはいうまでもなく仏教であった。ここにおいてカニシカ王は仏教を積極的に保護し援助することになる。

カニシカ王が仏教を信奉し、保護・援助したということは、仏典においては有名な事実である。貨幣に仏像が登場するのもカニシカ王のときからである。その若干の貨幣には仏の立像がある。衣は寛《ゆる》やかで、透視し得るようであり、頭光と身光とを有し、ギリシア文字でBoddoという銘がある。王の別の貨幣には坐仏があり、一見、カールした髪のようなものがあり、Go boudo（Gotamo Buddho）という銘がある。

しかしカニシカ王はけっして仏教のみを信奉していたのではない。彼の貨幣を見るに、二臂または四臂の型のシヴァ神を刻出した貨幣がいくつもあり、また仏像の他に、日月、スカンダ（軍神、韋駄天）、ヴィシャーカ、火神、走る風神がある。

インドの美文芸（カーヴィヤ Kāvya）は、仏教詩人アシヴァゴーシャ（Aśvaghoṣa 馬《め》鳴《みょう》、二世紀）からはじまるといわれているが、彼はカニシカ王の帰依尊敬を受けた。

カニシカ王が保護し援助していた仏教は、伝統的保守的仏教、そのうちでも、とくに説一《せついっ》切有部《さいうぶ》（一切の法は実在するものであると主張した学派）であった。カニシカ王の精神的な師であったアシヴァゴーシャの思想的立場も説一切有部であったと伝えられる。

カニシカ王は、中国・日本の仏教徒一般の見解に反して、大乗仏教との関係は稀薄であったらしい。アシヴァゴーシャもまた、その真正の作品について判断するかぎり、大乗仏教徒であったということはできない。

カニシカ王の貨幣にみられる仏像〔左〕と風神〔右〕

信教の自由とアジア諸国への仏教の拡大

このように、カニシカ王は、仏教を保護・援助したけれども、他の宗教をもあわせて認めている。彼はいずれか一つの宗教を人々に強制することはしなかった。かつてのアショーカ王と同様に、信教自由の原則を承認していたのである。

ところで、中央アジア的狂暴性の代表のようにみなされていたクシャーナ族が、ついに信教自由の立場に立つにいたったことは、インドの社会構造の特殊性格から解明されねばならない。インドの国家は、い

カニシカ王の舎利容器　蓋のうえには仏とインドラとブラフマーの像があり，仏教伝来を象徴している

つの時代にも、無数に多くの小さな自治的な村落共同体の基盤のうえに成立している。この基盤はほとんど変わることがなかった。

支配階級あるいは支配的民族は、これらの村落共同体を一つにまとめて国家を形成しただけであり、村落共同体ないし統治の下部機構を変革することができなかった。支配者は、村落共同体の組織とそれを形成していた精神的紐帯《ちゅうたい》としての宗教信仰をそのまま承認せざるをえなかった。それらは、国家権力をもって干渉しても、どうすることもできないほど風土に密着しているのである。

ともかく仏教はおそらくクシャーナ王朝のカニシカ王以後に急速にアジアの諸国にひろがるにいたった。それは、最初のうちはガンダーラを経由して中国にはいっていった。

カニシカ王以後の衰微

カニシカ王の没後にはヴァーシシカ王（推定在位一五二～一五六）、フヴィシカ王（推定在位一五四～一八八）がつづいた（なおフヴィシカ王の治世にカニシカ二世のいたことが知られている）。

フヴィシカのあとを継いだ王はおそらくヴァースデーヴァ（Vāsudeva）である。西北インドおよびヒンドゥスターンにある仏教の多数のストゥーパは、主として、このヴァースデーヴァ王のとき建造されたとみられている。これらを発掘してみると、この王のときの貨幣がとくに多く見つかるからである。

この歴史的事実からみると、『法華経』がつくられたのは、おそらくヴァースデーヴァ王のときであろう、と考えられる。そのわけは、『法華経』においてはストゥーパの崇拝が極度に強調されているからである。

三世紀の中葉、ヴァースデーヴァ王は、ペルシアの新しいササン王朝（二二六～六五一）のシャープル（Shāpur）一世と戦って完全な敗北を喫した。そのときから西北インドはイランの影響を受けるようになり、クシャーナ帝国はインドにおいては勢力を失墜し、クシャーナ族はその後はカーブルの王となったらしい。

4　東西文化の融合

多様な文化要素の併在

クシャーナ帝国は、以上検討したことからも明らかなように、その領土が中央アジア・イラン・インドにわたる広大なものであったのみならず、中国およびローマとも政治的・経済的・文化的交渉があり、また領土内の西北地方に残存したギリシア文化の影響を受けていたために、東西の文化を包容融合し、種々な系統の文化的要素を併在させている。

この特徴をもっとも端的に示すものは年号の記載法である。現在われわれ日本人は、たとえば「昭和四十年八月十五日に……」と記載するが、それを「昭和の天皇の四十年に……」ということは許されるかもしれない。しかし「皇帝・大統領・キング・共産党書記長・人民共和国主席である天皇の四十年に……」といえば、それは喜劇役者のせりふとしか聞こえないであろう。ところがクシャーナ帝国では、まさにこれに相当することを行なっていたのである。

クシャーナ時代の碑文をみると、帝王の称号として、シャーヒ、ムローダ、マハーラージャ、ラージャ・アティラージャ、デーヴァプトラ、カイサラなどと称した。最初の二つは月氏およびサカ族の首長の呼称であり、マハーラージャはインドの大王のこと、ラージャ・アティラージャはイランで統王を意味し、デーヴァプトラは中国の「天子」をインドの言語(サンスクリットなど)になおしたもの、カイサラはローマのカエサル(Caesar)である。クシャーナ時代の人々はこのような雑多な元首の称号を同時にあわせて名のることを好んでいた。このような包容融合性は、東洋でも西洋でも、古代にはとうてい考えられぬほどのことであった。

商人層勢力の増大

経済的方面では、クシャーナ帝国の金貨の単位はローマのそれと一致していた。そうして、ローマへは奢侈品を輸出し、その代わりローマからインドへ金が流れ込んだことはさきに述べた。インドの通貨史全体を通じてこの時代の金貨がもっとも良質である。

当時は、西方との貿易の結果、商人の勢力が増大しつつあった。インドにおいて商業資本の勢力がもっとも伸張したのは、クシャーナ王朝時代においてである。大乗仏教が出現したのはこの時期においてであったが、当時商人の勢力が増大したという事情は、大乗仏典のうちにも反映している。たとえば『法華経』に、ある偉大な長者の臨終のありさまを叙して、「臨二欲レ終時一而命二其子一、辣二会親族国王大臣刹利（＝王族）居士一皆悉已集」という。ひとり豪富であるにとどまらず、国王らを畏怖駆使させるような資本家の像は、ひじょうに貨幣経済の進展した時代でなければ現れてこないはずである。しかしこういう強大な資本家の像は、その後のインドには見られなくなったのである。もともと、インド史一般としては、商業資本家そのものが、主権に対抗できるほどの社会的勢力にまでは発展していなかった。国王ならびに官僚・藩侯は、つねに商人層に対して支配的権力をもっていた。

習俗・宗教などの融合・包容的傾向

このクシャーナ族の生活様式は中央アジア的なものを多く保持するとともに、ヘレニズム的な要素をも伝え、また、インドに土着するにつれてインド古来の習慣・習俗に同化していった。

クシャーナ諸王の肖像を見ると、その服装は中央アジア的である。また、当時一年の月の名を表すのに、マケドニアの月の名を用いていたことがある。貨幣にも表にはギリシア文字、裏にはインドのカローシュティー文字を用いている。貨幣の模様も、表はギリシア的、裏はインド的である。またインドと中国とのあいだには仏教徒の交通路が六種もあった。

このような融合的・包容的傾向は宗教の方面においても顕著である。すでに述べたことであるが、たとえばカニシカ王の貨幣には、ギリシアの神々、イランのゾロアスター教の神、ヒンドゥー教の神々が刻せられている。仏陀の像を刻したものもきわめてわずかではあるが存在する。クシャーナ諸王は種々の宗教を認めていたのである。さきにも指摘したように、クシャーナ諸王がみずから神的権威を標榜したことが注目される。ウェーマ・カドフィセース王が全世界の主宰神とか大主宰神とか称した事実は、帝王の神的権威の観念がはっきり現れたしるしである。

このような変化が見られるのは、あるいはローマの帝王崇拝の影響ではないかと考えられる。諸宗教の信徒のなかにも、いちおう帝王の宗教的権威を認める人々が現れてきた。またカニシカ王時代には、ゾロアスター教の影響を受けた人々（マガ・バラモン）も存在した。しかし支配者・富者の階級のあいだでは仏教が盛んであった。諸王は僧院・祀堂などを建設した。

学術の興隆

この時期、対外交渉が活発であったことは、インドに新しい学術の興隆をうながした。ギリシア・ローマの天文学の影響を受けて、インド古来の天文学が変化して新たな天文学が成立した。

もともとインド人は数に関する感受性がきわめて鋭敏であり、ひじょうに巨大な数や、逆に、ごく小さな数が宗教聖典や文芸作品の中にしばしば現れる。これはインド人の空想性と分析性とを示すものである。このような思索力の大きな表れが、西紀前二世紀ごろのゼロの観念の発見である。

ゼロは、シューニヤ（śūnya「空」）ということばで示される。そして、インド人は、他のどの民族よりも早く十進法による位どりを行なっていた。現在世界的にひろく用いられているアラビア数字も、インド起源であり、分数の記載法もインド人の発明にかかる。

インドの初期の数学の発展を年代的にたどることはきわめて困難であるが、天文学と密接な関係をたもちつつ発展し、クシャーナ王朝以後には、インド古代の天文学は、ギリシアまたはローマの天文学の影響を受けている。

外からの刺激を受けたためであろうか、医学も進歩して、外科・内科などの部門別もすでに成立した。西北インドのタクシャシラーが内科医学の中心地で、ベナレスが外科医学の中心地であったと伝えられている。屍体解剖や外科手術もすでに行なわれ、帝王切開や整形外科も知られていて、医書にはメスの入れかたまでも規定している。解剖や外科手術の歴史はギリシアよりも古いのである。

とくに有名な医師はチャラカ（二世紀）である。彼はカニシカ王の侍医であり、カニシカの王妃の死産のさいに助けたという。その著作『チャラカ本集』は、最初の医学書であると

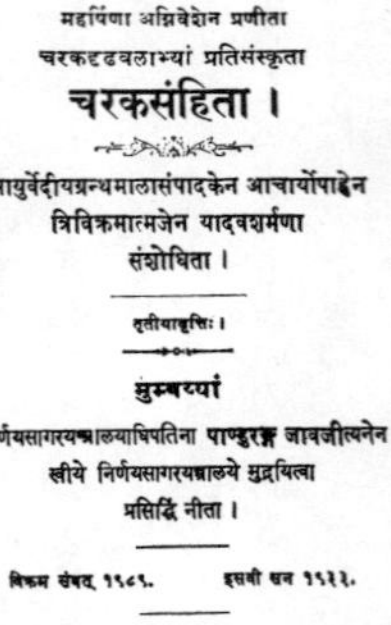
महर्षिणा अग्निवेशेन प्रणीता
चरकदृढबलाभ्यां प्रतिसंस्कृता
चरकसंहिता ।
आयुर्वेदीयग्रन्थमालासंपादकेन आचार्योपाह्वेन
त्रिविक्रमात्मजेन यादवशर्मणा
संशोधिता ।
तृतीयावृत्तिः ।
मुम्बय्यां
निर्णयसागरयन्त्रालयाधिपतिना पाण्डुरङ्ग जावजीत्यनेन
स्वीये निर्णयसागरयन्त्रालये मुद्रयित्वा
प्रसिद्धिं नीता ।
विक्रम संवत् १९८९.　　इसवी सन १९३३.

インド最初の医学書『チャラカ本集』の表紙

いわれる。もっとも、この大部な著作は、実際には八世紀か九世紀に増補されたものである。

彼は内科医であったが、この書の中では一般病理・解剖学・胎生学をも論じ、その知識にもとづいて治療法をも述べ、とくに健康保持の手段として食事と睡眠と節制とに重点をおいている。医学に関連して倫理学や哲学にも論及し、とくに医師の精神的な心がけを述べている。

医師はその全霊をあげて患者の治療に努力せねばならぬ。……また、かってに他人の妻に接近したり、他人の財産のことを考えてはならない。……患者の部屋にはいるときは、衣服を整え、頭を垂れ、思慮深く堅実な態度をとり、その他、できるだけの配慮をすべきである。……家の出来事を無分別にしゃべってはならない。患者またはその他のなんぴとにも不安をもたらすところにあっては、死期の近いことを告げてはならない。

論理学も当時の知識人のあいだに、しだいに常識となりつつあった。この『チャラカ本集』の中にも、医者に必要な教養として論理学がとりあげられている。

スシュルタ（二～三世紀）に帰せられている医学書『スシュルタ本集』は、外科医学に詳しい。眼病とか、毒物に関することも述べている。とくに医者になるためには、厳格な訓練を受け、清潔で尊敬に値する生活を送らねばならないという。

ガンダーラ美術

芸術の方面では、ガンダーラ地方にギリシア彫刻の影響を受けた一種の仏教芸術を出現せしめた。しかしマトゥラーを中心として純インド的な国粋美術も同時に出現している。アジアの世界宗教としての大乗仏教が出現したのは、まさにこのような歴史的・社会的基盤のうえにおいてであった。

「シビ王の施しの物語」浮彫り（2世紀ごろ，ガンダーラ出土，大英博物館）

まず伝統的な仏教の理想が、新たにガンダーラ美術によって表明されるようになった。従来は仏のすがたを人間のかたちで示すことはなくて、菩提樹とか仏の足跡などをしるして仏の存在を象徴していた。ところがガンダーラ美術は、あえて人間のかたちで仏を表現したのである。

仏・菩薩像のあるものは顕著にギリシア美術の影響を受けている。その一例として、ジャータカの「シビ王の施しの物語」の彫刻がある。その物語は——タカに追われたハトがシビ王に助けをもとめた（タカは帝釈天の化身であり、ハトはヴィシヴァカルマン Viśvakarman の化身である）。シビ王は

仏坐像（3世紀, ガンダーラ出土, 東京国立博物館）

仏坐像（2世紀ごろ, アヒチャットラ出土, カルカッタ博物館）

ハトの重量と同じ重さのわが肉身を切り取り、タカに与えて、ハトを救助した、という。
その浮彫り（二世紀ごろ、ガンダーラ出土、ロンドン、大英博物館）を見ると、左側傘蓋の下に、左足を切り取られたシビ王が、侍女にたすけられていすに腰かけていて、左隅にハトがうずくまり、タカが空中を飛んでいる。中央に立っている人が秤で切り取った王の肉の重みをはかっている。となりには帝釈天が頭光のある右手をあげ、左手に金剛杵《こんごうしょ》をもち、右隅では頭光のあるヴィシヴァカルマンが立っている。帝釈天とヴィシヴァカルマンとは神であるから、光輪を背負っている。

ガンダーラ仏像は、インド人のいだいた理想的な人物像に、ヘレニズム世界の哲学者、思想家、さらにギリシア・オリュンポスの神々、ヘレニズム時代の諸帝王の像を加味してつくり出したと考えられる。
その一つとして、ある仏坐像（三世紀、ガンダーラ出土、東京国立博物館）は、仏の身体の特徴である肉髻相《にくけいそう》を、ギリシアふうの波状髪形でまげとして表現している。肉髻とはもともとまげであるが、仏のばあいにはそこに肉がもり上がっていたと考え、それが常人と異なる一つの相であるとしたのである。

また、ひたいの白毫相《びゃくごうそう》（右まわりの白い巻き毛）も装飾化して、顔との違和感がない。眼鼻だちも高くひいでて、ギリシア人の顔貌を示し、肩から身体をおおっている衣服も西アジア・ヘレニズムの肖像にみられる、深い彫りの、鋭い波状衣文ひだをつくり出している。

マトゥラー美術

これに対してインド土着の美術的伝統にもとづいたマトゥラー美術は、健康な肉体美を理想としてつくられている。

ある仏坐像（二世紀ごろ、アヒチャットラ出土、カルカッタ博物館）は、巻き貝状の肉髻で、平滑な頭部には髪の毛を表現せず、淳朴な感じを与える。まゆは弓状にくっきりとし、唇は厚く、首は太くがっしりとしていて、胸も厚くたくましく、全体として健康そのものの肉体である。手足も粗荒ながら力づよく、たのもしく表現され、衣文ひだも粗い線条である。人々の恐れをなくし、安心させるために右手をあげて施無畏印《せむいいん》を示している。

菩薩のすがたは、おそらく当時の富裕な商人のあいだで考え出されたものであろうと思われる。ある菩薩立像（二世紀ごろ、ガンダーラ出土、パリ、ギメ美術館）は、宝髻《ほうけい》、装身具（耳璫・瓔珞・腕釧《わんせん》・腕環）をつけ、とくに護符として百索の縷《ひゃくさくる》を左肩から右脇下にかけているが、これは北アジアから正倉院御物にまで見られるので、当時、北西インドの貴公子た

菩薩立像（2世紀ごろ，ガンダーラ出土，ギメ美術館）

ちが好んで身につけていたものなのであろう。サールナートでも菩薩像および、そのうえにかざされていた豪華な傘蓋（石造）が発見されている（一世紀、サールナートの博物館）。こういう豪華なものをつくった仏教徒（おそらく大乗仏教徒）たちは、力づよく、また華やかなすがたを理想としていたのである。

マトゥラー美術は、それまでの美術よりも、人間の情感をかき立て、うちにひそむ肉感的なものをほとばしり出させるようになった。もちろん従前のサーンチーなどの影像にも蠱惑的なものがあるが、人間を超えた神霊的な性格を表現しようと努めていた傾きがある。ところがこの時代の影像は人間らしさを表に出している傾きがある（その傾向は当時盛んになった大乗仏教への動きと関係があるかどうかは、一つの問題であろう）。

たとえばヤクシニー像を従前のそれと比較してみよう。

あるヤクシニー像（二世紀、マトゥラー出土、カルカッタ博物館）は手足が細長く、繊細な美しさを発揮しているのみならず、多分に媚《び》態《たい》を呈している。頭をやや左にかたむけ、腰を左にひねって、蠱惑的である。左手は軽く腰にあてて腰をゆするかのごとくである。表情は豊かで優美であり、魅力的である。腰帯は大胆に垂れ、やや挑発的な感じさえする。おそらく当時の踊り子をモデルにしたものであろう。倭人を踏みつけているが、ヤクシニーは一種の女神であるから悪霊の侵入を防ぐためであろう。

この像は欄楯柱に浮彫りにされているのであるが、そのうえには男女一対の愛欲像が彫られている。これらは霊場の彫刻なのである。巡礼者はこれを見て喜んだのであるから、彼らは愛欲の成就を願っていたのである。それは、直観よりも思惟を、不二平等（『般若経』の説く）よりも区別の哲学を説いたアビダルマの煩瑣な教学とは、およそなんの関係もない。

ところでガンダーラ美術と、マトゥラー美術とどちらが先であるかというと、よくわからない。西洋人の学者はたいていガンダーラ美術がもとになったというし、これに対してインド人・セイロン人の学者たちは、ガンダーラ美術は堕落しており、国粋的なマトゥラー美術のほうがもとであると主張する。実際は両者がほぼ同時に起こったので、前後関係は簡単には決めがたい。

ともかくこの時代に開花した仏教彫刻はアジア大陸をよぎってはるばると日本にまで渡来し、飛鳥の大仏や中宮寺の弥勒仏像などにも顕著な影響を及ぼしている。

ヤクシニー像　表情は豊かで，魅力的である（2世紀，マトゥラー出土，カルカッタ博物館）

美術のほうでこのような変化が起きたということは、純文芸の方面で簡素な叙事詩から美文調のカーヴィヤ体に転化したことに対応している。その転機をなしたカーヴィヤ体の創始者はアシヴァゴーシャであった。

5　南インドの王朝と文化

後期アンドラ王朝

アンドラ王朝（サータヴァーハナ王朝）は、西紀後にもひきつづき存続していた。おそらく一世紀に若干の王（Gotamiputa Vilivāyakura 王や Gotamiputa Sāmi-Siriyaña Sotakaṃni 王）のいたことが諸遺品から知られている。そして、ガウタミープトラ・シュリー・シャータカルニ王（Gautamīputra Śrī-Śātakarṇi 一〇六～一三〇）のときにひじょうに強大となった。彼は武勇の王であって「サカ人・ギリシア人・パルティア人を滅ぼした」と伝えられ、また、国内では彼は人民に「平安」を与え、理想の政治を行なったとして讃美されている。ただし、彼の国内統治はどこまでもバラモン教的なカースト制度を承認する立場においてなされたのである。すなわち、「四姓の混乱をとどめた人」として讃美されたのであって、彼は古来のバラモン文化の擁護者であった。

このガウタミープトラ・シュリー・シャータカルニ王を讃美した碑文についてみると、つぎのようなことがわかる。

(一)　当時アンドラ王朝はバラモン教を国教としていた。しかしそれにもかかわらず、他の諸宗教を圧迫することがなかった。王室の婦人が個人的に仏教に帰依することは、王室全体がすこしも妨げなかったのみならず、むしろ積極的に承認し援助している。

(二)　バラモン教的な碑文の文句が、仏教の窟院に刻せられていた。バラモン教讃嘆の文句が仏教寺院のうちに刻せられることを、仏教教団は拒否しなかった。仏教教団は国家権力に対して抗争的ではなかった。

アンドラ王朝の諸王は、母の姓を明示していることが多い。たとえば Vāsiṭhīputa とは「Vasiṣṭha 姓の家の女子の子」、Gotamīputa とは「Gautama 姓の家の女子の子」という意味であって、各王がそれぞれ自分の母の生家の姓を示している。これはドラヴィダ族の母系家族制の遺習であると考えられる。

イクシュヴァーク王朝

三世紀に、クリシュナー川沿岸地方ではイクシュヴァーク（Ikhāku, Ikṣvāku）王朝が統治していた。この王朝はアンドラ王朝の藩侯であると以前には考えられていたが、しかしこの渓谷から発見された貨幣によると、アンドラ王朝はイクシュヴァーク王朝以前にこの地方を支配していたのである。

イクシュヴァーク王朝は、表面的にはバラモン教を国教としていた。しかし、つぎに述べるナーガールジュニー丘（ナーガールジュナ・コーンダ）の仏教遺跡はこの王朝治下につくられたものであり、そこの仏教寺院を建造したのは、同王室の婦人たちであった。貴婦人たちのあいだに仏教信仰者の多かったことは、碑文からも知られている。

水没前のナーガールジュナ・コーンダ

ナーガールジュナ・コーンダの仏教遺跡

当時の南インドの社会や文化を象徴的に示しているのは、アンドラ・プラデーシュ州のナーガールジュナ・コーンダであろう（コーンダとはタミル語ならびにテルグ語で岩山を意味する。ナーガールジュニ・コーンダともいうが、そのときにはテルグ語で「ナーガールジュナの」という属格を意味する。もし合成語として用いるならナーガールジュナ・コーンダのほうがよいという）。

この地名に出てくるナーガールジュナが、仏教の大哲学者ナーガールジュナ（竜樹《りゆうじゆ》）と関係があるとかないとかいろいろ論議される。たしかに彼は南インドの人であったが、まだ古碑銘のうえでの証拠が見当たらないので、決定的なことは断定できない。

その遺跡は水力開発のために、いまはナーガールジュナ人造湖の底に沈んでしまったが、わたくしは、その水没以前、すなわち一九六一年にそこを訪れることができた。

一月十四日の朝早く、わたくしはハイデラーバードを出た。ナーガールジュナ・コーンダを沈める人造湖はハイデラーバードから約一五〇キロメートルのところで、クリシュナー川をせきとめてつくられる予定であり、めざす遺跡は、そこからさらに一六キロメートルほど奥であった。

そのむかし、ナーガールジュナ・コーンダは港であった。船がここまで往来したのである。セイロン人などもここにきたことが、碑文からも知られている。このクリシュナー川に沿って仏教の遺跡が三十ほどある。

ナーガールジュナ・コーンダの僧院遺址

さて仏教遺跡の場所に下り立ってみると、往昔の建造物の跡がくっきりと地面にあらわれていた。かつての大学の遺址だという巨大な建造物の基礎だけが残っているところ、また、病院の遺跡もある。大ストゥーパの遺跡はかなりよく保存されていた。

ここの大精舎（僧院）は推定復元によると、アジャンターの窟院と同様に多くの柱がならんでいた。しばしば水の満ちた水瓶が祀堂の中心となっていた。水の満ちた水瓶は瑞兆《ずいちょう》、めでたいしるしとして古来インド人がとくに珍重するもので

ナーガールジュナ・コーンダの仏塔浮彫り　南インド特有の５本の石柱の構造が正面にみられる（2世紀）

ある。ときには竜王、たとえばムチュリンダ竜王や獅子がその中心におかれていたこともあった。

　水の満ちた水瓶が瑞兆を示すという観念は今日のインドでも生きている。ナーガールジュナ・コーンダでも、クリシュナー川の対岸の、橋を渡ったところに、上部が八角になった柱が建てられていて、上に水の満ちた瓶がおかれてある。ネール首相がこの発電所工事の起工式に出席したので、それを記念して建てたのだという。そのあたりに新しい町ができていて、市場や管理事務所もある。

　ここの盆地の中央に丘陵がある。わたくしは一九六〇年に、埋没以前のこの地を訪れたことがあるが、今日ではこのあたりが一面に湖になって、丘陵は島となって、ここへ船で往来することとなり、観光地となった。

　頂上にはヴィジャヤナガラ王朝時代の城の遺跡がある。城壁は割合によく保存されていて、その中には現在コレッジがおかれている。また、いま博物館が建設されていて、この土地の発掘品をすべてここにおさめている。

ストゥーパにみる南インドの特色

南インドのストゥーパも従前のそれと大差はなかったと考えられるが、ただ東西南北の入口に向かって五本の石柱が並んでいるのは、南方ストゥーパの特色である。それはナーガールジュナ・コーンダの仏塔浮彫り（二世紀、ニュー・デリー美術館）に表現されているところからも明らかである。

ストゥーパのような霊場では貧しい人々に食物を布施することが行なわれていた。たとえばナーガールジュナ・コーンダの仏塔浮彫りには、その光景が表現されている。

この時代には民衆の意識が高揚するにいたったらしい。クリシュナー川流域に、紀元前後ころから三世紀ごろにわたってベンギー派の仏教美術が栄えたが、それは、たたみこむような躍動する群衆描写を得意とした。

第九章　大乗仏教

1　大乗仏教の興起

一般民衆と説教師のあいだから

当時の仏教界においては、伝統的保守的仏教（いわゆる小乗《しょうじょう》仏教だが、現在ではこの呼称は用いない）が圧倒的に優勢な社会的勢力をもっていたが、一般民衆ならびにその指導者であった説教師のあいだでは新たな宗教運動が起こりつつあった。それがいわゆる大乗仏教である。

大乗とは「大きな乗物」という意味であり、大・多・勝の三つの意義があるという。すなわちそれはまず第一に大きな教えであり、第二に多くの人々を救う教えであり、また第三に勝れた教えであるという。

それは民衆のあいだから起こった新しい仏教である。大乗仏教は社会的にはとくに商人層によって支持されていた。経典には長者・商人に関する記述が比較的に多く現れ、これに反して農民に関する記述が少ない。『法華経』に出てくるある長者は、階級的には資産者で、ひじょうに富裕であり、金貸しをも行なっていた。その周囲には親族・国王・大臣・武士族・資産者が集まっていた。

これに対して旧来の伝統的保守的仏教は、一般に小乗仏教と呼ばれた。「小乗」とは、「捨てられた乗物」という意味で、大乗仏教の側から投げつけた貶称《へんしょう》であって、みずから称したものではない。旧来の諸派は仏教の正統派を自任し、大乗仏教を無視していた。すなわち大乗仏教のほうでは旧来の仏教を盛んに論難するが、伝統的保守的仏教のほうでは大乗仏教にほとんど言及しないで、無視している。

旧来の仏教とのちがい

ところで伝統的保守的仏教の徒がこのような態度をとったのはじゅうぶんに理由のあることである。まず第一に、旧来の諸派は、たとい変容していたとしても、歴史的人物としてのゴータマの直説《じきせつ》の教示に近い聖典を伝えて、伝統的な教理をほぼ忠実に保存している。諸部派の伝える聖典のあいだには内容ならびに語句の相違も相当にあったし、またその編集順序・排列方針もかなり異なっているが、内容に関しては本質的な相違は存在しない。

これに反して大乗仏教徒はまったく新たに経典を創作した。そこに現れるゴータマは、歴史的人物というよりも、むしろ理想的存在として描かれている。それらの経典は、理想的存在としての釈尊あるいは他の諸仏に仮託して説かれているものである。そのなかに用いられている術語は、伝統的保守的仏教諸派の整理完成された教学からとり入れたものが多い。

第二に、旧来の仏教諸派は国王・藩侯・富豪などの政治的経済的援助を受け、広大な荘園を所有し、その社会的基盤のうえに存在していた。ところが大乗仏教は、少なくとも初期のあいだは、民衆の間からもり上がった宗教運動の生んだものであり、荘園を所有していなかった。少なくとも大乗の教団に荘園を寄進したということをしるした記録や碑文が（この時代に関しては）発見されていない。そうして「国王・大臣に近づくなかれ」（『法華経』）といって、権力者におもねることをいましめ、その信仰の純粋で清いことを誇りとした。

大乗経典ではしばしば国王の難と盗賊の難とを併称している。国王も盗賊も人民を苦しめるという点ではあまり差異がないというのである（ただし、後世になると実際問題として、教団に対する寄進は、主として国王・長者など社会の上層者から現金・土地・資財などを以てなされたことが大乗経典などから知られる）。また、富者が寺塔を建立し、莫大な富を布施することはひじょうに功徳の多いことであるが、しかし経典を読誦書写《どくじゅしょしゃ》し信受することのほうが、はるかに功徳が多いといって、経典の読誦を勧めている。たとえば、『金剛経《こんごうきょう》』では塔崇拝をけなして、「経典のあるところがすなわちストゥーパ（塔）である。経典の存するところには、すなわち仏または仏弟子がまします。経典を受持読誦するならば、過去世《かこぜ》の罪業《ざいごう》も消滅する」などという。

伝統的保守的仏教諸派は確固たる社会的勢力をもち、莫大な財産に依拠し、ひとりみずから身を高く持し、みずから身をきよしとしていたために、その態度はいきおい独善的高踏的であった。彼らは人里離れた地域にある巨大な僧院の内部に居住し、静かに瞑想し、坐禅を修し、煩瑣な教理研究に従事していた。自分自身だけの解脱、すなわち完全な修行者（阿羅漢）の状態に達してニルヴァーナ（涅槃）にはいることをめざし、そうして彼岸の世界に最高の福祉を求め、生前においては完全な状態には到達しえないという。こういう理想を追求する生活は、ただ選ばれた少数者だけが修行僧（ビク）としての生活を送ることによってのみ可能である。

自己救済よりも利他行の実践

以上のように歴史的伝統と社会的基盤とに関して明瞭な相違が存在するのであるから、社会的に確固たる地歩を占め、巨大な勢力を築いていた旧来の伝統的仏教諸派が大乗仏教の新運動を無視していたのはじゅうぶんに理由のあることであるし、また後者が前者を盛んに論難していたことも当然である。

大乗仏教は伝統的仏教諸派のこうした生活態度をいたく攻撃した。彼らの態度は利己的・独善的であるといって蔑視し、彼らに「小乗」という貶称を与え、みずからは利他行を強調した。

伝統的保守的仏教の徒はみずからの心を静め、煩悩を滅して、ニルヴァーナにはいることをひたすらめざしている。自分が最上の至福を得ることのみを欲し、他人のことを考えようとしない。ところが大乗仏教はこれに反対する。大乗仏教では慈悲の精神に立脚して、生きとし生けるもの（衆生）すべてを苦から救うことを希望する。「仏心とは大慈悲これなり」

（『観無量寿経』）。大乗とは人類全体――いな、いっさいの生きとし生けるものを輪廻の世界の苦しみから救う教えである。自分が彼岸の世界に達するまえに、まず他人を救わなければならない。

このような利他行（＝慈悲行）を実践する人を菩薩（Bodhisattva 大士《だいし》・開士《かいじ》）と称する。菩薩の理想はジャイナ教でも説くけれども、とくに大乗仏教の強調するところであり、のちには種々に分類して説くようになった。出家したビクでも、在家の国王・商人・職人などでも、衆生済度《しゅじょうさいど》の誓願（悲願）を立てて、それを実践する人はみな菩薩である。菩薩は身を捨てて生きとし生けるものを救い、衆生の利益をはかるのであるが、その活動すなわち利他行のなかには、精神的な方面と物質的な方面とがふくまれている。たとえば施与ということについても、法施（教えを説いたりなどする精神的な施与）と財施（物質的な施与）とがある。

仏・菩薩像の誕生

ところでこのような慈悲にもとづく菩薩行は、理想としてはだれでも行なわねばならぬものであるが、一般の人にはなかなか実践しがたい。そこで諸仏・諸菩薩に帰依し、その力によって救われ、その力によって実践を行なうことを説く。したがって信仰の純粋なるべきことを強調し、信仰の対象としては、ブッダはますます超人的なものとして表象された。これはおそらく、当時インド一般に盛んであった最高神に対する信愛の思想の仏教的な形態であろうと考えられている。

（総じて熱烈な信愛または信仰を強調する思想は古代社会が崩壊したのちに現れ、封建社会においてとくに強調された。そうして近代社会においてはしだいに減少する。すなわち恣意的な個人的人格としての神にすがろうとする傾向はしだいに少なくなるのである）

大乗仏教においては、三世十方にわたって無数に多くの諸仏の出世および存在を明かすにいたった。旧来の伝統的仏教においては、一般的には一人の仏、一つの仏国土のみがあるとして、二人の仏の同時出現を認めなかったのであるが、やがて、現在、他の方角に他の仏がましますという観念が徐々に形成され、いまや大乗仏教にいたっては、三世にわたり十方にあまねく多数無限の諸仏が世に出て存在しているということを説くようになった。

諸仏のうちでも、とくに東方にまします阿閦仏《あしゆくぶつ》（Akṣobhya）の観念がまず成立し、ついて西方の阿弥陀仏《あみだぶつ》（Amitābha）の観念が発達し、また、釈尊の滅後五十六億七千万年たってから世に現れて、釈尊の救いにもれた生けるものどもを救うと信ぜられた弥勒仏（Maitreya）が渇仰され、やや遅れて薬師如来なども信仰された。

これらの諸仏がとくに熱烈な信仰を受けたのみならず、また菩薩も超人化されて、その救済力が強調された。観世音菩薩・文殊菩薩・普賢菩薩などはとくにいちじるしいものである。そうして、これらの諸仏・諸菩薩に帰依し信仰することによってわれわれ凡夫は救われるのであり、われわれは諸仏・諸菩薩の誓願（衆生済度の）に応ずるような行ないをしなければならないと説くのである。

他方、これらの菩薩は生きとし生けるものを救うためには種々の身を現じてこの世に生ま

菩薩頭部（2世紀，マトゥラー出土）

れてくる。衆生済度がその本願である。伝統的保守的仏教によれば、ブッダはもとは人間であり、さとりを開いて覚者となり、八十歳でなくなったと解するが、大乗仏教によると、ブッダは本来超人的な存在である。ただ衆生をすくうために種々の身を現ずるのである。

たとえば観世音菩薩は三十三身を現ずる。そうして、衆生に対する慈悲のゆえにみずからはニルヴァーナにはいることもない。その典型的な例として、地蔵菩薩はみずから願って悪いところに生まれ、悪人とともに生きる。彼はついにニルヴァーナの平安な境地にはいることがない。——こういうわけで、大乗仏教ではおのずから現実面の救済が強調されるようになるのである。

こうした諸仏・菩薩に対する信仰が昂《たか》まるにつれて、それらの身体を具体的なかたちに表現してそれを崇拝したいという熱望が起こり、多数の仏像・菩薩像が作製された。中央インドのマトゥラー市と西北インドのガンダーラ地方とが仏像製作の中心地であった。前者はアショーカ王以来のインド国粋美術の伝統にしたがっているが、後者にはギリシア美術の影響がいちじるしい。

教化手段——富貴無病の招来と呪句

さて大乗仏教はこのように民衆のあいだから起こった宗教運動であったから、その教化方法は、当時の民衆の精神的素質あるいは傾向に適合するようなしかたにたよらねばならなかった。そこで、仏・菩薩を信仰し帰依するならば多くの富や幸福が得られ、無病息災となると説く。とくに注目すべきこととしては、教化の重要な一手段として呪句《じゅく》（陀羅尼《だらに》 dhāraṇī 総持《そうじ》）を用いた（「総持」と訳すのは、善法を持して散ぜしめず、という意味である）。

呪句を用いることは、原始仏教においては固く禁ぜられていたので、保守的仏教諸派は依然としてその伝統を守り、高踏的な知識人としての誇りをいだいていた。ところが大乗仏教は、その成立のさいの社会的事情のゆえに、いちおう民衆と妥協した。すなわち仏教を民衆に受け入れやすいものにしたのである。荘園をもたず、恒久的な基本財産をもたなかった初期の大乗仏教教団は、このような方法をもって民衆の心をとらえることによって、その社会

釈迦如来立像　気品のある顔の表情，衣のひだの流れるような美しさ，光背の整然とした文様などはマトゥラー彫刻の最高水準を示している。この仏像形式の影響は東洋に広まり，日本にも伝えられている（5世紀，マトゥラー出土）

的勢力を拡張しえたのであろう。

このような教化方策はひじょうな成功をおさめた。しかし同時に、大乗仏教が後に堕落するにいたった遠因をここにふくんでいるのである。ただし陀羅尼をとなえると功徳があるということも、もとはたいして異様な呪術的意義をふくめていたのではなかったらしい。たとえば『般若心経《はんにゃしんぎょう》』の最後は、

「往き往きて、彼岸に往き、彼岸に到達せる覚りよ。幸あれ」

という文句で終わっている。ところが漢訳者はその意味を表現することを欲しなかった。玄奘は意味をすっかりかくしてしまって、

「羯諦《ぎゃてい》羯諦、波《は》羅羯諦、波羅僧羯諦、菩提薩婆訶《ぼじそわか》」

と書いている。だから中国人には、なにを意味するのか、さっぱりわからなかった。そうして、なんのことだかわからず、異様な感じを与えるところに呪術的な効果をねらっていたのである。他方、呪術を好まない浄土教は、このような陀羅尼を用いなかった。

華麗巨大な文芸作品——大乗経典

初期の大乗仏教は、当時の支配者層に依拠しない民衆のあいだの信仰運動であって興隆途上にあったから、いまだ整った教団の組織を確立していなかったし、細密な哲学的論究を好まなかった。むしろ、自分らの確固とした信念と、たぎりあふれる信仰とを、華麗巨大な表現をもって、息もつかずにつぎからつぎへと表明し、その結果成立したものが大乗経典で

ある。

大乗経典は、それ以前に民衆のあいだで愛好されていた仏教説話に準拠し、あるいは仏伝から取材し、戯曲的構想をとりながら、その奥に深い哲学的意義をことよせ、しかも一般民衆の好みに合うように作成された宗教的文芸作品である。その奔放幻怪を好む思惟方法は、われわれ日本人の単純な表象能力にとってはしっくりしない。しかし、それにもかかわらず、大乗仏教はその普遍的宗教としての性格のゆえに東洋全般にひろがった。伝統的な仏教もインドの外にひろがったけれども、インドと風土的特徴をひとしくする諸国に限られ、中国・チベット・蒙古・ヴェトナム・朝鮮・日本ではみな大乗仏教を奉じている。

日本の仏教家は、日本のことを「大乗相応の地」という。しかしじっさいには、日本では大乗仏教によるのでなければ生活はできない。身体に三種しか衣類をまとってはならないとか、午前中でなければ食事をしてはならないとかいう伝統的仏教の戒律は、日本の風土では遵守困難である。つまり、どうしても、融通性があり実際的な大乗仏教によらざるをえなかったのである。

2　大乗仏教の基本思想——般若経の空観

「一切有」に対する「一切空」

多数の大乗経典のうちでもっとも古く成立したものは般若経典であるが、その中心思想は空観《くうがん》である。そうして、大乗仏教一般の実践を基礎づけている哲学説は、まさにこの空観である。

空観とは、一切諸法（あらゆる事物）が空であり、それぞれのものが固定的な実体を有しない、と観ずる思想である。すでに原始仏教において、世間は空であると説かれていた。「常に心に念じて、（何ものかを）アートマンなりと執する見解を破り、世間を空であると観察せよ。そうすれば死を度《わた》るであろう」（スッタニパータ一一一九）——般若経典では、その思想を受けてさらに発展させ、大乗仏教の基本的教説とした。

般若経典としては、『大般若波羅蜜多経《だいはんにやはらみたきよう》』（六百巻、玄奘訳）は一大集成書であるが、『般若心経』『金剛般若経』『理趣経《りしゆきよう》』などがとくに有名である。般若経の原始的な形態はすでに西紀前二世紀ごろにでき上がっていたらしいが、西紀二世紀ごろまでに逐次発展・増広したのである。「般若経」の原始経典は最初に南インドで成立し、それから西インドに移り、最後に北インドに広まったということを経典自身が説いている。したがって、最後にはクシャーナ帝国において急激に増広されたと考えられる。

「般若経」がとくに空の思想を強調した理由を考えてみると、当時、説一切有部などのいわゆる保守的仏教諸派が法の実有をとなえていたのに対して、それを攻撃するために、とくに否定的にひびく「空」という語を、般若経典はくりかえし用いたのであろう。それによると、われわれは固定的な「法」という観念をいだいてはならない（『金剛経』第六節）。一切諸法は空である。なんとなれば、一切諸法は他の法に条件づけられて成立しているものであるから、固定的実体的な本性を有しないものであり、「無自性《むじしょう》」であるが、無自性なるものは空である、といわねばならないからである。

保守的諸派、とくに有部 → 法の有自性 → 法の実有（法有）
般若 → 法の無自性 → 法の空　（法空）

最上のさとり

「空」の原語（śūnyatā）は、数にあてはめていうとゼロをあらわす（ゼロを発見したのはインド人である。アラビア数字とよばれるものは、じつはインド数字に由来するが、アラビア商人が西洋に伝えたためにアラビア数字とよばれるようになった。0という記号もそももインドのものであった）。

　さて法が空であるならば、それと対立的に存在する「法ならざるもの」という観念をもまた、いだくことはできない（『金剛経』第六節）。したがって、原始仏教以来の法の体系に属する種々の法のみならず、ありとあらゆるものが空であると説かれている。「一切有為法、如夢幻泡影、如露亦如電」（『金剛経』）

　そうして諸法が空であるならば、本来空であるはずの煩悩などを断滅するということも、真実には存在しないことである（『金剛経』第二七節。たとえば、十二因縁の無明《むみょう》から老死

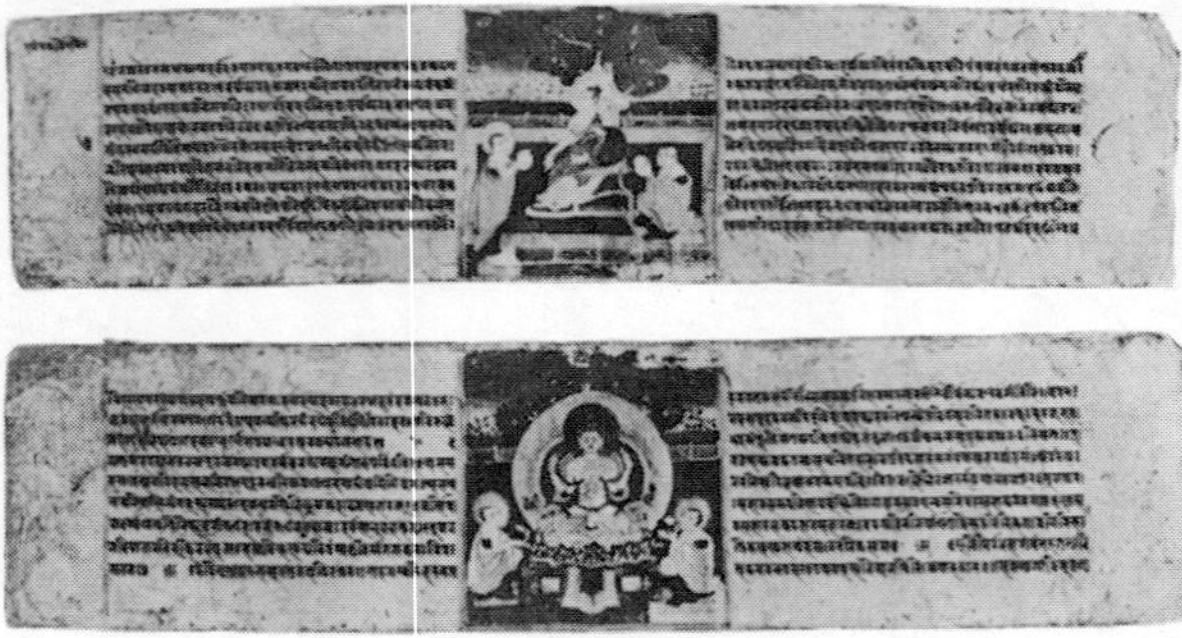

般若経典の写本

にいたるまでのいちいちの法は真実には存在しないものであるとともに、また、それらが修行によって滅びるということもありえない『般若心経』)。こういう理法を体得することが無上正等覚《むじょうしょうとうがく》(最上のさとり)である。そのほかになんらかの無上正等覚という別なものは存在しない。つまり『金剛経』は、特別にさとりという境地の存在しないことをとくに強調している(『金剛経』第七節、第一七節、第二二節、第二三節)。

真の実践

実践はこのような空観に基礎づけられたものでなければならない。『応無所住而生其心《おうむしょじゅうにしょうごしん》』(まさに住するところなくしてその心を生ずべし)と『金剛般若経』(第一〇節)で説いているが、「その心」というのは清浄心《しょうじょうしん》である(中国禅宗の第六祖・慧《え》能《のう》はこの文句を聞いて発心したという)。こういう理法を体得することがさとりであり、無上正等覚である。

こういう道理を自覚してもろもろの善を実践することのうちに真実のさとりが存する。施与をなすばあいにも、あらゆるものの空を観じて執着を離れて行なわなければならぬ。「色《しき》声香味触法《しょうこうみそくほう》に任せずして布施を行ずべし」（『金剛経』第四節）。もしも求道の人が相に住することなく施与をなすならば、その福徳の広大なことは、思量すべからざるものがある。

求道者は無量無数無辺の衆生を済度するが、しかし、自分が衆生を済度するのだ、と思ったならば、それは真実の求道者（菩薩）ではない。のちの仏教では、施者と受者と施物とを三輪といい、この三輪の相をこころのなかにとどめないで無心に住して行ずることを「三輪清浄」という。つまり「おれがあの男にこういうことをしてやった」と思っているうちは、心のなかにとどこおりがある。真の実践ではない。それを忘れて善を行なうのである。

真実の求道者にとっては、救う者も空であり、救われる衆生も空であり、救われて到達する境地も空である。すべてが空において一体となる。すべてが空であるからこそ慈悲が実現される。固定的な全然異なった二つの存在のあいだには、とけ合うということがないから、慈悲は起こりえない。仏教の政治理想も空の思想にもとづいているのであるが、それは空の境地に成立する。

またブッダに関しても同様にいうことができる。身相を以て仏を見てはならない（『金剛経』第五節、第二〇節）。従来の伝統的な仏教の観念によると、仏は一般人間とは異なった三十二の身体的特徴があると考えられていたが、この三十二相をもっては如来を見ることができない（『金剛経』第一三節、第二〇節、第二六節）。あらゆる相はみな虚妄《こもう》であり、もろもろの相は相にあらず、と見るならば、すなわち如来を見る（第五節）。このような如来には所説の教えがない（第一三節、第二一節）。なるほど、仏は種々の教えを説いたといわれるが、教えはいかだのようなものである（第六節）。衆生を導くという目的を達したならば捨て去られる。

このような実践的認識を知恵の完成（般若波羅蜜多《はらみた》）と称するが、空をさとった知恵のことである。それは求道者の実践の基礎となっているものであり、仏をあらわし出すものということから、「仏母《ぶつも》」と称せられる。前に述べたように、空を意味する原語はśūnya であるが、「何もない」ことをいい、インドの数学ではゼロを意味するが、しかしそれは抽象的な無ではなくて、あらゆる美徳を産み出す無である。たとえていうならば、$\frac{0}{0}=\propto$ であるのにあたろう。

空観に立つ六つの実践徳目

この真実の認識は具体的な徳の実践となって現実に具現されるものでなければならない。そこでこの知恵の完成を、ものを与えること（布施《ふせ》）・いましめをまもること（持戒《じかい》）・たえしのぶこと（忍辱《にんにく》）・つとめはげむこと（精進《しょうじん》）・心を統一すること（禅定《ぜんじょう》）という五つの完成と併せて六度《ろくど》（六波羅蜜多《ろくはらみた》）と称する。これらの六つのうちでも知恵の完成ということに基本的な優位を与えている。

すでに原始仏教において、いましめをまもること（戒）・心を統一すること（定）・知恵

（恵）という三種の徳（三学）を教えていたが、また小乗仏教のうちの説一切有部では、ものを与えること（布施）・いましめをたもつこと（持戒）・つとめはげむこと（精進）・知恵という四種の完成（四波羅蜜多）を説いていた。これらをまとめたうえに、求道者は迫害・困苦に対してたえしのぶことが必要であると考えて、それらを総合して六種の完成の説を立てたのであろう。

これらのうちで「ものを与える」という徳を最初にかかげているのは、原始仏教において在俗信者に対して説いていたのと同じである（施・戒・生天の三論）。「与える」（布施）というばあいに、財施・法施・無畏施をふくめるが、なんといっても財施がもとの意義である。したがって、こうした倫理は世俗人のあいだから起こったのであろうと考えられる。

3　世俗生活における仏教

日常の中の利他（慈悲）行——出家否定

大乗仏教の根本思想である空観からの論理的必然的な結論として、輪廻とニルヴァーナとは、それ自体としてはなんら異ならぬものである、と教えられた。なんとなれば、両者はその本性においてはともに空であるからである。

そうであるならば、われわれの現実の日常生活がそのまま理想的境地として現出されねばならない。理想の境界は、われわれの迷いの生存を離れては存在しえない。従来の伝統的な諸派の教えによると、迷いの世界（輪廻）の外に、別にニルヴァーナがあると考えられていたから、伝統的仏教徒の実践とは、輪廻の世界すなわち現実の人間生活の外にのがれ出て、ひとり静かな境地に安住することであった。ところが大乗仏教によると、ニルヴァーナは輪廻の世界と異ならないものである。両者はその根底においては相即している。

空の実践としての慈悲行は現実の人間生活を通じて実現される。それは慈悲にもとづく利他行である。大乗の求道者としては出家した修行僧が多かったが、しかしそのうちのある人々は積極的に社会活動を行なった。国王に対して政治指導を行なった人々もある（たとえば、ナーガールジュナは国王のために政治論の書を著している）。

ところで社会的活動の強調というこの立場を徹底させると、ついに出家生活を否定して在家の世俗生活の中に仏教の理想を実現しようとする宗教運動が起こるにいたった。けだし利他行ということは、人間の社会生活においてのみ可能であるからである。

伝統への大胆な反旗――『維摩経』

このような在家仏教運動の所産としての代表的経典が『維摩経《ゆいまぎょう》』である（詳しくは、『維《ゆい》摩《ま》詰所説経《きつしょせつきょう》』三巻、秦のクマーラジーヴァの訳。ほかに呉の支謙訳『維摩詰経』、唐の玄奘訳『説無垢称経』がある）。そこにおいては維摩詰という在家の居士が主人公となっていて、出家者たる釈尊の高足たちの思想あるいは実践修行を完膚なきまでに論難追及して彼らを畏縮させ、そのあとで真実の真理を明らかにして彼らを指導する、というすじがきになっている。これは明らかに当時の伝統的保守的な強固な教権に対する反抗である。

経典全体はきわめて巧妙な戯曲的構図をもって作成されている。維摩は長者であり、多大の財産をもち、貧民救済にもつとめていた。彼自身は戒律をたもって身を清らかにしていたが、どんな場所にも出入りし、自由闊達にふるまい、なにものにもとらわれない。どんな境地にあっても人々を教化する（彼のすがたは原始仏教聖典におけるチッタ Citta 長者の発展したものであると学者は考えている）。

彼は伝統的保守的仏教諸派が墨守しているような出家の生活は無意義であると説く。出家は利なく功徳なきことである、という。ある長者の子が出家しようと望んでいたが、当時の教団には「父母がゆるさなければ出家することはできない」という規定があるために思い悩んでいた。これに対して維摩は教えていう、――「さとりを求める心をおこしたならば、これがすなわち出家である。かならずしも形のうえで出家するにはおよばない」と。

また戒律の細かな箇条をいちいち守ることよりも、あらゆる事物の空をさとって、誤った見解（妄見・妄想）を除くことが、真に戒律を守るゆえんであり、林の中にかくれて樹下に坐禅をするよりも、むしろ道法を捨てずして凡夫の事を現ずるのが真の坐禅である、と説いている。

『維摩経』がこういう大胆な態度を表明したということは、まったく注目すべきことである。親鸞は在家仏教者であったとはいうものの、『教行信証』の末尾には非僧非俗の立場を標榜しているし、彼自身は僧衣をまとっていた。近世日本の鈴木正三は在家仏教を説いたけれども、自身は出家の身であった。ところが、維摩のばあいは「俗」のみなのである。

こころ美しくあれば現世即浄土

伝統的保守的仏教においては、煩悩に満ちた日常生活からの個人的離脱が理想であり、それがとりもなおさずさとりであると解する。その立場においては現世の日常生活はたんに否定さるべきものにすぎず、さとりの境地とは相反し、相容れない矛盾したものである。

ところが大乗の空観の立場からみるならば、穢悪に充満したこの現世がそのまま清浄なのである。仏のましますの仏国土は衆生をはなれた彼方にあるのではなくて、教化される衆生に即して存在する。浄土はどこにあるか、というならば、さとりの心（菩提心《ぼだいしん》）がすなわち道を求める人の浄土である。あるいは、ものを与えること、いましめをまもること、たえしのぶこと、つとめはげむこと、心を統一すること、知恵という六つの完成がすなわち浄土であるということもできる。

「わが仏国土はつねに浄《きよ》し。わがこの土は浄し。しかるに汝は（それを）見ず。衆生の罪のゆえに、如来の国土の厳《かざ》られ、浄《きよ》きことを見ざるなり」。もしも人が浄土を得ようとするならば、その心をきよくしなければならない。「もし人の心が浄くば、すなわちこの国土の功徳荘厳を見る」

そうすれば、この世界がきわめてすぐれた美しいものであるということを発見する。凡夫にとってはこの世界は穢土《えど》であるが、衆生済度のためにこの世にくだってきた菩薩にとっては、この世（娑婆《しゃば》）は穢土ではない。それはあたかも光が闇の場所に達すると、そこはもはや暗黒ではなくなるようなものである。いっさいの煩悩がそのまま仏となるための種子《しゅうじ》（仏種）である。

「煩悩を断ぜずして涅槃に入る」（この文句は、のちに中国・日本の仏教ではひじょうに重要な意義をもつものとして解された。中国の天台では「不断煩悩得涅槃」と書き改め、真宗でつねに唱える親鸞の『正信偈《しょうしんげ》』のなかにそのまま取り入れられている）。

道場（さとりを開く場所）はいたるところにある。菩薩はその身にニルヴァーナを現じているが、しかも生死《しょうじ》の世界を捨て去ることがない。そうして、いっさいの生きとし生けるものを益しはぐくんで、うむことがない。衆生が病めば菩薩もまた病む。衆生の病がなおれば、菩薩もまたなおる。菩薩は大悲のゆえに、みずから衆生の病を自身に受けているのである。いっさいの生きとし生けるものは一如である。もしも一人の人間が未来に仏となることができるという予言を受けるのであるならば、他のすべての人々もやはりそれを受けねばならない。

いっさいの生きとし生けるものを救うために、菩薩はかりに、彼らと同じすがたを現じて生まれてくるのである。維摩は方便をもって病いを現じている。解脱した身にとって真の病いはないのであるから、この病いもまた方便にほかならない。現世の生活にこのような意義を認めようとすると、世人の世俗的職業生活がそのまま絶対的意義をもつことになる。

ガンダーラ仏頭（3世紀）

日本仏教の性格（大乗）を規定したもの

ところで、絶対者そのものは言語をもっていい表すことのできないものである。それは維摩の「黙然無言」の態度によって表示されている。「不二の法門」である。

維摩は「不二の法門を体得することはいかにして可能であるか」という問いを発して、三十一人の菩薩をして順次に答えさせ、自分は黙然として聞いている。最後に菩薩たちが文殊の意見を問うと、「無言・無説、示もなく、識もなし、もろもろの問答を離る。これを不二法門に入ることとなす」と答えた。そうしてつぎに維摩に答えをうながす。ところが維摩は「黙然無言」である。文殊はこれをみて、感嘆して「善哉《ぜんざい》」「善哉」と叫んだ。自分は「無言」といって、ことばに出してしまったが、維摩は無言を身に体現している。そこに不二の法門がある——。

ここに『維摩経』作者の意図が明白に現れている。菩薩たちにしきりにしゃべらせたのは、この「黙」を引き出すためであった。

在家仏教の運動の理想は、やや後代に現れた『勝鬘経《しょうまんぎょう》』のうちにも示されている。それは、釈尊の面前において勝鬘夫人《ぶにん》が諸問題について大乗の法を説くが、釈尊はしばしば賞讃の辞をはさみつつ、その説法を是認するというすじがきになっている。したがって、夫人の説法が同時に仏法の開示となっている。そうして釈尊は、仏弟子や神々や人々に向かって、この経典を受持すべしということを教える。その中心観念は如来蔵の思想である。ところでここでは説法者である夫人が在家の女性であるということに注意すべきである。

右の二つの経典が聖徳太子によってとくに取り出されて註解されたということは、日本仏教の性格をおのずから規定していると思われる。

4　浄土教――彼岸思想

あの世は浄土――その想定と希求

空観の立場に立つならば、穢悪にみちた現世がそのまま清浄な仏国土である。穢土と浄土との区別は、しょせんわれわれの心が清浄であるか否かにかかる、という思想が必然的に導き出された。こういう思想が「般若経」や『維摩経』などに述べられているのである。

しかし一部の大乗教徒は、このような思想によっては心の満足が得られなかった。

われわれの日常生存は、たといわれわれがどのように心を清らかにしようとしても、依然として穢悪にみちたものである。われわれの現実と倫理的思想とのあいだには絶対にこえることのできない距離がある。われわれはいかに努力しても凡夫である。ことにこの時代に北方インドにおいては、クシャーナ族が旧来の多数の小王国を滅ぼして帝国を建設していたのであるが、クシャーナ帝国自体の勢力もきわめて不安定であり、社会的動揺がはなはだしかったためであろうか、当時の真摯《しんし》な仏教徒は、「もはや正法は頽落してしまった、もはや末世である」という感じを痛切にいだいていた。したがって、一部の大乗教徒は現世を穢土であるとして、彼岸の世界に浄土を求めた。

こうした浄土としては、阿閦仏の浄土たる東方の妙喜国、弥勒仏の浄土たる兜率天《とそつてん》などが考えられ、これらの諸仏を信仰することによって来世にはそこに生まれることができると信じていたのであるが、後世にもっとも影響の大きかったのは、阿弥陀仏の浄土である極楽世《ごくらくせ》界《かい》の観念である。そして、このように多くの仏国土を想定したのはつぎの理由によると思われる。

阿弥陀仏信仰と浄土三部経

大乗仏教では仏を理想化して、仏を念想したために、多くの仏を想定して観仏三昧《かんぶつざんまい》を実践することを楽しんだ。すなわち、種々の仏およびその浄土を観じ念ずることによって心をよろこばせ、煩悩をのぞいて、空観のうちに沈潜したのである。念仏というのも、もとはこの観仏三昧のことをいったのであった。

阿弥陀仏信仰は当時の民衆のあいだに行なわれ、諸大乗経典のなかに現れているが、とくに主要なものは浄土三部経《じょうどさんぶきょう》である。

『仏説無量寿経《ぶっせつむりょうじゅきょう》』二巻（『大無量寿経』ともいう）　曹魏、康僧鎧《こうそうがい》訳（The Larger）Sukhāvatī-vyūha

『仏説観無量寿経《ぶっせつかんむりょうじゅきょう》』一巻　宋、畺良耶舎《きょうりょうやしゃ》訳

『仏説阿弥陀経《ぶつせつあみだきょう》』一巻　姚秦、鳩摩羅什《くまらじゅう》訳（The Smaller）Sukhāvatī-vyūha

『無量寿経』と『阿弥陀経』とはサンスクリットの原典が残っているし、『観無量寿経』と『阿弥陀経』にはウイグル語訳がある。日本の仏教についていうならば、浄土宗は『観無量寿経』を、真宗は『無量寿経』を、時宗は『阿弥陀経』をよりどころとする。

浄土経典は五濁悪世《ごじょくあくせ》の衆生のために釈尊が阿弥陀仏による救いを説いた経典であるということを標榜している（五濁とは、末世の汚れ〔劫濁〕・悪い邪《あやま》った見解の汚れ〔見濁〕・煩悩の汚れ〔煩悩濁〕・人間の衰える汚れ〔衆生濁〕・短命になる汚れ〔命濁〕の五つをいうが、末世になると人々はこういう汚れに悩まされるというのである）。

日本の浄土真宗では、悪人こそ阿弥陀仏によって救われるものである（悪人正機）ということを説くが、じつは経典に由来し、発展した思想なのである。阿弥陀仏とは原語音訳の省略であって、義訳して無量寿仏《むりょうじゅぶつ》、または無量光仏《むりょうこうぶつ》という。この仏はその寿命が無量であり、また、その光明が無量であるというので、このように名づけられているのである。

原始浄土教——弥陀の誓願とその実現

阿弥陀仏は過去世に法蔵《ほうぞう》ビクという修行者であったが、衆生済度の誓願を起こして、長者・居士・国王・諸天などとなって無数の衆生を教化し、諸仏を供養して、ついにさとりを開いて仏となった。

この世界から西方に向かって十万億の仏国土を過ぎたところに一つの国土がある。それは極楽世界という。かの仏は、現にそこにましまして法を説いている。そこには無量の楽のみあり、身心の苦がなく、七宝から成る蓮池があり、八功徳水がみちている。七つの宝より成る宝樹が生じ、美しい鳥の鳴声がきこえ、天の音楽が奏せられている。

そこには無数の修行者（声聞《しょうもん》）がいて仏道を修行している。そこに生まれた人はみな清らかであり、退転することなく、つぎの生涯には仏となるはずの求道者（一生補処《いっしょうふしょ》の菩薩）である。その数は極めて多く、数え尽くせない。

さて阿弥陀仏に心から帰依する者は、その極楽世界に生まれることができる。なぜかというと、この仏がかつて法蔵ビクであったときに、つぎのような誓願を立てた。——「もしわれ仏たることをえたらんに、（そののち）十方の衆生が至心に信楽《しんぎょう》し、わが国に生まれんと欲し、ないし十たび念ぜんに、もし（かれらがわが浄土に）生ぜずんば、正覚を取らじ」と。

ところで法蔵ビクはすでに無量寿仏となったのであるから、この誓願はかならず実現されているにちがいない。だから、この仏を念ずる人はかならず極楽世界に生まれることができるはずである、というのである。

そうして善男子《ぜんなんし》あるいは善女人《ぜんにょにん》が無量寿如来の名号を聴聞し、心に念ずるならば、その人の臨終に当たって無量寿如来は声聞および菩薩の聖衆《しょうじゅ》をつれて彼の前に立つ。これを来迎《らいごう》という（来迎の思想は原始浄土教からはじまって日本の浄土教にいたるまで伝わっていたが、浄土真宗は「不来迎」の義を説く。すなわち極楽に生まれる運命は、平生の信心によって決定されているのであるから、そのために聖衆が特別に来迎するということはないはずであるというのである）。

さて無量寿仏を念ずる修行をしていると、その人は心が顛倒《てんどう》しないで死に、死後は極楽世界に生まれる。ゆえに極楽に生まれようとする心願を発すべきである。この教えは東西南北上下の諸世界にましますす諸仏に称讃されているところのものである。この教えを受けたもつ者は諸仏に摂受《しょうじゅ》され、無上のさとりをめざして退転することがない——と。

以上が原始浄土教（『阿弥陀経』）の所説の大要である。

西方浄土への悲願と念仏

とくに西方浄土が重んぜられた理由について考えてみると、西方に現世の延長またはよりよい場所としての浄土を考えることは、原始民族のあいだにもみられる宗教信仰である。そのような考えが発展して西方の極楽浄土を考え、その理想の境地に生まれて、この世ではできない完全な修行をし、やがてはニルヴァーナに達したいと願っていた。

ところがその後、浄土教の思想は変化発展し、日本にくると、浄土真宗では「往生即涅槃」と解した。すなわち浄土に生まれることがすなわちニルヴァーナであるという。

また念仏の意義も変化した。念仏とは、もとは仏または仏の名を念ずることであったが、中国ではとくに善導《ぜんどう》以後、口に出して「南無阿弥陀仏」ととなえることに変わった。これは中国人が名のもっている呪力がはたらくと解したことに由来する。すなわち呪術思想がからまっているのである。

初期の浄土教においては、もっぱら無量寿仏に対する一向にして純一無雑なる信仰を強調することに努めている。こういう信仰においては、理想の境地は彼岸の世界にあり、現世は穢土にすぎない。現世は無価値であり、無にひとしいものである。信徒にとっては、現世は彼岸の世界に従属している。したがって、穢土としての現世の中に彼岸の世界が自己を現してくる。信心深い信徒の実践は、現世にありながら現世をこえたものを具現しているという点できわめて貴いものとなる。

超えるべき現世をいかに生きるか

そこでつぎに、現世の意義が後代の浄土教では大いに問題となるが、すでに経典のなかで六度の実践の意義を強調している。すなわち『大無量寿経』のうちのやや遅れて成立した部分（悲化段）においては、極楽世界の功徳荘厳を讃嘆しつつも、しかも現世における道徳的実践の尊い意義を強調する。

すなわち、人は心をただし、行ないをただしくすべきである。聖者をたっとび善人をうやまい、仁義の心をもってひろく愛さなければならない。恩をしき、施しめぐんで道禁をおかすことなく、たえしのび、つとめはげみ、一心になり、知恵を実現しなければならない（以上が六度に相当する）。

もしもこの世において、人が正心正意にして斎戒をたもち、清浄となることを一日一夜でも行なったならば、無量寿国にあって百歳のあいだ善をなすことよりもすぐれている。なぜかというと、極楽世界では、そこの人々は無為自然にして衆善を積み、毛髪ほどの悪さえもないが、しかしこの世においては悪が多く、苦しみに悩み、身心ともに労することが多いからである。

それと同じ道理により、この世において十日十夜《じゅうにちじゅうや》善を修めることは、他の諸仏の国土において千歳のあいだ善をなすことよりもすぐれているという。現世は穢土であると説く浄土教は、独自の思惟方法によって現世における道徳的実践の絶対的意義を基礎づけたのであった。

こういう思想を浄土真宗では継承発展させている。人々が浄土に向かっていくすがた（往相）のほかに、かえるすがた（還相《げんそう》）を立てている。かえるすがたとは、現実世界にはたらくすがたであるから、倫理の問題はここに場所を占めることになるのである。

第十章　グプタ王朝の集権的国家

1　全インドの統一

サムドラ・グプタ王父子

三世紀にはいり、クシャーナ帝国およびアンドラ帝国はしだいに衰微して、インドには幾多の群小諸国が対立していたが、これに乗じてマガダから起こったチャンドラ・グプタ（Candragupta）一世が勢力を拡大し、三二〇年にパータリプトラ（現パトナ付近）を都として即位、グプタ王朝を創始した。そして次代のサムドラ・グプタ王（Samudragupta 三三〇年ごろ即位）および、その子チャンドラ・グプタ二世は、南北にわたる全インドを征服し、ここにマウリヤ王朝以後はじめての統一国家を形成した。

すなわち、サムドラ・グプタの王朝は、北はヒマラヤ山から南は最南端のコモリン岬（カニャー・クマーリー）まで、ほぼ全インドを領有した。ただ、西方ではグジャラート州およびパンジャーブ州、東方ではベンガル州や北のネパールが、朝貢・納税はしていたけれども、それぞれ独立国のおもむきがあり、いまだ完全な支配にいたらなかっただけである。

そして、すでに述べたように、ガンジス川の中流の流域地方は、古来「中国」と呼ばれる文化の中心地であり、中国からの巡礼僧法顕もこの地方を「中国」と呼んでいるが、そこはグプタ王朝の直接支配地域であった。もちろんその「中国」の内部にも「王」(rājan)と呼ばれる支配者たち、いわば諸侯のような人々が存在していたけれども、グプタ王朝の勢威が圧倒的に強かったと考えられる。

サムドラ・グプタ王は西紀三八〇年ごろまで統治した。そのあとを受けたチャンドラ・グプタ二世はさらに西に向かって領地をひろげ、クシャトラパ(＝サトラップ)という称号をもつシャカ族の王朝を滅ぼして併合し、その領土はアラビア海に達した。

チャンドラ・グプタ２世の貨幣

チャンドラ・グプタ二世が西紀四一四年ごろに栄光のうちに没すると、その子クマーラ・グプタ一世があとをつぎ、馬祀りを行なってその威勢のほどを示したが、北のほうから匈奴(サンスクリットで「フーナ」)が辺境を脅かした。

つぎの王スカンダ・グプタはすでに皇太子のころから軍を率いてこれを撃退したが、経済的には困窮するにいたった。グプタ王朝の貨幣は改鋳されて、しだいに悪質となった。

そののちプラ・グプタ、ナラシンハ・グプタ、クマーラ・グプタ二世、ブダ・グプタ、バーヌ・グプタの諸王が相ついで王位に即いたが、これらの諸王には昔日の威信はなく、相つぐ侵入にその領土を蚕食され、いつしかマガダ地方の小さな国王になり下がったが、グプタ朝の後裔はそののち二百年ほどマガダ地方を支配していた。

当時ローマとの交通は、相当盛んに行なわれていたらしい。たとえば、わたくしがナーガールジュナ・コーンダへいったとき、そこの主管者が、厳重に閉じてある箱をもち出して見せてくれたが、その中には医学上の要検査物をいれるようなガラスの容器がいくつかあって、ここの港や寺院の遺跡で見つかった宝石・貴金属・貨幣の類を中におさめてあり、ローマの金貨が一つ燦然《さんぜん》と輝いていた。

封建制的な統一支配

この王朝は四九四年ごろまでは相当に勢力をもっていたので、ここに絢爛たるインド古典文化の花を咲かせるにいたった。

この時代におけるインドの社会状態は、集権的封建制国家とでもいうべき特徴を示している。すなわち、グプタ王朝のもとに多数の小藩侯が隷属し、それぞれの藩侯国の内部では、藩侯に直属する官吏が行政を行ない、身分的区別は固定的になっていて、職業も大体世襲であった。もっとも、碑文の遺品について見るかぎり、諸王家が家系を誇るという傾向は、グプタ王朝以後になってはじめて現れている。

人民は土地に結びつけられていた。たとえば、寺院へ土地を寄進するばあいには、人民ぐるみ寄進するのである。人民には移転および土地売却の自由が与えられていなかった。

経済の方面においては通貨の統一も行なわれ、ローマのデナリウス（denarius）に相当するディーナーラ（dīnāra）が金貨の単位とされていた。考古学的遺品について見るかぎり、仏教寺院への貨幣の寄進も、ディーナーラが単位であった。当時成立したらしい仏教の典籍の中にもディーナーラがしばしば言及されているが、それは、これらの経典がまぎれもなくこの時代に成立したものであることを示している。

このようなかたちで通貨の統一が行なわれたということは、従前のマウリヤ大帝国では認められない現象である。これは、インド諸地域に対するグプタ王朝の集権的統制支配がひじょうに強固であったことを示すとともに、また流通経済の部門においてはローマ帝国ないし西方諸国への依存度の高かったことを示している。

世界経済が一体化している今日でさえ、インドの通貨の単位がルピーであってポンドではなく、また日本のそれが円であってドルではない事実を思い浮かべるならば、グプタ王朝時代のインドにおけるこの経済的事実は、きわめて注目に値するものである。しかし五世紀以後になると、西ローマ帝国の衰微とともに西方貿易も減少し、インドはいちおう完結的なものとなったようである。

僧法顕のみたグプタ帝国

しかし、当時のインドの集権的統制そのものは、他の文明諸国家にみる集権的統一と比較して、全般的にはきわめて程度の微弱なものであった。五世紀初頭にインドを旅行した中国東晋の巡礼僧法顕によると、インド帝国内の旅行は自由で、旅券を必要とせず、また刑罰は

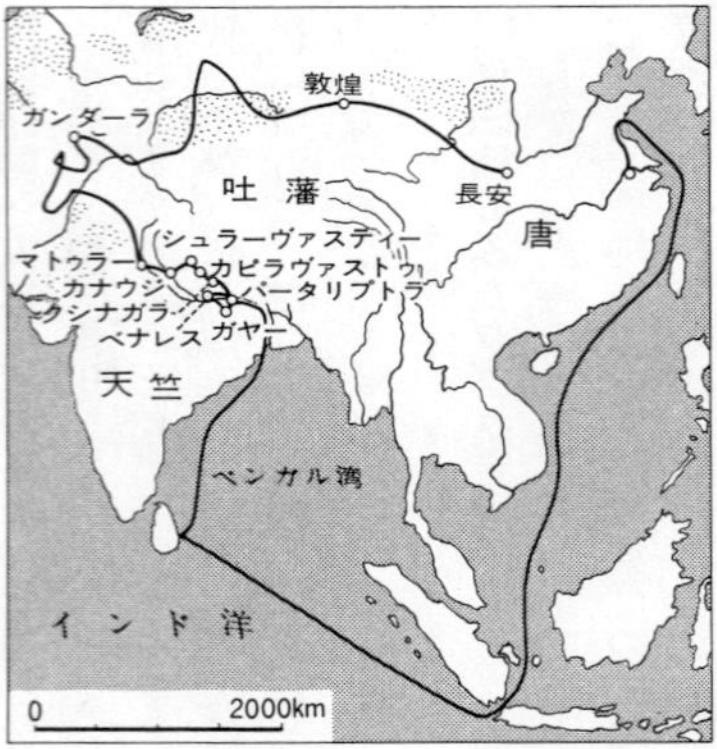

法顕のインド旅行路

軽かったという。つまり、当時の中国とは大いに事情を異にしていたのである。法顕のしるすところによると――

その地方（ガンジス川流域）では人々が富裕で、楽しい生活を送っている。人民のための戸籍法はなかった。王の直轄の領地を耕す農民たちだけが、その土地の収穫の中から税を納めていた。移転の自由が認められていた。「去らんと欲せば、すなわち去り、住せんと欲せば、すなわち住す」

国王の統治においては、処刑するということはなかった。罪を犯した者は、ただ罰金を納めるだけでよく、その額は事柄によって軽重の差があった。たとい反逆を企てた者がいても、死刑に処せられることはなく、ただ右手を斬られるだけであった。国王に侍従する人々はみな俸禄をもらっていた。

人民は殺生せず、飲酒せず、ネギやニラを食べなかった。ただチャンダーラという賤民だけは、それとは異なっていた（殺生・飲酒もするし、ネギやニラを食べていた）。これらの賤民は一般の人々とは別に住み、都市の城壁の外に住んでいた。もしも都市の城門の中にはいるときには、木を打って、その来るのを告げるので、一般の人々は彼らがやってくるのを知って、彼らを避けて、ぶつかることのないようにした。

また、人々は豚や鶏を飼わなかったし、奴隷を売ることもなかった。市場には、獣を屠殺して売ったり、酒を売るような人々はいなかった。ただチャンダーラと猟師とが肉を売るだけであった。商売をするときには貝殻を貨幣として用いていた。

法顕は本国中国において五胡十六国の乱の中で生活してきたのであるから、ガンジス川流域のインド人の生活がまことにのびのびとしていて、泰平を享受しているのに感動したのであろう。賤民チャンダーラだけがはなはだしく差別待遇をされていたことに対する法顕の奇異感も、右の報告によくでている。なお、貨幣については、グプタ王朝の金貨が今日まで残っていて発見されているから、鋳造されたことは疑いないが、一般の日常生活においては貝殻が使われていたのであろう。

初転法輪の仏坐像　グプタ朝期の人々がブッダの理想美をたくみに表現した仏像の傑作（5世紀後半, サールナート博物館）

しかし社会の規律については、かなりきびしいものがあったらしい。アジャンター第二窟の壁画は、とくに釈尊の降誕を主題にしたものであるが、その一部に教師がむちをもっていて、子どもたちがおびえている図がある。あるいはこれを、婢女を罰している図と解する人もある。

国王と宮廷生活

当時の国王は、バラモン教聖典の定めるところにしたがって、灌頂の儀式を行なっていた。アジャンター第一七窟（五世紀）の壁画には、その光景も描かれている。そうしてこの灌頂の儀式がブッダにも適用されると当時の人々は考えていた。

第一窟の他の壁画では、獅子座に坐している仏が、すべてを捨て去りきよめるために、灌頂を受けるので、水が運ばれている（二人の男が水がめを手にもって上にかかげて水をそそいでいる）。ある物語の一場面（アジャンター）には国王の行列がえがかれている。国王が白い象に乗っているが、国王だけが象を所有することを許されたという伝えに対応する。国王は、かさをもつ人々、槍をもつ人々にとりまかれている。

グプタ王朝の宮廷の生活もアジャンター石窟に描き出されている（六〜七世紀、アジャンター第一窟）。

張り出したヴェランダの下で踊り子たちの一群が歌舞遊宴している。左側に横笛奏者が腰をかけて吹き、右側では踊り子が豪華な衣装をまとい、すそをふくらませ、蠱惑的な姿態で旋回して踊っている。

宮廷における王妃　グプタ朝宮廷の風俗がしのばれる（5世紀，アジャンター第17窟壁画）

菩薩像トルソー（5世紀，サーンチー出土，ヴィクトリア・アルバート博物館）

この踊り子の身の飾りがまた豪華である。ひたいの上には山形すかし金具の宝冠をのせ、髪をたばねた後頭部には黄金製の植物葉弁を配した飾り具をつけて黄金帯で髪を押さえ、耳朶《みみたぶ》には円環に真珠宝石をたらした耳飾りをつけている。首飾りとしては、金の連珠帯と真珠宝石の四重の連珠帯をつけている（真珠はケーララ地方に産し、貴石として、ダイヤモンドよりも多く用いられた）。

これは仏伝図の一節で、父王がゴータマ・シッダールタを現世の快楽におぼれさせ、出家を思いとどまらせようとして酒宴を催した場面であるが、モデルはグプタ王朝時代の宮廷生活にちがいない。

なまめかしい王妃

宮廷における王妃のすがたはアジャンター第一七窟にえがかれている。王妃の頭上には侍女のもつ傘蓋がさしかけられ、他方の侍女は話しかけるかのように手を口にあてている。王妃は腰をよじって、優艶なポーズを示し、薄い羅状の衣服でつつんだその曲線が美しく透けて表現されている。そのまなざしもなまめかしい。髪飾り・耳飾り・首飾り・腕釧・腕環・腰帯にいたるまで、金銀細工と宝石真珠をつらねた繊細な工芸品である。綱のような豪華な腕釧を垂れかけているのは特異である。かさをさしかけている侍女は、ほとんど裸体かと思われるほど豊満な肉体をあらわしている。隠遁して心を澄ませていたはずの修行僧たちも、じつはこんなすがたに憧れていたのである。

　当時の宮廷貴族の装身具は、立体化されて、つまり実物そのままのような形で、ある菩薩像トルソーに示されている（五世紀、サーンチー出土、ヴィクトリア・アルバート博物館）。

チャンドラ王の鉄柱

四〜五世紀インドの諸技術はひじょうに進歩したものであった。グプタ王朝の巨大な集権国家の成立・発展には、そうした技術の裏づけがあったと考えられる。その一例として、チャンドラ王の有名な鉄柱がある。

　それは、インドに最初のマホメット教王国をたてたアイバク（?〜一二一〇）がほぼ一二〇〇年ごろデリー郊外のモスクに移して立てたもので、直径一六インチ（約四〇センチメートル）、高さは地上の部分が二三フィート八インチ（約七メートル）である。グプタ王朝時代（三二〇年以後）のもので、おそらく四〇〇年ごろと推定されているが、チャンドラ王の勝利をしるしたサンスクリットの銘文が六行に刻せられている。もとはその上に金翅鳥《こんじちょう》の像がおかれ、ヴィシヌ寺院の前に立っていたと推定されている。

その銘文によると、グプタ朝のものである。また、同じくその柱に刻せられている一〇五二年の銘文によると、アナング・パール王がそれを他の場所から移してきて彼の寺院のうちに立て、それがのちに、さらにここのモスクに移されたのである。

ところで、この鉄柱が有名なのは、鉄の純度が高くて九九・九七パーセントであるため、さびつくことがないからである。暑日や風雨に千五百年間さらされているが、なんらの損傷もない。古代にこのように純度の高いものをつくることのできたインド人の技術は、いまなお驚異とされているのである。

ブッダガヤーの大塔

ブッダガヤーの有名な大塔は、ゴータマ・ブッダがここでさとりをひらいた聖地であるということを記念して、グプタ王朝時代につくられた大寺院である。七世紀におとずれた玄奘

チャンドラ王の鉄柱
当時の高度な鉄工技術をしめしている（400年ごろ，デリー郊外）

三蔵は、これを「精舎」と呼んでいる。現形の高さは四八メートル余である。むかしからしばしば修築されたので、年代をはっきりと決定することは困難であるが、玄奘三蔵はその高さを「百六、七十尺」つまり約五〇メートルとしるしているから、当時すでに、ほぼ現形のものができ上がっていたと考えられる。したがって七世紀以前に建てられたものにちがいないが、しかし、五世紀前半にブッダガヤーをおとずれた法顕は、現形の大寺院に相当する建造物のことをしるしていない。つまり、この大寺院が建てられた時期は、七世紀以前ではあるが、五世紀前半よりもあとだ、ということになる。

この寺院は、高い塔のかたちの四角形の仏像安置聖域（ギリシアの cella に相当）であり、それが高い基壇の上に乗っている。一般の寺院は上方に向かって細くなる尖塔（sikhara）であるが、ここの塔状の大寺院は尖端を切り取ったような形で終わっていて、その上に尖端装飾（英語で finial, サンスクリットで kalasa）がのせられている。この塔の表面にはくぼみがあり、その中に種々の仏像をおさめてあったのだが、現在では上方のくぼみの中にあった仏像は欠落し、下層のくぼみにだけ一つ一つ仏像がおさめてある。下層は土砂により地中に埋没していたため破壊略奪されないで残ったのである。

基台は一面が二十歩以上ある。この建物は外面を青タイルで囲み、その上に石灰を塗ってつくっている。「異なった諸階層の龕《がん》には黄金の像をおさめている」と玄奘三蔵はしるしている。これだけ巨大なものをつくった技術水準の高さもまた、グプタ王朝の組織力と財力をよく証明している。

高度の技術をうらづける諸科学

技術の進歩が科学の進展にもとづいていたことはいうまでもない。この時代には数学が天文学との密接な関係のもとに発達した。算術と代数とは、アーリヤバタ、ブラフマ・グプタ、バースカラの天文学書の一部を形成している。

算術は、むかしから暗算と指算とが行なわれていたが、各種のシッダーンタ（体系的定説書）にいたってはじめて本格的となった。アーリヤバタは開平・開立・級数などの算術的問題を記述しているが（四四九年）、加減乗除の法をしるしていない。おそらく、わかりきったこととして、とくに記載しなかったのであろう。しかしブラフマ・グプタ（七世紀）やバースカラ（十二世紀）は八種の運算法や二十種の計算術などをあげている。

代数では、サンスクリット語の頭字からとった符号や正負などを使用して、二次方程式なども説き、バースカラは、遊星の運動に近代の微分に似た方法さえも用いている。

インドの三角法はギリシアから移入され、天文学的計算に利用されたが、正弦を使用した以外にはすこぶる幼稚であった。しかし算術と代数とに関しては、ある意味でギリシアのそれを凌駕《りようが》するものがあった。

天文学の方面ではヴァラーハミヒラが五〇五年に『パンチャシッダーンティカー』という書を著し、従前の天文学を集大成した。

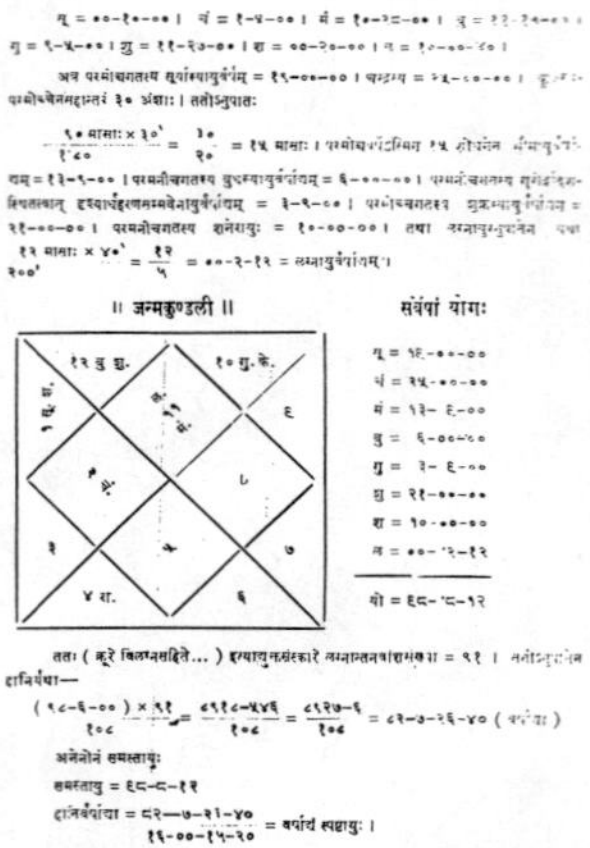

ヴァラーハミヒラにもとづく天文学の論文（サンスクリット語）

またマーダヴァ（Mādhava 七〇〇年ごろ）の著した『マーダヴァ病理学』には、熱病・下痢・出血・黄疸《おうだん》などについての治療方法が詳細に述べられている。

医師ヴァーグバタに帰せられる医学書が二冊あるが、一方は六世紀ごろ、他方は八世紀ごろにつくられた。病気の発見・治療・薬草に関する知識はひじょうに進歩し、六〜七世紀ごろから薬物に関する辞書も数種つくられた。解剖・手術や種痘なども行なわれていたという。しかし、全体として宗教的色彩がつよく、医書のなかに医者の教養として哲学・宗教・倫理の問題が論ぜられている。

医学の内容は、インドの古来の伝統を受けているものであって、ギリシアの影響がどれだけあったかは不明である。後世にイスラーム教とともにインドにはいってきた医学をヒンディー語でユーナーニー（yūnānī）というが、それはギリシアを意味するイオーニアがアラビア語をへて転訛したものである（ヒンディー語ではギリシアのことを Yūnāna という）。

退廃美の極致――女性たちの姿態

グプタ王朝の優美な舞踊のすがたは、アジャンター第一窟の「持蓮華菩薩」の壁画に認められる。弓形の流麗な眉と心の悩みをみとおすようなまなざしは人の心を魅惑し、頭を左にややかたむけ、腰をひねったような媚態を示している。豪華な珠玉珍宝をつらねた宝冠をかぶり、右手に蓮華の花を手にしている姿も耽美的で、爛熟の極に達した美がまさにくずれ落ちようとするかのごとくである（六～七世紀）。つまり、もしもこれが菩薩像であるというならば、菩薩というものはおそろしく世俗的なものと考えられていたわけである。

持蓮華菩薩　弓なりの眉に伏し眼の表情，持蓮華の指の動きなどにインド人の美意識が表現されている（6～7世紀，アジャンター第1窟内陣壁）

この「持蓮華菩薩」図は、法隆寺金堂の「阿弥陀浄土」図の脇侍、観音菩薩の像と類似していることがしばしば指摘されている。おそらくグプタ朝の絵画が中国の仏画に影響し、それが法隆寺壁画に影響を及ぼしたのであろう。しかし法隆寺のそれには、以上のような退廃的な美は感ぜられない。

女性の姿態について、ついでにいうならば、インドの婦人たちは、ものを考えるとき、片足をかける習慣があり、また、かゆいところをかくようなしぐさをするが、そのポーズをまざまざと示しているのが、第二窟の壁画（六世紀）の、ゴータマ・ブッダの義母マハープラジャーパティーである。このばあいはいくらか嫉妬を感じているのであろうか。

また、ある壁画では、婦人が身体の下部のみを布でおおっているが、これは南インドふうである。すでにこの時代において北インドと南インドとでは衣類のつけかたを異にしていたことがわかる。酒杯も用いられている。

貪欲なバラモンをえがいている壁画には、婦人の化粧の光景があり、鏡を見つめながら、眼薬を用いているのが見られる。衣装はごく薄く、ほとんど裸のようにすいて見えるが、インド婦人の衣装が薄いということはプリニウスも伝えているという。かたわらには侍女がハエや虫を追いはらうために、払子をもって立っている。

アジャンターの壁画はすべて、インド風俗史のうえで貴重な資料を提供している。財布をもった婦人だの、靴下をはいている婦人なども描かれ、人々がさいころ遊びを楽しんでいる図もあり、当時の風俗をしらせてくれる。また第一〇窟は西紀前二世紀のものであるが、壁画には菩提樹、踊り子たちがえがかれている。婦人たちは飾りとして、やはり真珠を用いている（この壁画はハイデラーバードのアジャンター館に別々の画家によってコピーがつくられている）。

都会の民衆

都会では民衆が雑踏し、飲食店では調理された食物を皿に受けて、屋外で食べた。困ったことが起こると、占い師にみてもらった（五世紀、アジャンター第一七窟）。それらのすがたは、現在のインドの民衆のすがたとさほど異なっていない。

民衆はなにかのおりには酒宴を催した。アジャンター窟院の壁画にはそうした酒宴の光景がみられる。インド人一般の通念として、少々酒を飲むのはさしつかえない。ただ、バラモンは飲んではならぬとされているだけである。

第一窟の「マハージャナカ本生譚」を主題とした壁画ではひげをのばしたイラン人が酒杯を手にして酒を飲んでいる。快楽主義はオマー・カーヤムの詩に詠われ、イラン人の生活信条としてよく知られているが、すでにこの時代にも信奉されていたのであろうか。また婦人が一種の鉛筆で眉を黒くそめている。口紅を塗ったり、爪を赤くする習俗もすでにこの時代からあったと考えられる。

民衆のすがた　雑踏する市街の飲食店や占い師の生活が描かれている（5世紀，アジャンター第17窟壁画）

第一窟の他の壁画では女が楽しそうに腰かけているが、これは今日なおインドで見られるところである。全体が歓喜にみたされ、男女一対の戯れも見られ、ギターを奏でている。また、第一七窟ヴェランダの壁画（六世紀）にはインドラ神がいて、音楽師が笛を吹いている。また、ある壁画は「スタソーマ本生譚」を主題としているが、料理場の光景が示されている。食物の貯蔵状況がうかがわれるが、食物を上方から吊るしているのは今日なおインドで認められるところである。

南方インドの先住民

南方インドの先住民も画面に登場する。第一窟の画面には、魔軍がえがかれているが、そのような顔貌は、今日若干の他部族の中に見られる。「チャーンペーヤ本生譚」を主題とする壁画には、バナナを盗む光景もあり、ユーモアに富んでいる。当時、刀に美しい柄がつくられていたことも知られる。そこに現れる婦人は四肢が黒く、腰が細いが、こういう婦人もまた、南方インドにはいまなお見られるのである。

わたくしが先年会ったハイデラーバード博物館長シュリー・ニヴァーサン博士のいわれたところによると、現に、博士の夫人もこの類型に属するとのことであった。ギターかシンバルのような楽器を奏でている光景もえがかれている。

総じてアジャンター壁画の人物の顔にはギリシアの影響が認められない。それは、本来のインド人の顔である。なおシュリー・ニヴァーサン博士の説明を聞くと、アンドラ・プラデーシュ州以南の人種的風俗的特徴が相当に認められる。当時、アジャンターのあたりにもドラヴィダ人あるいは他の先住民が相当に住んでいたが、それらはのちに混血同化したか、あるいは南方に駆逐されたのだと考えられるであろう。

外国との交流

グプタ王朝時代のインドは、外国との交流も活発であったらしい。アジャンターの第一七窟（五世紀）の壁画には、イラン人・蒙古人たちも登場している。人物の眼には中国ふうの影響が認められる。インド神話の中の半神半獣ガンダルヴァが、また、パネルにはいろいろの動物が見られる。

海外貿易は、中央アジア・中国・インドネシア・西アジアなどと盛んに行なわれ、生産も増加した。コショウと手芸品（真珠・象牙・織物など）が大量に輸出され、外国の奢侈品と金をもたらした。関税と売上税は王室の経済を豊かにした。しかしグプタ王朝は強大な集権的国家であったから、商人に対するその支配はつよかったと考えられる。

2　仏　教

仏像に表れた信仰の状況

グプタ朝時代は、伝統的保守的仏教が社会的には優勢であったと考えられるが、大乗仏教も行なわれていた。両方の修行僧が同一寺院にともに生活しているばあいもあった。

当時の典麗な宗教美の表現は、サールナート派美術のうちにみいだされる。サールナート派は、端麗温和な顔容を示し、瞑想に没入した幾多の仏像をつくり出した。とくに、サールナート博物館にある「初転法輪」の仏坐像（五世紀後期）は、その傑作である。

きれながの、物思いにふける伏し目は神秘的なものを感じさせ、説法印の複雑な印相は、

仏頭　瞑想思索に耽る表情を高度な技術と造形感覚で表している（5〜6世紀, サールナート博物館）

なにかしら動いているという印象を与える。それはインドの踊りのときの指のかたちと関係があるのかもしれない。説法がはじまったということを感じさせる。

サールナート出土のある仏像（五〜六世紀、サールナート博物館）は、みひらいた目に理知的なひらめきを感じさせるが、ほおばりの面は卵形で、柔軟な、弾力あるわかやいだ皮膚感を表出している。他方、マトゥラー派の仏像（五世紀、マトゥラー博物館）は、眼鼻だちの造作がやや大きく、明快な表情であり、全体として力づよさを感じさせる点では、前の時代のマトゥラー仏像と同じであるが、顔容が温和・優雅となっている。まなざしは深く瞑想的である。

青銅で造立されたある仏像（五世紀、スルタンガンジュ出土、バーミンガム博物館）は、右手は施無畏印をむすんでいるが、全体として柔軟な、のびのびとした姿態であり、八頭身を思わせる均斉美を示していて、なだらかな肩から胸腹部にかけて、ゆるやかな起伏がつづく。顔容は優雅で聡明さを示しているが、また肉感美をも感じさせる。

ゴータマ・ブッダの臨終のすがた（涅槃像）も顔容がまことに安らかで、瞑目した静かな表情は慈悲円満の相を表現している。そのからだもまた、右脇を下に、右手で頭を支えて横たわり、静かで安らかである。これもグプタ朝サールナート派の美的感覚を受けついでいるのであろう（七世紀前半、アジャンター第二六窟）。

しかし、グプタ朝も末期（七世紀ごろ）になると、仏像は、解脱した平安な心境の表現よりも、むしろ人間くさい豊艶な美の表現へと変化する。たとえば宝冠仏立像（七世紀ごろ、サールナート出土、カルカッタ博物館）がそれを示し、現世の帝王の象徴であるごてごてし

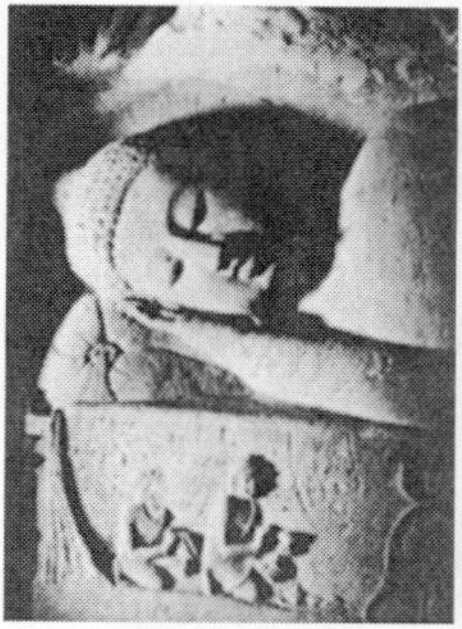

仏涅槃像（7世紀前半，アジャンター第26窟）

仏立像（5世紀，マトゥラー博物館）

宝冠仏立像　宝冠や表情に艶麗美を表現する傾向が現れている（7世紀ごろ，サールナート出土，カルカッタ博物館）

仏立像　青銅で造立したグプタ朝仏像の傑作（5世紀，スルタンガンジュ出土，バーミンガム博物館）

ブッダの説法に聞きいる民衆（5世紀，アジャンター第17窟壁画）

た宝冠をかぶり、美麗な首飾りをつけている。これは大乗仏典において、カースト制度に対する妥協が現れ、仏は尊貴な家にのみ出生すると説くようになったのに、ちょうど対応している。

神話的観念と聴聞の群衆

当時の仏教の神話的観念は、美術作品のうちにも認められる。民衆は、宗教的には五趣（五つの住所――天上・人間・畜生・餓鬼・地獄界）にわたる輪廻を信じていたことが、アジャンターの壁画にあらわされている。また人間世界は四洲《ししゅう》に分かれていると考えていた（五世紀、アジャンター第一七窟壁画）。

仏教史上における従前からの諸シンボルは、この時代にもそのまま継承されている。たとえばアジャンターの第二窟（六世紀はじめ）は、建築としては第一窟よりも劣るが、美麗なフレスコ壁画をもっている。その天井の傘蓋の画はサールナート発見の菩薩像の傘蓋を連想させる。また、その外周には多数の蓮華がえがかれている。仏像の両側に鹿がいて、法輪がしるされていることも、万事サールナートの「初転法輪」を想い起こさせる。

人々は群れをなして説法の聴聞に集まった。アジャンターには、ゴータマ・ブッダの説法を聞いて歓喜している民衆のありさまがえがかれている。すなわち、地面にあぐらをかいて、ブッダの説法に聞き入る修行僧らの群れがえがかれているが、偏袒右肩している者もいるし、そうでない者もいる。しばしば剃髪しなかったのであろう、髪がすこしのびている。袈裟《けさ》の色も、ほぼ現在の南方アジア諸国の僧侶たちのそれに似ており、こういう点でも南方アジアの僧侶たちが古風を伝えていることがわかる。

群衆は、おもてを輝かせて聞きほれているので、その眼は大きくひらいている。ある者は手をあげて歓呼し、ある者は微笑をたたえ、ある者は合掌礼拝する。そのあいだにはさまれて、宝冠・瓔珞をつけ、金色の姿をした上品な貴人が静かに合掌している。いずれも頭をのぞかせ、上半身がようやく見える程度の混雑雑踏ぶりであり、群衆の熱気が感ぜられる（五世紀、第一七窟壁画）。

この図はブッダの説法に聞きいっているものとされているが、けっきょく、グプタ時代の聴衆を示しているものであろう。それにしても貴人も庶民も同座しているところをみるとカーストによって座席を異にするということは説法の座においては行なわれていなかったのであろうか。

礼拝のすがたをみると、信徒は右肩を脱ぎ、ひざまずいて、左手に蓮華をもっている（アジャンター第二六窟、仏涅槃像）。

このように仏教は生きていたけれども、時代の主流とはならなかった。主流となったのはヒンドゥー教である（この事情については、のちにややくわしく述べる）。

インド独特の施設——窟院

当時の仏教徒が実際にどのような生活をしていたか、よくはわからないが、当時の窟院についで追ってみよう。

人間が洞窟に住んでいたなどと聞くと、ひとは極度に原始的な生活を連想することであろう。しかし窟院はおそろしく巨大な、また精緻をきわめたものであり、まったくインド独特の宗教上の施設である。それは岩質の山の崖の斜面を開鑿《かいさく》して洞窟を人工的にうがってつくられている。その内部のつくりは平地にある寺院とたいして異ならない。インドにはこのような性質の窟院が約千二百あり、そのうちの七五パーセントまでは仏教のものであるという。

仏教窟院の分布状態を見ると、西インド、とくにボンベイ付近にもっとも密である。それは、西ガーツ山系を構成する堅緻にして、しかも水平に重なる杏仁状安山岩層の懸崖状態が窟院開鑿に好適の条件をそなえていたからであろう。

なぜ窟院をつくったか。インドは暑熱の国であるから、日中には屋外にとどまることができない。ところが洞窟の中にはいると、ひやりと涼しく感じる。暑熱を防ぐにはもっとも良い方法であった。また、西部インドには開鑿に適した岩層が多かったこと、平地の建築にくらべて永続的であるということも、おそらくその理由にあげられよう。しかし、古代の文献にその理由に言及した文章があるかどうか不明である。僧侶たちは、夜は近くの村に住んで、昼間はここに通ってきたという想定もなされている。

アウランガーバードの北郊にも三群の窟院（七世紀末期）があり、豊富な彫刻がほどこされている。第七窟には、観音の八難救済の図があり、また、ここの仏殿には転法輪仏倚像が安置され、その入口にはターラー菩薩像が立ち、第三窟には「スタソーマ本生」の図がある（高田修『印度南海の仏教美術』一二二ページ）。また、雲の中を飛行する半神半獣のガンダルヴァが天井にえがかれているのも有名である。

観音八難救済（7世紀末, アウランガーバード第7窟壁画）

アジャンター窟院群

インドの中部、デカン高原の平坦な地形の一角が急に落ちこみ、渓谷が馬蹄形に湾曲している崖壁に多数の窟院が開鑿された。これが壁画で有名なアジャンター窟院である。

そこは、ボンベイの東北にあたるジャルガオン駅から六〇キロメートルのところにある。ボンベイから自動車でいけば四二〇キロメートルある。鉄道でいけば、パフル駅から二〇キロメートルの距離にあるが、この道順は不便であるという。

わたくしは一九六〇年一月十三日にオーランガーバードから、自動車で窟院へ向かい、およ

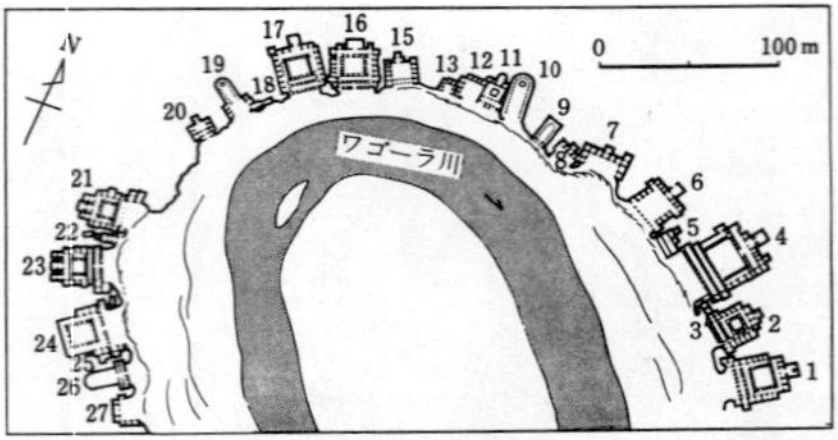

アジャンター窟院平面図　数字は窟番号。ただし廃窟は除いてある

そ一〇〇キロメートルを二時間で走った。それはおそろしく不便なところで、最後の村をすぎてから、なお八キロメートル、無人の丘陵地帯を越えていくと、やがてくだり道になる。流木がところどころにのっかっている岩のあいだをとおって、タプティー川に達すると、急に、めざすアジャンター窟院の群れが見えてきた。

窟院の群れはタプティー川が馬蹄形に屈曲するところに沿って、インディヤードリという丘陵の懸崖の中腹に開鑿され、東西およそ〇・五キロメートルのあいだに大小合わせて二十九の窟院がある。それらは、あるいは塔院であったり僧院であったり、壁画のあるものとないものとがあり、新古の層もいろいろで、前二世紀から後八世紀にまで及んでいる（かつては二十八の窟院として知られていたが、一九五八年に小乗仏教の小室が見つかった）。

窟院は便宜上、東から西へ順次に番号がつけられているが、その番号は開鑿年時とは関係がなく、中央部のものが古く、両翼にいくにしたがって、年代が下がっている。第九窟がもっとも古く、西紀前一〇〇年ごろのものと考えられている。さらに第八、第一〇、第一一、第一二、第一三の諸窟が紀元前にさかのぼる（以上第一期）。他の説によると、第八～一三窟は紀元前後につくられた。

つづいて第六、第七、第一四〜第二〇の諸窟が五世紀のグプタ王朝時代の開鑿である（以上第二期）。さらにその両翼は六〜七世紀にさがっている（以上第三期）。すなわち、第一〜五窟、第二一〜二九窟が六〜七世紀につくられたのである。これらのうち、第九、第一〇、第一九、第二六の四窟が塔院（caitya-gṛha）であって、その他が僧院（vihāra）である。

この窟院群は永いあいだまったく忘れられていた。一八一九年にイギリス人たちが虎狩りにやってきて、たまたま道に迷ってこの地へまぎれこんだときに発見したのだという。その後、アンドラ・プラデーシュ州政府が管理してきたが、この州がインド連邦に合併されてからは、国家的文化財としてインド政府の直接管理下にある。

窟院の生活環境

窟院の中はあかりがないと暗くてよくは見えない。そこで考古学局では、自動発電機をもちこんで照明し、観光客が中を見られるようにはからっている。中へはいると、思わずはっとするほど涼しい。

渓谷の下を流れているワゴーラ川は、渇水期にはほとんど川床が岩はだを露出し、雨期には水かさが増す。そこで雨期でも水につかることのない、しかも、おりれば水をくむことのできる程度のところに、古代人は岩壁に沿って道をつくったのである。それは商業路としての意味ももっていた。

こういう事情を考えるならば、ここに石窟寺院がつくられた理由も、容易に理解することができる。この窟院に住んでおれば、水に不自由しないし、道がついているから近くの里へ托鉢にいって食物を入手するにも好都合である。自炊した修行僧らもいたであろう。窟院の中は涼しいから、暑熱の直射を避けることができる。また夏安居《げあんご》（夏の一定期間の隠遁修行生活）にも、小さな庵に住んでいたら雨漏りや水流に悩まされることもあったろうが、この大窟院に住んでいたら、その悩みもなくてすむ。ひっそりとしたところであるから、修行には最適である。

とくに第一二窟では、僧侶の個室や寝台までも見られる。岩を切りほって部屋をつくったのであるが、残したところが寝台となっている。それは寝台にするために特別に刻み残したのである。

しかし、ここに住むのもけっして楽ではなかったであろう。高さ七六メートルに達する懸崖の中ほどに開鑿されたものであるから、洗濯や水汲みに水流のところまでくだっていくのも容易ではなかったにちがいない。「渓流の水を汲む」といった風流とは、ほど遠い日々であったと思われる。このような奥地に、たいへんな不便をしのんで、しかもなおこのような大規模な窟院が開鑿されたという事実は、いろいろのことを考えさせる。

まず第一に、当時の僧侶は都市の喧噪《けんそう》をきらって、奥地に住んでいたことがわかる。古代においては、あるいはこの場所が通商路の近くに位置していたのかもしれないが、奥地であることには変わりがない。少なくともこの一群の窟院の前の小路は、とうてい隊商の車の進行を許さない狭いものである。まったく辺鄙《へんぴ》なところで、玄奘三蔵も、マハーラーシュトラ州およびアンドラ・プラデーシュ州の窟院には言及しているが、アジャンターをおとずれたことがなかったらしい（松本文三郎『印度の仏教美術』三九〇〜三九七ページ）。

第二にこの窟院は、強力な王権に支持されて荘園をもっていたか、あるいは大規模な商人の団体に経済的に支持されていたにちがいない。そうでなければ、このような僻遠の地に、こんなにも壮麗な窟院を開鑿することは不可能であったと考えられる。若干の学者は、これらはおもに三世紀後半から六世紀中ごろまでデカン地域を支配したヴァーカータカ王朝の保護のもとにつくられたのであろうと推定している。また壁画の一つ一つの図の下に、「仏教僧または在俗信徒だれそれの寄進」とあって、寄進者の名がしるされているから、これらの窟院の建造ないし彫刻絵画による装飾は、僧団の人々の勧進と、有力な在俗信者たちの寄進との合力結集によったものであろう。

今日、扇風機やクーラーになれている現代人は、こんなところへ住みたいとも思わないであろう。しかしここに住んでいた僧徒はそれなりに幸福であった。このアジャンターは、建築、絵画、彫刻の総合的に組み合わされたものとしてはインドにほとんど類例なく、しかも窟院であるという点では世界にも例がない。彼ら僧徒は、仏の国にあり、仏とともに生きる感激にひたっていたのだと思われる。

男女のたわむれに念仏する僧たち

これらの窟院の塔院や壁面、柱には厚肉彫りの浮彫り彫像が無数に刻まれている。おそらく当時の僧侶たちはここにこもって、これらの彫像の一つ一つにじっと見入って、仏の徳を念じていたのであろう。そうして仏典に説かれているような「観念の念仏」を実際に修していたのであろう。当時は「念仏」といえば、日本のように口に出して「南無阿弥陀仏」をとなえることではなくて、「仏のすがたを心のうちに念じ思うこと」であった。念仏の教えはこういう環境と結びつけて理解すべきである。

しかし、出家していたとはいえ、もともと生身の人間であった僧侶たちの現実の関心は、経典の規定するところとは、以下に述べるように、おおいに異なっていた。

第一窟の入口には左右に門衛神や男女一対の図を数段、たてに並べた意匠をほどこしている。第二窟の天井の傘蓋の四隅に男女が一対ずつ戯れている図がある。半裸の女神像をえがいているのもある。また、第一窟の壁画には若い男女が戯れている図があるが、ほとんど全裸体であり、おそろしく官能的である。さらにまた、ある壁画では、七仏が並んで描かれている場面もあるが、その下には男女が一対ずつ戯れている場面がいくつも並んでいる。なお、グプタ王朝時代に描かれた仏伝図は色彩が鮮やかで、官能美を示している。

ここだけにとどまらない。総じてグプタ王朝以後の壁画や彫刻には、男女一対のすがたが好んで表現されている。独身で煩悩を去り、修行に専念していたはずの仏教僧侶たちが、なぜこのような、ことさらに挑発的な絵や彫刻を寺院に刻したのであろうか。アジャンターを管理している考古学局管理官がわたくしに「どう思うか、彼らはなぜこういうことをしたのだろうか」とたずねたが、わたくしは答えることができなかった。

もともと原始仏教では挑発的・官能的な絵画を禁じていた。伝説によると、ブッダの在世当時、六群ビクが精舎のなかに女相と男相の戯画を描かしめたため、ブッダはこれを禁じたが、花鬘《はなかずら》や蔓草《つるくさ》を描き、マカラ魚の歯などを描くことは許された。ところが現実ここには、このようななまめかしい絵がたくさん並んでいるのである。これは独身僧侶たちの抑圧された本能の反発なのであろうか。

わたくしは、その後いろいろ考えてみた。男女の性的関係になぞらえて宗教を説明するということは、インドの密教では明らかに行なっていた。これは、その先駆思想ないし慣習と考えられないだろうか（そうしてこれはかならずしもインドだけに限ったことではない。西洋でも修道院にはいることは、キリストとの結婚の擬制のもとに儀式化されていた）。

右の仏伝図のような美麗な壁画をえがくには、鉄分を含んだ岩石の上に牛糞と土に稲のもみがらをまぜたものを塗って固着させ、その上に薄く石灰を塗って下地とした。六つの色を用いてあるという。

窟院内のストゥーパと仏像

この時代になるとストゥーパも窟院の中につくられることがあった。アジャンター第一九窟（五世紀）がそれで、豪華な建造として知られている。内部には十七本の円柱があり、壁

アジャンター第19窟ストゥーパ（5世紀）

画・天井画・柱画が描かれ、欄間《らんま》には仏の坐像が一斉に多数並んでいるが、それらは細緻をきわめたものである。

修行僧たちはここでこのストゥーパを拝んだが、こういう場所をも祀堂（チャイティヤ caitya）と呼んだらしい。内奥部に天井から彫り抜いたストゥーパが位置し、周囲を太い円形の列柱がとりまいている。この列柱は内陣と外陣とを分けたものであろう。

中央の塔院は、サーンチーなどに見られるようなストゥーパの形はほとんど失われ、他方、正面に仏の立像が大きく立ちはだかっている。すなわち、基壇には仏立像が大きく彫り出されている。框《かまち》状の基壇の上に、四面にわたって破風屋根装飾の龕《がん》をつくり、柱を置いて仏の立像を示している。その上に球状の覆鉢をのせて、平頭部に框状の平頭と半球状の傘蓋がのっている。

第二六窟の内部の塔院にも同様の特徴がいっそうはっきりと見られ、基壇周囲表面の装飾的浮彫りはいよいよ手のこんだものとなっている。第二六窟の正面はまことに豪華なもので、細緻な彫刻で一面おおわれている。このつくりは、むかしのストゥーパ崇拝と、のちに現れた仏像崇拝との両者を具現している。サーンチーに見られるような墳墓の意識から離れて、廟殿の意識へとむかっているのである。第一〇窟院内の小塔は、古いストゥーパの原形を比較的によく伝えているといわれる。

おそらく修行僧たちは、このストゥーパに右肩を向けながらねり歩いて礼拝供養したのであろうし、在俗信者たちは太い列柱の外側の外陣から礼拝したものと考えられる。

仏像崇拝

このように、アジャンター後期の第一九窟や第二六窟では、中に安置されている塔院の前面に仏像があらわされはじめてきた。これはアジャンター後期における仏教の発展を示すものである。そうしてこれは、エローラのヴィシヴァカルマン窟とともに、仏教徒の礼拝の対象がようやくストゥーパ（仏塔）から仏像へと移っていく過程を、はなはだ端的にまた具体的に示している。ガンダーラでつくられた仏像が人間に近い印象を与えるのに、ここの仏像は死の象徴であるストゥーパを背負っていて、無限の深みから呼びかけているような印象を与えた。

大乗経典の中には、ストゥーパ崇拝と仏像崇拝とのいずれか、あるいはその両者に言及しているものがある。その言及のしかたをこういう美術史的な証拠と照合するならば、大乗経典の年代決定、あるいは、少なくとも相対的な年代を決定する手がかりが得られはしないかというようなことをわたくしは考えた。

ここのストゥーパは、教団成立史的にも重要な事実をものがたっている。

第九窟および第一〇窟には、はじめ簡単な塔院（チャイティヤ）がつくられたが、のちにその上方に大乗仏教徒が別の塔院をつくった。そのほか、アジャンター窟院全体を通じていえることであるが、旧来の仏教徒と大乗仏教徒の協力になるものが多い。すなわち、〈宗派が異なる〉ということを理解するにあたって、西洋人の常識をもちこんではならない。〈宗派意識〉なるものは、西洋のそれとはまったく異なっているのである。

カネーリ窟院

ボンベイの北郊およそ二五キロメートルの、カネーリにあるおびただしい窟院も、やはり大乗への推移を示すものと解することができるであろう。

ここは公園になっていて、親につれられて遊びにくる大勢のこどもたちで、まるでお祭りのようである。その入口に円形ドームの建物があるが、それはガンジー記念堂である。

窟院は丘陵に沿ってあるのであるが、それは西紀前一世紀から後九世紀（一説によると、二〜十世紀）にわたって、沿岸の商人が寄進してつくったものである。かなり破壊されているが、それはポルトガル人たちが銃砲射撃の標的にしたためだという。仏像や金の細工物などもあったが、取り去られた。上に祀堂があったがそれも取り去られたという。壁画もあったが、それもポルトガル人が取り去った。

むかしはここに僧侶が住み、水は上方の水道からとっていた。また貯水槽もあり、人々に水を供した。窟院の数は、新古大小すべてで百九に達するというが、全部仏教のものである。もろもろの窟院のうちでももっとも主要なものとして注目されるのは、巨大な第三窟である。数段の階段をのぼってはいっていくが、両側に欄楯の形を浮彫りにした石塀がある。これは明らかに、サーンチーなどに見られる欄楯を範型としてつくったものであることが知られる。

中にはいると、ヴェランダの両側に二三フィート（約七メートル）もある仏の立像がある。薄く衣をまとっていて、ほとんど裸体のように見える。やや粗雑で未完成であったらしい柱のあいだをくぐると広間があって、たて八〇フィート（二四・四メートル）、よこ三九フィート一〇インチ（約一二メートル）ある。奥に塔院があり、周囲にはいろいろの彫刻がほどこされているのだが、わたくしがいったときは、よく見えなかった。

塔院には、シュリー・ヤジニャ・シャータカルニ王（一七〇～二二六ごろ）の治世に、二人の商人の寄進によって開鑿がはじめられた旨をしるす銘文があり、この塔院はすこぶる大型であるが、カールレー塔院（ボンベイの東南にある）の拙劣な模作にすぎない。僧院はこれと同時代から、九世紀にわたって開鑿され、中には重層のものもあるが、建築的にはあまり重要なものは見当たらないという。

第一〇窟院も内部が広い。宗教的な集会に使われたのであろうと推定されている。

これらの窟院の彫刻はだいたい伝統的保守的仏教に属するものであるが、なかには、大乗仏教に属する種々の浮彫りがあり、ことに第六六窟にある観音の「十難救済」や、第二一窟向拝《ごはい》の壁に見る仏三尊像の脇侍としての十一面観音像などは注目すべきであり、第二五窟には「燃灯仏本生図」もあることが、学者に指摘されている（高田修『印度美術史』一二一ペ

観音十難救済（カネーリ第66窟）

ージ）。ただ、それらをそれと比定するには、相当の研究を必要とするので、一見してなんらかの判断をくだすのは困難である。

菩薩崇拝の世俗化

仏教における神的霊的存在は、この時代にもやはり崇拝されている。たとえば、アジャンターの壁画のうちには、左にハーリーティー（鬼子母神《きしもじん》）が子をつれていて、右にクベーラ（毘沙門天《びしゃもんてん》）の描かれているものもある。また、二人のヤクシャ（夜叉）が描かれているが、繊細でやさしく、けっして恐ろしいすがたを示していない。

宗教上の伝説もまた、そのまま継承されている。なお、第一窟にある仏伝壁画のうちで「降魔成道《ごうまじょうどう》」の図はとくに有名である。また、第一窟のジャータカの壁画のうちには、蛇使いが国王に懇願している図だの、ベナレス（カーシー）のバラモンが子を犠牲にする図だの、竜王の説法する図だのが表現されている。

第一〇窟内の上方には、西紀前二世紀の刻文があるが、それはここではもっとも古いものである。ここにもむかしは壁画があったが、洗い落とされて、いまは壁面が白くなっている。柱の表面には多数の仏の色彩画が描かれている（六世紀）。

この窟院には有名な「六牙白象本生図」がある。「六牙の白象」を主題としているジャータカを表している壁画では、物語にあるとおりに猟師が跪礼《きれい》し、象が歯を抜こうとしている。また「鹿本生譚」を主題としている壁画では、両親をかついでいる光景がある。

しかし他方では大きな変化も認められる。

第一窟の有名な菩薩像（六〇〇年ごろの作）は、ふつう蓮華手（蓮華を手にもつ）と解されているが、まだ確定してはいない。学者のうちにはこれを観音像と解する人もある。これは、先年焼失した法隆寺金堂の壁画とよく似ているので、その親近性が論議されている。かなり異なっている点もあり、異質的なものも感ぜられるが、しかしほぼ同じ時期に西インドと極東の孤島で同じような型式の壁画が描かれたことを思うと、人類の精神の動きにただ驚嘆するのみである。

ここに表現されている菩薩が観世音であろうとも、金剛手（金剛杵を手にもつ）であろうとも、われわれはこの図に重要な宗教社会史的意義を読みとることができる。それは、この菩薩が身につけている瓔珞などが、すばらしく豪華で細緻で贅沢なことである。原始仏教からはじまって現在の南方アジアの保守的な仏教にいたるまで、出家修行者が身に飾りをつけることは禁ぜられていたにもかかわらず、このアジャンターの壁画ではその戒律を破っているのである。それは大乗仏教における菩薩崇拝が世俗生活の肯定にもとづいているということである。

この金剛手菩薩の冠は精緻・華麗をきわめたものである。これはこの当時すぐれた技術をもった金工の存在していたことを示す。その容貌は美しいが、人間的というよりは、むしろ超越的であるといってよいであろう。肉感的ではない。ギリシア芸術が肉体的なものを強調したのに対して、インドでは、むしろ精神的な落ちつきを示している。切れ目の細い長い眼をもっているが、インドでは、一般に「耳に達するほどの長い眼」が賞讃されていた（インド芸術院の複写によってみると、アジャンター壁画のこの場面に出てくる人物の眼は切れ目が細くて長い）。

3　階位的秩序とヒンドゥー教

カースト制の強化とヒンドゥー教の国教化

グプタ朝時代の顕著な特徴は、社会全体として、階位的秩序を重んじ、系譜を重視したことである。ヨーロッパや日本の封建制にやや近い体制が、インドではグプタ王朝およびそれ以後に顕著になったように思われる。

この社会的変化の発端を指摘することはひじょうに困難であるが、ともかく、カースト社会の階位的秩序はグプタ王朝時代およびそれ以後に強化されるにいたった。諸カーストは、幾多の低位カースト（sub-caste）にわけられるようになり、それらのあいだの差別は厳守された。宗教としては、カースト制度を唱導した宗教、すなわちヒンドゥー教がますます優勢となった。

ヒンドゥー教は多くの国王によって国教として採用された。他方、カースト制度に反対した仏教とジャイナ教とはしだいに衰微した。また唯物論・懐疑論などのような多くの異端説はほとんど絶滅してしまった。異端説がほとんど絶えてしまったことは、西洋中世においてと同様であった。かつて初期の仏教徒によって強調された〈平等〉の理想はいつしか消滅してしまったのである。

こういう社会体制において、ヒンドゥー教が圧倒的に優勢となり、仏教やジャイナ教を制圧するにいたったのである。

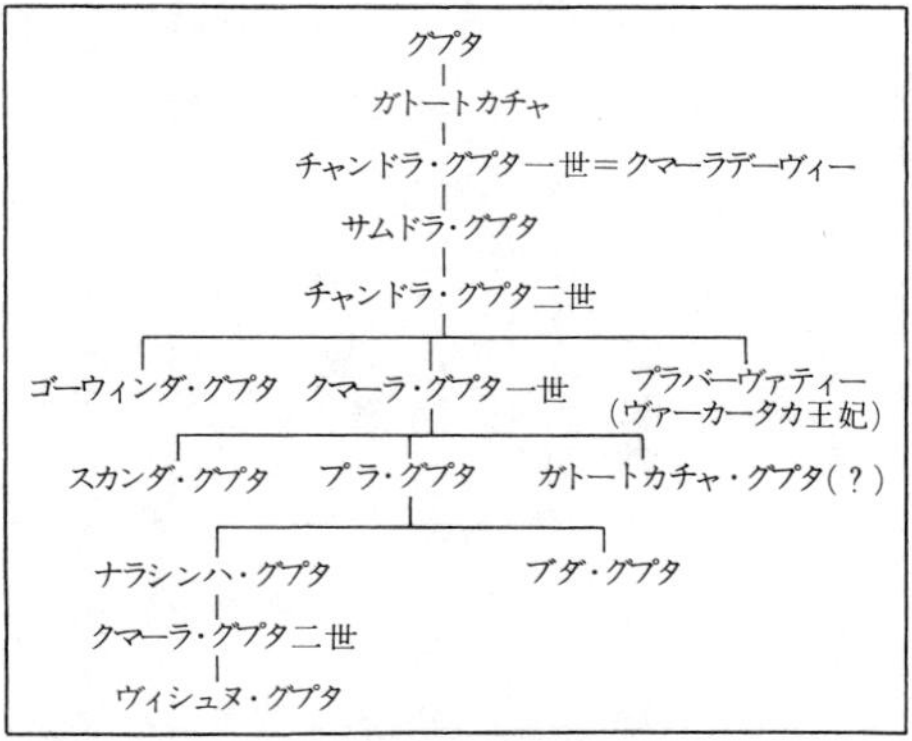

グプタ王朝系図

「三従」のいましめと祖先崇拝の重視

ヒンドゥー教の法典に述べられている社会的・政治的理想は、同じ時代の中国の儒学者や日本の封建時代の指導者たちのとなえたこととひじょうによく似ている。国王と臣下との関係、家長と家族成員ならびに隣人との関係、父と子との関係などはいずれも同様の規定でのべられている。

たとえば、「三従《さんしょう》」——女子の従うべき三つの道として、家にあっては父に従い、嫁いでは夫に従い、夫が死んだならば子に従うべきである、とする儒教の典型的な教えが、『マヌ法典』でもほとんど同じことばでつぎのように説かれている。

幼いときでも、若いときでも、老いても、女子はなにごとも独立になしてはならない。自分の家のことに関してさえも、幼年時には父に従属すべきである。若いときには、その手をとった（夫）に、夫の死後は子らに従属すべきである。婦女はけっして独立してはならない。婦女はみずから、その父・夫・子から別離することを欲してはならない。なんとなれば、彼らとの別離によって、婦女は（自族と夫との）両家をひとから非難されるものとするであろうから。

そして、このような思想はすでに、前四世紀ごろから集録された叙事詩『マハーバーラタ』の中にも現れている。

寡婦《かふ》の問題もまた共通であった。インドでは寡婦焚死《ふんし》の習俗はグプタ王朝以後に盛んに行なわれるようになり、薪の上でみずから死んだ寡婦は賞讃された。彼らの姿を刻してたたえた頌徳碑が、今日なお多数残っている。

ヒンドゥー教徒の宗教的社会生活においては、祖霊に対する祭祀がしだいに複雑化し、ますます重要な意義をもつようになった。一年のきまった時節に規則的に実行されねばならなかったのみならず、聖紐《せいじゅう》の授与、結婚など重要な儀式のばあいには、かならず行なわれた。祖霊の恵みを懇願することなしには、このような家族の務めを適切に実行することはできなかった。

宗教的諸観念はかなり大きく変化したにもかかわらず、古代において祖先崇拝に対して付せられた重要性は、今日でもなおヒンドゥーの生活のうちにたもたれている。

銅版銘文（4世紀, アンダヴァーラム出土）

帝王の系譜誇示

グプタ王朝の帝王が系譜をいかに重んじたかということは、この王朝の詔勅の銘文からも明瞭である。たとえば、サムドラ・グプタ王が、ビハール州のガヤー県のレーヴァティカー村を、あるバラモンに荘園として下付することを告げた銅版銘文がある。その冒頭にはつぎのような文章がつづられている。

幸あれかし！　アヨーディヤー市にある大船団と象軍と騎馬軍とにみちた勝利の陣営から、いっさいの国王を絶滅させる人、地上において無敵であり、その名誉は四大海の水の味わうところであり、（その勢威は）ダナダ（Dhanada）・ヴァルナ神・インドラ神・死神（Antaka）にもひとしく、クリターンタ（Kṛtānta）神の斧であり、正しい方法で獲得した幾千億の牛と黄金を授与する人であり、永いあいだ行なわれなかった馬祀りを復興した人であり、グプタ大王の曾孫であり、ガトートカチャ大王の孫であり、リッチャヴィの娘の子であり、クマーラデーヴィー妃から生まれた、敬虔なるバーガヴァタ信徒である諸大王の統王サムドラ・グプタは、ガヤー県のレーヴァティカー村における、バラモンを指導者とする村役人両人に告げていう。

要するに「サムドラ・グプタ王から村役人両人に告げる」というだけのことである。それを、自分の直系の祖先のことのみならず、自分の母が、商業都市ヴァイシャーリーの貴族、リッチャヴィ族の者であることまで誇って長々と述べているのである。

この傾向はグプタ王朝の諸帝王の発したもろもろの詔勅文にひろく見られるが、これは三世紀以前の他の諸王朝の帝王の詔勅文には見られないところである。

バラモンの生活

階位的秩序を基礎づけるものは、ヒンドゥー教であり、バラモンたちを指導者とする。

当時バラモンたちは、むかしながらの姿で存在していたらしい。アジャンターのある画面では、色の黒い二人の婦人のうしろに男の顔が見えるが、その人は頭を剃って、髻髪《けいはつ》だけを残している。これは今日でも敬虔で保守的なヒンドゥー教の男性について見られるものである。

　金剛手菩薩の壁画では、この菩薩が聖紐をかけて垂らしているが、これは神々に対し、前にかけておくのである（祖先祭 śrāddha のときにはプラーチーナヴィータ prācīnavīta 紐をかけ、結婚式のときにはウパヴィータ upavīta 紐をかける）。つまり仏教の菩薩といえども、世俗の人としてバラモン教の習俗にしたがっているのである（ようやく二十世紀になって、南インドの聖者ラマナ師はおおやけに聖紐を捨て去った。われわれ日本人から見ると、どうでもよいことのように思われるが、インド人にとっては大変なことなのである）。この点から見ても、仏教はヒンドゥー教を除外していたのではなかったことがわかる。

　ヒンドゥーの聖者たちに家庭婦人が施物を供している画面もある（アジャンター第一窟）。食物を調理して施物とするのは、婦人の特権であった。行者が乞食にきたときに、施しをするには、婦人は跪礼しない。第一窟のあるジャータカを主題とする壁画では、女が跪礼しているが、地面にほぼ指を触れる程度に行なっている。

　アジャンターのある壁画には、孔雀《くじゃく》が描かれ、また数珠を手首にかけている図は当時実際に用いられていたことを示す。さらに宗教史的に興味ある場面としては、ある画面に、髪をのばした聖者がいすに腰をかけ、偏袒右肩して、はだしで、左手に数珠をもって教えを説いている。まわりには、信徒たち――とくに婦人が多いように見かける――が坐って合掌して聞いている。

これはまさに現代のインドでも見かける光景である。まったくの新開地であるニュー・デリーにおいてさえ、あのヒンドゥー寺院で、こういう光景をわたくしはまのあたり見た。つまり、インドの宗教のありかたは、二千年を通じてたいして変わっていないのだ。

ヒンドゥー教の諸神像の出現

ヒンドゥー教のいちじるしい復興にともない、それまでの仏像に刺激されて、ヒンドゥー教の最高神たちの、豪華壮麗な彫像がつくられるようになった。

ヴィシヌ神像（五世紀、マトゥラー出土、ニュー・デリー美術館）は、豪華な宝冠をかぶり、黄金製の瓔珞を思わせる首飾りをかけ、その腕釧や金鎖の腰帯も丹念豪華につくられている。ここには、神像を通じて現世の王者の理想美が表現されているのである。マトゥラー派彫刻の特色であるおおがらな眼鼻だちと、明快な造形に見られる健康美を誇るとともに、なで肩から胸腹部にかけて平滑な造形を示しているところには、グプタ朝特有の柔軟性を認めることができる。

ヴィシヌ神は、天・空・地の三界を三歩で闊歩した（trivikrama）といわれるが、そのすがたが、浮彫りにされている（六世紀、バーダミー石窟）。ヴィシヌ神伝説によると、阿修羅（信仰上の魔族）の王バリ（Bali）は、苦行を修して霊力をえたので、その力によって帝釈天（インドラ Indra）をその領地から駆逐した。ヴィシヌ神は帝釈天のために失地を回復しようとして、倭人の少年のすがたに化身して、バリに近づいた。そして、三歩の地をえた

トリヴィクラマ像　8本腕のヴィシヌ神十化身の倭人物語をあらわしている（6世紀，バーダミー石窟）

ヴィシヌ神像　宇宙の生成をつかさどる神（5世紀，マトゥラー出土，ニュー・デリー美術館）

いと願い、許されるや、たちまち本身にかえり、第一歩で地界を、つぎの一歩で空界を、最後の一歩で天界を闊歩して、全宇宙を支配した。バリは居所を失って地下の世界にのがれたという。

この伝説を彫像化したのが、左のバーダミー石窟の浮彫りで、中央のヴィシヌ神の右足もとに帝釈天が蹲って両手でしがみついている。左足もとに倭人のこどもが傘蓋をもっているが、これはヴィシヌの化身である。右手側にバリとその仲間とがいる（以上第一話）。つづいてヴィシヌ神の闊歩で阿修羅軍は吹きとばされる。右隅にバリが驚愕した顔で口をあけている（以上第二話）。

この時代には、すでにヒンドゥー教の三大神——梵天《ブラフマー》・ヴィシヌ・シヴ

踊るシヴァ（12世紀，南インド出土）

トリムールティ（三神一体）像　ヒンドゥー教の三大神（ブラフマー，ヴィシヌ，シヴァ）の諸能力を一身に集める神（7世紀，エレファンタ石窟）

ァの、三神一体の観念が成立していたらしい。エレファンタ石窟（ボンベイ港外エレファンタ島）の彫刻（七世紀）がそのことを表現している。その彫像によると、一体であるが三つの顔面のある神が静かに瞑想にはいっている。

仏教寺院からヒンドゥー寺院へ

仏教の衰退とヒンドゥー教の興起の気運に乗じて、ヒンドゥー寺院がいくつもつくられるようになった。

南インドを見ても、港市ナーガールジュナ・コーンダは、かつては仏教が盛んで、仏教寺院がいくつも建てられていたが、この時代になると、ヒンドゥー教への転換を示している。だいたい、六世紀ごろまでは仏教の遺跡であるが、そののちは、バラモン教またはヒンドゥー教のものにかわる。つまり、インド全体が仏教からヒンドゥー教へ移る全国的な動きに対応して、この港市にも変化が現れたのである。

まずバラモン教の国王の儀式としてとくに重要な馬祀りを行なったあとがみられる。そこからは実際に馬の骨が見つかったという。祭りの終わりに沐浴する場所もレンガでつくられ、漆喰で固められている。これは西部インドに住んでいたアービーラという種族の諸王が行なったものであるらしい。その浴槽の中には、階段をおりてはいっていくことができるようになっている。

また、五世紀のサルヴァデーヴァ寺院があるが、それは柱に支えられた大きな会堂であった。サルヴァデーヴァとは「すべての神」という意味であるが、ヒンドゥー教の偉大な神であるシヴァ神の別名である。

また、演技場があって、その近くに五世紀のプシパバドラ寺院の遺跡がある。プシパバドラとは「花で美しい」という意味であり、「六十二の柱のある一種の亭院をいう」と一般に説明されている。とくにプシパバドラ寺院からみいだされた新石器時代の陶器は巨大な壺であって、直径およそ六〇センチメートルはあるであろう。

プシパバドラ寺院のリンガ（シヴァ神の象徴）もこの寺院の遺跡の内部に置かれてある。サルヴァデーヴァ寺院の刻文もあるが、一つは黄金板、他の一つは銀板である。八臂主《はっぴしゅ》寺院のものもあった。バラモンが祭りのときにつける耳環、黄金の首飾りなどもある。演技場は、中央がくぼんでいて、ここで演技するのを周囲の座席で観客が鑑賞したのである。下におりてゆく階段は現在そのまま残っている。全体では一エーカー以上の広さがあるという。この場所は方形であるが、その中央で舞踊者たちが神に踊りや歌をささげ、それを観客が鑑賞したのだという。

ローマの演技場との連関が当然問題となる。ここのインド人たちはインドの演技場のほうがもとなのだとしきりに主張する。すでにマウリヤ王朝時代にも半円形劇場のあったことが考古学的に知られているから、インド古来のものが、この港町で外国の影響を受けながら発達したのではなかろうか。

スタジウムの上にハーリーティー女神の寺院がある。この女神は仏教にとり入れられ、日本へくると鬼子母神となる。この女神はとくにチャールキヤ王朝（六〜十三世紀）と関係が深かった。真中のスタジウムで神に捧げられる踊りや歌を楽しんだあと、みなで上にのぼってこの女神の祀堂に参詣したと考えられる。

ヒンドゥー窟院の登場と宗派的傾向

ヒンドゥー教復興に触発されて、石窟寺院がヒンドゥー教のほうでもつくられるようになった。クリシュナー（キストナ）川上流のカダージ地方にあるバーダミーの石窟寺院群は、その古い実例である。断崖の基部を利用して四つの窟院が開鑿されているが、仏教の石窟寺

ミトゥナ像　清楚で静かな愛を表現している（6世紀，バーダミー石窟）

バーダミー石窟寺院列柱入口　ヒンドゥー教寺院の古い例の一つ（6世紀）

院のばあいと同様に、太い量感のある方形柱が入口に並んでいる（第三窟には六本、他の三窟にはいずれも四本柱）。

　単純明快な造形である。基壇部に倭人（vāmana）の群像が浮彫りで表現されているのは、倭人の伝説と関係があるのであろうか。ある者は奇怪な舞踊をしている。内部の列柱の柱頭にも怪獣の頭が浮彫りにされているが、ヒンドゥー教には本来奇怪なものを受け入れる素地があるのであろうか。内陣の奥にはシヴァ神のリンガが安置されているが、これはこの地方の農耕儀礼として豊饒を祈願する崇拝対象であった。

　男女愛の像（mithuna）もつくられた。バーダミーにあるそれは、一対の男女が静かにより添い、男神は右手で女神の右手をとり、男神の左手は女神の肩へまわし、女神は左手を垂れて、花束をもっている。男神は前方を凝視し、女神は満足しきった表情を示している。両神の肢体は動きを見せず、自然に寄り添っている。静かな愛の表現である。清楚な感じを与える。後世の像に示されるような、激動的な愛欲のすがたは見られない。

グプタ王朝時代の宗教の特徴の一つは、ヒンドゥー教の宗派的傾向が顕著になったことである。グプタ王朝の帝王または統治者たちは、ヒンドゥー教の宗派的信仰心のあることを、みずからはっきりと表明している。すなわち、多くの支配者たちは、「熱烈なヴィシヌ神信徒」とか、「熱烈なシヴァ信徒」とか、「熱烈な太陽信徒」と称している。きわめてまれな例として「熱烈な仏教徒」と称したものもある。

4　文化の変容

公用語をサンスクリット

経済的・政治的統一に対応して、文化の方面においても種々の変容が現れている。まず第一に言語の統一が行なわれ、サンスクリット語が公用語・官用語としてインド全体にわたって支配的勢力を占めるにいたった。

それまでのインドにおいては、諸碑文についてみると、もっぱら俗語（プラークリット）が使用されており、サンスクリットのものはほとんどない。わずかに西部のクシャトラパ

（Kṣatrapa 古代西部インドの小王）の王朝がサンスクリットをおおやけに用いていたのが、唯一の例外である。ところが、グプタ王朝およびそれ以後におけるインドでは、もっぱらサンスクリットをおおやけに用いることが、一般的な傾向となった。

当時の集権的国家における支配階級がサンスクリットを公用語と定めたということは、バラモン教学を官許の思想体系として採用したことを示している。

当時の社会における階位的秩序を正当化し、固定するための基礎的理論体系として、インド古来のバラモン教学が復興され、大体においてバラモン教が国教として採用された。グプタ王朝第二代のサムドラ・グプタ王はバラモン教の大規模な馬祀りを復興し、社会秩序の維持のために、バラモン教の諸法典が編集され、かつ基準とされた。この時代以後に『マヌ法典』とか『ヤージニャヴァルキヤ法典』などが、社会的規範の体系としてインド一般にその権威を承認されるにいたったのである。

このような事情であるから、歴史家は、グプタ王朝以後、イスラーム教徒侵入にいたるまでの時期をヒンドゥー期と名づけている。

バラモン教学支配の浸透

また一般民衆のあいだでは、従前からヒンドゥー教があまねく信仰されていたが、この時代以後になると、ヒンドゥー教諸派は、バラモン教の学問・神話・習俗を豊富に摂取し、バラモン教と融合した。そうして、それとともに、ようやく社会の上層階級の支持を受け、社会的にひじょうに有力なものとなった。従前のインドにおいては、主として仏教の寺院が建造されたが、グプタ王朝およびそれ以後になると、新たに建造された寺院は、考古学的遺品について見るかぎり、ほとんどヒンドゥー教のものばかりである。

こうした事情に対応して、学術文芸の方面でもバラモン教学が社会の前面に現れた。哲学の方面においては正統バラモン系統の諸学派が完成発展した。

宮廷詩人カーリダーサ

グプタ王朝の華麗な文化を特徴的に示しているのは、美文芸の爛熟である。古典サンスクリットによる「カーヴィヤ（kāvya）」と名づけられる美文体の文芸は、すでに仏教詩人アシヴァゴーシャ（Aśvaghoṣa 馬鳴）やつづいて劇作家バーサ（Bhāsa 三世紀）によって花開いたが、カーリダーサ（四世紀末～五世紀はじめ）において絶頂に達した。

彼は中インド西よりのウッジャイニー市の生まれで、当時のバラモンとしての教養をおさめ、おそらくグプタ王朝のチャンドラ・グプタ二世の宮廷の詩人として王の庇護のもとに順調な生涯を送ったと考えられている。彼は『クマーラサンバヴァ』（軍神クマーラの誕生）、『メーガドゥータ』（雲の使者）、『リトゥサンハーラ』（季節のめぐり）のような名詩篇、『シャクンタラー』（詳しくは「記念の品によって思い出されたシャクンタラー女」）のような古典戯曲を残している。

豊かな詩藻、たぎる情欲の肯定、忘我を思わせる美の高揚は彼の作品全体を通じて認められることであるが、たとえば『リトゥサンハーラ』では美しい自然の描写に昂揚する恋愛の情緒をうたっている。

傷《きづ》つけられし歯の跡のつきし下唇《したくちべ》や、
はたは、手の爪でつけられし傷あとのある乳房は
瑞しく若き女《おみな》らの荒れ狂ほしく
欲情《ほ》りくながひしをあからさまにかたる。
若き陽に、ある愛《いと》しき女《おみな》は鏡を手にもちて
蓮華のごとき顔を粧《よそ》ひ、
はた、最愛の男《ひと》に甘露を吸はれて
歯の先《うれ》で傷《きづ》つけられし下唇《したくちびる》を反《かへ》して、見つめる。
他の女《おみな》は欲《ほ》るままにくながひ尽くして軀《み》は疲れ
夜を寤《さ》めおりしに水蓮のごとき瞳《まみ》はいとも赤くなり、
寝床《とこ》のうちでうちゆさぶりて髪のたばねは乱れしが、
柔《やは》き陽の光にぬくもりて、眠りにおち行く。（四・一二～一四。木村秀雄氏の訳による）

カーリダーサの戯曲『ヴィクラモールヴァシーヤ』

カーリダーサの戯曲も技巧をこらしたものであり、たとえば彼の戯曲『ヴィクラモールヴァシーヤ』についてみるに、最初の式詞においてシヴァ神を讃嘆したあとで、つぎのようにはこんでいく。

座頭《ざがしら》（楽屋に向かい）「マーリシャ、ここへ来なさい」

〔マーリシャ登場〕

マーリシャ「はい、参上いたしました」

座頭「マーリシャ、ここにお集まりの皆様方は、昔の戯作者たちの芝居にはもう見飽きておいでになる。そこで儂《わし》は今日『ヴィクラモールヴァシーヤ』という新作の芝居を御覧にいれようと思うのだが、俳優《やくしゃ》たちにも、ひとつ十分念をいれて大切な役々を演ずるように申してくれ」

マーリシャ「かしこまりました」

〔マーリシャ退場〕

座頭「さて、皆様方にお願いの儀がございます。（と叩頭《こうとう》して）私共のお願いに対する皆様方の御懇情、はたまたこの芝居のすぐれた主人公に対する尊敬のしるしに、カーリダーサ師匠の作りましたこの芝居をとくと心をとめてお聞き下さらんことを」

〔楽屋裏にて〕
「あれえ、誰方《どなた》か神様方のお味方か、空を行くことのできるお方様、お助け下され」
座頭（耳を傾け）「はて、お願いもすんだかすまぬに、空高く牝鶚《みさご》の声のように聞こえるのは、（と考えて）ははあ、わかった、ナーラーヤナ仙の腿から生まれた天界の乙女（ウルヴァシー）が、カイラーサの聖山《みやま》の主《あるじ》（富の神クベーラ王）に奉仕をすませての帰るさ、途中で神々の敵・阿修羅《アスラ》に拐《かどわ》かされたので、それで天女《アプサラス》たちが援けを求めているとみえる」
（田中於菟彌氏の訳による）

こういうプロローグを述べて、戯曲の主部にはいっていく。なかなか巧みである。ゲーテの『ファウスト』も、彼がカーリダーサの『シャクンタラー』を読んでから、それを範としてプロローグを書いたといわれている。

六派哲学の体系化

哲学の方面では、バラモン教を奉ずる諸哲学学派が体系的教説を完成した。

（1）サーンキヤ学派。世界ならびに人間存在の根本に精神との物質と二つの原理を想定し、その両者の交渉から現象世界の多様相が展開されると説く。この学派の開祖はカピラ（前三五〇～前二五〇ごろ）であったが、現在残っている最古の原典はイーシヴァラクリシュナ（自在黒、四世紀）の『サーンキヤ頌』（サーンキヤ・カーリカー）である。

瞑想にふける行者　マハーバリプラム

（2）ヨーガ学派。「ヨーガ」（yoga）とは「結びつける」という意味で、英語の yoke（くびき）と語源的に関係があり、散乱する心を統一し安定させ、静めて、煩悩や迷いをなくする修行のことをいう。インドでは古くから、おそらくインダス文明の時代から行なわれていたらしいが、このグプタ王朝時代になって、この学派の根本経典『ヨーガ・スートラ』がおそらく西紀四〇〇～四五〇年ごろに現形のように編纂された。これに対してはヴィヤーサ（五〇〇ごろ）が詳しい注釈を書いた。この学派の形而上学はサーンキヤ学派のそれと大差ないが、サーンキヤ学派が世界の主宰神を認めないのに対して、ヨーガ学派はそれを認めて念想の対象としていることが大きな相違点である。

（3）ヴァイシェーシカ学派。現象界の諸相を一々区別して論議する一種の自然哲学である。開祖はカナーダ（前一五〇～前五〇ごろ）という人であるが、西紀五〇～一五〇年ごろにこの学派の根本経典『ヴァイシェーシカ・スートラ』が編纂され、四五〇～五〇〇年ごろにプラシャスタパーダという人が『諸原理の特質の綱要』という体系的な書を著した。この学派は実体・性質・運動・普遍・特殊・内属という六つの原理またはカテゴリー（「句義《くぎ》」という）を想定し、それらを細かに区分して論議している。また徹底した合理主義の立場に立ち、知識の根拠としては感覚と推論のみを認め、聖典を知識の根拠としては認めない。
（4）ニヤーヤ学派。論理学を主とする学派である。開祖はガウタマ（五〇～一五〇ごろ）であるが、この学派の根本経典『ニヤーヤ・スートラ』は西紀二五〇～三五〇年ごろに編纂された。この学派の論理学がのちに仏教に取り入れられ、改良されて「因明《いんみよう》」（仏教論理学）が成立し、今日にいたるまで奈良の諸大寺院で攻究されている。

ヴェーダ聖典にもとづく学派としてはつぎの二つが成立した。

（5）ミーマーンサー学派。ヴェーダ聖典の中に規定されている祭祀・儀礼の実行の意義を哲学的に研究して統一的解釈を与える学派である。この学問はジャイミニ（前二〇〇～前一〇〇ごろ）によって確立されたが、根本経典『ミーマーンサー・スートラ』（一〇〇年ごろ）において一つの統一的組織としてまとめられ、シャバラスヴァーミン（五五〇年ごろ）が詳しい注釈を著した。

（6）ヴェーダーンタ学派。ウパニシャッドに述べられている諸哲学説を統一的に解釈し理解することにつとめ、世界の根本原理として唯一なるブラフマンを想定し、現象世界の多様相や諸々の個人存在はそれにもとづいて成立していると説く。その根本経典は『ブラフマ・スートラ』（四〇〇～四五〇ごろ）であるが、シャンカラ（七五〇～八〇〇ごろ）によって盛んになり、インドでもっとも影響力の強い学派となった。

以上を便宜上しばしば六派哲学と呼ぶことがあるが、そのほかに、
（7）言語哲学。とくにバルトリハリ（五世紀後半）によって発展した。

を考慮すべきである。

さてバラモン教の全面的優勢に対して苦境に立ったのは、ジャイナ教および仏教である。ジャイナ教と仏教は、社会状勢の変化に対応して新たな活動を開始せねばならなかった。ジャイナ教は、それまで金融資本家および小売業者の組合をその社会的基盤としてもっていた。仏教も同様であったが、仏教はそのほかに多数の手工業者の支持を受けていた。ところが、ローマの衰微にともなう西方貿易の減退は、豪商階級の没落を招来し、その基盤のうえにあった仏教およびジャイナ教の社会的勢力を弱めることとなった。

一方、従前のインドにおいては、商工業者に対する国家の統制支配がゆるやかであったが、集権的国家の成立とともに、その組合は幾多の統制支配を受けねばならぬことになった。そうして、これに対応する文化的事実として、ジャイナ教および仏教は、バラモン教の全面的圧力を感ぜざるをえなくなった。

仏教・ジャイナ教の対応と変化

当時の集権的な階位的社会構成が、バラモン教的思想を主軸として思想の固定化・体系化をめざしていた状勢に応じて、ジャイナ教および仏教には、つぎのような変化が現れた。

（1）当時の社会の公用語であったサンスクリットを教団用語として採用し、サンスクリットで著作した。ジャイナ教では、なおプラークリット語への偏向を示しているが、仏教はきわめてあざやかな適応性を示した。

（2）サンスクリットを使用するに当たって、はじめのうちは、各宗教の術語を俗語形からサンスクリット語形に改めたというだけにとどまっていたが、のちにはバラモン教哲学における一般的哲学用語を用いて、研究し論議するようになった。こうした傾向は、仏教ではディグナーガ（四〇〇～四八〇ごろ）以後に顕著である。つまり、大乗仏教に対立する旧来の保守的なアビダルマ教学の体系ないし観念・用語は、もはや一般人には理解されず、死滅しつつあったので、仏教の思想家は、時代の変化に適応せざるをえなかったのである。

（3）階位的であり、また保守的な社会においては、固定的な伝承を重視するから、哲学だけでなく、一般に諸学問において、学派の伝統、すなわち学系が確立された。各学派ごとに簡潔な根本経典あるいは教科書が作成され、師から弟子へと伝えられた。その後の諸学者は、その根本的教説を遵奉し注釈して、発展させるということに、主力を注いだ。こうした状勢にうながされて、仏教やジャイナ教でも、諸種の学系が成立し、幾多の教科書が作成され、注解された。

5　グプタ帝国の崩壊

匈奴の侵入

アジアにおいてもヨーロッパにおいても、広範な地域を統治支配していた古代の集権的統一国家の崩壊には、ユーラシア大陸の中央部にいた匈奴（Huns）その他の民族の動きが重要な機縁となっている。中国の古代国家がつねに匈奴などの辺境民族に悩まされ、その結果、たとえば唐帝国のような中国における中央集権的政治勢力の弱体化をまねき、日本をしてますます中国から離れて独立自主性をもたせることにもなった。

インドでは、五世紀中葉に西北方から匈奴（サンスクリットでフーナ Hūṇa）が侵入してきて、四五五年にはインドの統一政権を形成していたグプタ王朝の国家を攻撃している。グプタ王朝はインド史上においてもっとも強大な中央集権的政権を確立していたのであったが、四八〇年以後はさしも栄華をほこったこの王朝もしだいに衰え、五〇〇年ごろには匈奴王トーラマーナ（Toramāṇa）がインドで即位し、あと約半世紀ほどは、西インドのマールワー（Mālwā）の支配がつづいている。

その後インドではハルシャ王（七世紀前半）がかなり広範囲にわたってインドを統一したが、彼の没後、インドはまったく四分五裂の状態におちいり、インド最初のイスラーム教王クトゥブッディーン・アイバク（Kutub uddin Aibak）が一二〇六年に北部インドを統一するまでは、そのままの政治的混乱状態がつづいていた（西洋では、ほぼ同時代に、同じく匈奴の長アッチラが四四一年にドナウ川を渡り、さらに四五二年にイタリアに侵入し、四七六年には西ローマ帝国が滅亡している）。

右の匈奴王トーラマーナの子ミヒラクラ（Mihiragula, Mihirakula 五〇二年ごろ即位、五四二年ごろ没）は、狂暴のかぎりをつくした。これについて、インドには正確な史書や記述が残っていないが、歴史的事実の若干を伝えているものとして、十二世紀インドの歴史家カルハナの『王統譜』(Rājataraṅgiṇī)の記述がある。

ミヒラクラは、死神カーラのように、蛮族(ムレーチャ)の蹂躪《じゅうりん》した国土を支配した。

……

禿鷹や烏《からす》などの鳥が飛んでくるのを見て、人々は〈ミヒラクラがやってくるな〉と気づいた。これらの鳥は、彼の軍勢に殺された人々の屍肉をめがけて飛んでいったからである。

国王のかたちをしたこの食肉鬼(ヴェーターラ)は、幾千人の死骸に昼夜囲まれていた。——宴楽の宮殿においてさえも。

この恐るべき〈人類の敵〉は、子どもをも容赦せず、婦人をも憐れまず、老人をも尊敬しなかった。

かの王の妃が、セイロン製の胸衣を着て、胸に黄金の足跡の印をつけていたのを見たときに、彼は激怒した。

そのセイロン製の布が(セイロンの)国王の足跡で印をつけられていることを侍者から聞いて、彼は(セイロンへの)遠征に出発した。

彼が(凱旋《がいせん》して)「カシミールの門」に達したさい、一頭の象が断崖から落ちたときの恐ろしい叫び声を聞いて、彼はスリルを感じて喜んだ。

偏執あるこの王は、この声に狂喜して、それから他の百頭の象をつぎつぎと断崖から突き落とした。

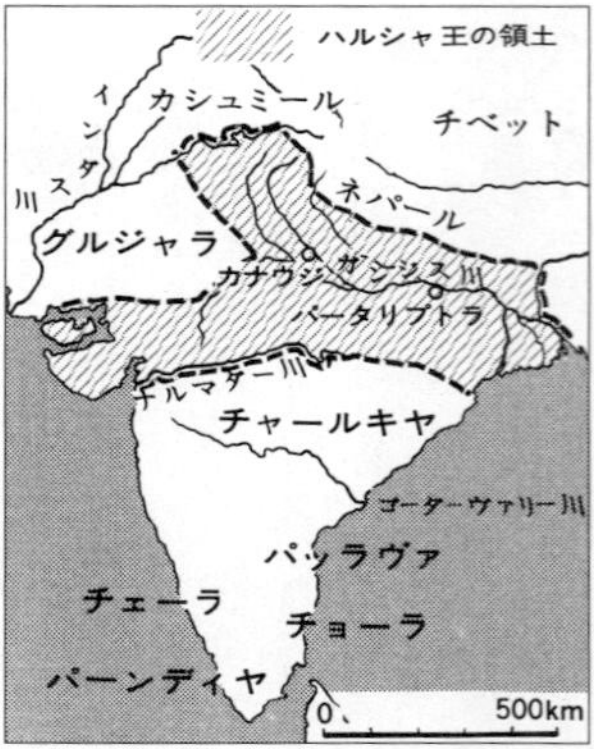

ハルシャ王の領土

悪人が触れると身体が汚されるように、そんな行ないを語ることばが汚れる。だから彼の残忍な他の所行は、もう語るに忍びない。

これは、多分に具象性をもった叙述である。おそらく事実であったにちがいない。そうして、それとともに全インドを支配したグプタ帝国が滅亡したのである。

分裂時代の再来と仏教の消滅

グプタ朝の滅亡によって四分五裂の状態におちいったインドは、七世紀初頭にハルシャ王（Harṣa, 別名シーラーディティヤ Silāditya）が出て、ふたたびインドの大部分を統一し、カーニヤクブジャ城（Kānyakubja）に都して、熱心に文化の興隆につとめた。しかし、彼の没後、インドはまたも分裂状態におちいった。

その後、諸地方に幾多の王朝の交替があったが、十世紀ないし十一世紀にイスラーム教徒の侵入があるまでは、多数の群小国の割拠対立がつづいた。この時代の社会構成が階位的保守的であったことは、前時代と同様である。

とくにローマ帝国の没落にもとづく西方貿易の途絶、それにともなうインド商業資本の没落は決定的となり、イスラーム教徒がベンガルへ侵入してきたときには、貨幣が用いられていなかった、とイスラーム教史家が驚いてしるしている。これは思想的には原始的なるものの復活のための社会的基盤を用意することになった。ヒンドゥー教のシヴァを主神とするシヴァ派、とくに、秘密的な教説を奉じるタントラ派の興隆はこうした視点から理解さるべきである。そうして思想的方面においては、バラモン教学が主導的地位を占めていた。

哲学諸学派の主なものはすでに成立し、確定した教説が継続的に発展した。他方、主として商業資本ないし王侯の保護に社会的基盤を置いていた仏教やジャイナ教はいちじるしく苦境におちいることになり、仏教教団はおのずから、原始的思惟を保持するバラモン教ないしタントラ教と妥協せざるをえなくなったことはさきに述べた。こうして仏教は密教を成立させ、また、ジャイナ教もタントラ的思惟をとり入れざるをえなかった。しかし、大勢に抗しえず、仏教は侵入イスラーム教徒によって寺院を破壊されるとともに、インドから消失し、ジャイナ教もいちじるしく社会的勢力が弱まった。

6　仏教はなぜインドでほろんだか

民衆が近づけなかった合理主義

仏教はほとんど東洋全域にひろまり、東洋人一般に信仰帰依されている。ところが、仏教の発祥地インドでは、現在、仏教はほとんど残っていない。前述のように、グプタ王朝期に衰え、イスラーム教徒の武力による潰滅的打撃を受けて、十三世紀以後には、ふたたび興ることはなかった。

しかし、他の東洋諸国ではきわめて重要な宗教として存続している仏教が、その発祥地であるインドでは、すっかり消滅してしまったといってよい状態になったのはなぜであろうか。

たしかに、西紀一二〇三年にイスラーム教徒が、当時仏教の中心であったヴィクラマシラー寺院を焼き払い、僧侶を虐殺したとき以来、仏教はインドの表面から姿を消してしまったと一般にいわれている。しかし一つの民族のうちに深く根をおろした宗教は、たとい外から侵入した民族が武力を用いてこれを改宗させようとしても、これを根絶するということは、かつて類例をみないことである。

現に、インドは古来外から侵入してきた異民族に征服支配されていることのほうが、むしろ多かったのである。それにもかかわらず、インド－ヨーロッパ民族の侵入以前からのヒンドゥー教やジャイナ教は、依然として今日なお信ぜられている。外から侵入してきた異民族も、ヒンドゥー教やジャイナ教を武力によって滅ぼすことはできなかったのである。

したがって、仏教だけが滅びたということは、なにかわけがなければならない。その理由として、まずあげなければならないことは、仏教はもともと合理主義的な哲学的な宗教であったことである。そのために、ややもすれば一般民衆に受け入れられにくい傾向があった。

仏教は、呪術・魔法のようなものを排斥した。それのみならず、バラモン教で行なう祭祀をも無意義として排斥した。また、インドの社会に伝統的なカーストという階級制度に反対して、すべての人間は平等であるととなえた。そのために、階級的な差別を立ててこれを固守しているバラモン教とは氷炭あいいれないものとなった。バラモン教はいうまでもなく、インドの民族宗教である。

民衆から乖離した高踏的態度

こういうわけで、伝統的な仏教教団は、ややもすれば、バラモンに帰依しているインドの一般民衆から離れて、独善的・高踏的態度を保つ傾きが現れた。

仏教のうちでも、伝統的保守的な仏教は「小乗仏教」と呼ばれたが、それは主として社会の上層階級の支持後援のみをめあてとし、当時の支配階級である王侯・貴族・富裕な商人などの後援支持を受けていた。王侯・貴族・大地主などは教団に土地を寄進し、また海外貿易に従事していたような富裕な商人たちは、多額の現金を寄進していたのである。

この事実は、当時の碑文や記録によって知られる。教団は、これらの寄進された土地からあがる小作料を生活の資とし、また寄進された現金を種々の商人のギルドに貸し付けて、その利息を教団の経費にあてていた。すなわち、教団そのものが、いわば地主または利子生活者に堕してしまっていたのである。そのようにして、当時の僧侶は民衆から離れて、奥深い大寺院の中で、ひとり瞑想にふけるか、あるいは煩瑣な学問の遊戯にふけっていた。彼らは、民衆とともに苦しみ、民衆を救おうとする精神にとぼしかった。伝道精神が欠けていたのである。

当時の仏教教団が、民衆から離れていた事実を示す一つのおもしろい記録が残っている。それは四一二年にチャンドラ・グプタ（Candragupta）二世が仏教の寺院に土地を献じた寄進状であるが、その最後の文章の一節に、「この寄進された土地を犯す者があるならば、それは牛やバラモンを殺すのと同じ大きな罪になる」といっている。

バラモン教では、バラモンと牛とをひじょうに大切にするので、バラモンと牛とを殺すことは大罪とされている。その観念にしたがって、もしもこの寺院の土地を荒らす者があれば、その人はバラモンや牛を殺したのと同じような大きな罪を犯したことになるぞ、といって、このことを一般民衆に対して戒めているのである。

だから、一般民衆が仏教寺院の所有地を大切にしたのは、仏教に対する信仰からではなくて、信仰としてはバラモン教ないしヒンドゥー教を奉じていたけれども、帝王からこのようにおどかされたので、寺院の荘園に手をつけなかったまでである。伝統的保守的な仏教教団は、このように、領主や大商人の援助のみをあてにしていて、民衆に対しては、さほどはたらきかけようとはしなかったのである。

大乗仏教のばあいでも、のちになって大教団を形成したころになると、やはり同様な傾向が現れた。大乗仏教はひじょうに深遠高尚な哲学や論理学を発達させたけれども、それが発達の頂点に達したころには、やはり大寺院の中の奥深いところで論議されているだけであって、一般民衆のあいだに普及しなかった。これらの大寺院はやはり王侯に保護され、荘園の経済力によって維持されていたのである。

一般民衆は、あいかわらず太古さながらの呪術的な祭祀を行ない、迷信を信じていた。仏教の学問は民衆から離れていた。だから、イスラーム教徒が侵入してインドを征服し、従来の支配階級が没落するとともに、仏教も姿を消してしまったのである。

民衆への迎合と堕落

ところで、イスラーム教徒の侵入以前、すでに仏教教団は、いつまでもその高踏的態度を保ちつづけることはできないところへきていた。前述のように、仏教を支持していた社会的勢力が没落しはじめたからである。

ナーランダー僧院　グプタ王朝諸王の援助のもと，7世紀にわたって仏教研究の一大中心となった（5～12世紀）

そして、支配者や豪商が援助の手をひくと、仏教教団は急速に衰えだすが、その転機となったのはグプタ王朝の成立（三二〇年）である。グプタ王朝の成立とともに仏教教団への支援はとまり、新しく建造される寺院はほとんど全部ヒンドゥー教のものであって、仏教寺院であることはまれになった。

そうして、西ローマ帝国の没落とともに、西方との海外貿易が途絶し、それまで仏教教団を支援していた商業資本家が没落し、それ

ターラー（多羅）菩薩像 仏教尊像における女性像としては最初のもので，女性的な肉体に官能性をただよわせている。仏教の密教化の一面をよく示している（9世紀ごろ，ナーランダー出土）

とともに仏教教団は急速な衰退の道をたどるのである。

そのありさまを、たとえば仏教の密教経典の中に末世のすがたとしてしるし、人民は国王に苦しめられ、搾取されているが、しかし寺におもむこうとしても、寺は荒れているので、いきおい外道の寺院に投ずることになった、といっている。

上層階級の援助が期待できなくなった時点で、仏教教団は積極的に民衆に近づこうとした。もともと、民衆に対する教化を積極的に行ない、民衆を導こうとつとめる仏教者がなかったわけではない。大乗仏教、少なくとも初期の大乗仏教には、そのような気運がいちじるしかったのである。

しかし、これらの僧侶たちも、熱心にその運動をすすめてゆくうちに、当時の愚昧な一般民衆を教化するのは容易でないことを痛感した。彼らのぶつかった民衆は、依然としてむかしながらの呪術的な信仰をいだいていた。仏教は、さきに指摘したように、最初から呪術・魔術の類を認めなかったので、一般民衆にはどうしても近づきがたいところがあった。

そこで、大乗仏教では、民衆のこのような傾向に注目して、いちおう呪術的な要素を承認して、漸次に一般民衆を高い理想にまで導いていこうとした。だからダーラニー（dhāraṇī

陀羅尼）すなわち呪文の類が多くつくられた（それが日本にはいってきて、『大悲心陀羅尼』などは今日でもよくとなえられる）。

また経典読誦の霊験・功徳が称揚された。また、仏教自身も当時の民間信仰を、そのまま、あるいは幾分か変容したかたちでとり入れた。

この傾向は密教において絶頂に達した。密教では、他の諸宗教の神々も大日如来の仮りの現れだと考えた。こういう融合的精神が悪く現れた結果として、密教の一部の教徒はタントラの信仰を採用した。

このタントラの宗教は、当時民間で行なわれていた卑猥《ひわい》な宗教であり、男女の性的結合を絶対視するもので、これがとくに仏教を堕落させることとなった。仏教ではもともと不邪婬《ふじゃいん》ということを教える。それは性の道徳を正しく守ることであった。ところが末期の堕落した仏教の一部においては、風俗を乱すような奇怪なことを説くようになったのである。

また仏教では〈不飲酒《ふおんじゅ》〉ということを教えている。酒を飲むな、ということである。ところが末期の仏教においては、宗教的儀式に酒だとかあるいは強烈な刺激を与える薬品だとかを用いるようになり、しかもそれが公然と許されるにいたった。当然、仏教そのものがいちじるしく変容し堕落してしまうのである。

教団組織の未形成と宗教儀礼の閑却

こうして、遊離していた民衆に近づこうとした仏教家の運動は、かえって民衆の信じていた低級な俗信にだきこまれて、堕落してしまう結果になった。

また教団が強大で富裕になると、それが世人に対する誘惑のもととなることもあった。公私の負債をのがれたいと望んで出家する者の多かったことが伝えられているし、また富裕な寺院や僧房の共有財を自分も使用しようとする不純な動機から、また、おそらく生活に困ったあげく、未来には帝王として生まれたいと願って出家する人々もいた。こういうことがグプタ王朝以後、帝王が仏教教団を弾圧する理由となったのではないかと考えられる。

さらにインドにおける仏教教団の弱点としては、つぎのことが指摘される。

仏教教団は在俗信者のことをあまり問題とせず、強固な俗人信徒の教団組織を形成しなかった。これはジャイナ教と対蹠的である。そうして、民衆に適合しようとあらゆる努力をなしたにもかかわらず、ついにヒンドゥー教諸宗派がしていたこと——つまり、在俗信者と密接な関係をたもちつつ、それを指導する努力をしなかったことである。

ことに仏教は家庭の内部に宗教的な儀礼をもちこまなかった。バラモン教の祭儀に関する種々の綱要書を見ると、人間の一生の各重大時期に、つねに呪術的な宗教儀礼を行なっていた。すなわち出生・命名・入盟式・結婚・死亡などのさいには、とくに定められた複雑な宗教儀式を行なっている。ところが仏教はこれらをすべて無視し、排斥してしまった。どこまでも迷信排斥の立場に立っていた。

しかも、これらの宗教儀礼を排斥したあとに、家庭と結びついた宗教儀礼の代替となるものを置かなかった。結婚・入盟式・洗礼などの通過儀礼を行なわなかったばかりでなく、いま日本では仏教の本質のように思われている葬儀や年忌をも行なわなかった。すなわち、家庭生活の内部にまでもはいって、民衆を積極的・組織的に指導することをしなかったという点に、仏教が滅びた一つの遠因を認めることができる。

仏教はまた、外部からの暴力、ことにイスラームの破壊行動に抵抗することができなかった。イスラームは当時の支配階級、すなわち貴族と僧侶とを襲った。その破壊は徹底的であり、ルンビニー園（釈尊誕生地）の所在地さえも忘れられてしまった。仏教教団の宗教としての中心は僧院に集中していたから、ひとたび僧院が破壊されると、教団そのものが消滅してしまって、もう立ち上がることができなかった。

いまあげたような、種々の事情が重なり合い、そこにたまたまイスラーム教徒の強烈な圧迫が加わり、それが直接の契機となって、仏教はついにインドから姿を消してしまったのであると考えられる。

第十一章　セイロンとネパール

1　セイロンの国土と住民

吉祥の島

飛行機の窓からみおろすと、まるで緑の織物を広げたような一面の椰子の密林が広がっている。広漠とした荒野がつづいているインド亜大陸の風土とはひじょうな相違である。そこは、インドの南のはてにある緑の島セイロンである。

八月であったが、着陸してみると夕方でも案外暑くなかった。色濃く、あざやかな南国の樹陰は、なにかしら人なつこい親しみが感ぜられた。

首都コロンボの市街は広い地域に広がっている。都市地区はにぎやかで、小屋がけの店の並んでいる市場はさわがしいが、しかしどことなくのんびりしたところがある。高層建築はなくて、四階建てのリプトン紅茶本社の建物が黄色くあざやかなのが、強く印象づけられた。

セイロンは、第二次大戦後独立して、現在の国名は、スリランカ（シュリー・ランカー Śrī-Laṅkā）である。それは国民の大部分を占めるシンハラ族の民族主義的意識にもとづいて、以前のセイロンという国名を改めたのである。「シュリー」とは「めでたい」「吉祥」という意味であり、「ランカー」はインドやセイロンの古典に出てくるこの国の古名である（この名は日本人にも無縁ではない。禅宗でよく依用する「楞伽経《りょうがきょう》」の「楞伽」はランカーの音写であり、ゴータマ・ブッダがこの島国にきて教えを説いた、その教説をしるしたもの、ということになっている）。

セイロンの建国者はヴィジャヤ王（在位前三八三〜前三四六）であるが、その祖父は獅子王（シーハ・ラージャ）であったといわれるので、先住民シンハラ人（シンハラ族）は、この国をシーハラ・ディーパ（Sihaḷa-dīpa 獅子の子孫の島）と呼んでいた。近世になって、アラビア人がこれをなまってセレルディバ（Seleldiba）、セレンディヴァ（Serendiva）、セレンディブ（Serendib）と呼び、さらにそれを、ポルトガル人はセイラン（Ceilão）、オランダ人はゼイロン（Zei-Lan）、イギリス人はセイロン（Ceylon）となまったのである。

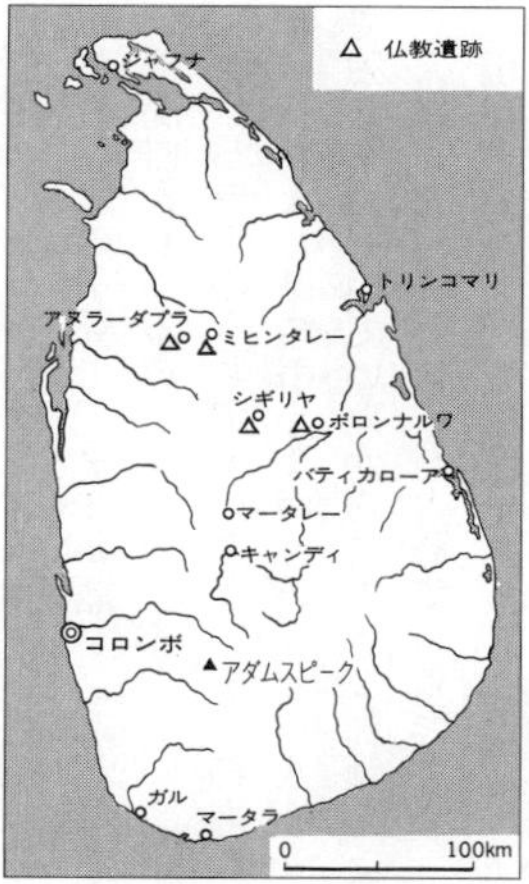

セイロン全図

仏教が圧倒的な農業国

セイロン人は六八パーセントが前述のシンハラ人であり、約二三パーセントがタミル人である。すなわちセイロン国民はシンハラ族とタミル族との二大種族からなる。シンハラ族はシンハラ語を話し、仏教徒である。タミル族はインドのタミルナズ州からの移民の子孫で、タミル語を話し、ヒンドゥー教徒が多い。そのほかにオランダ人の子孫や混血人もいる。

シンハラ人のうちでも、キャンディのあたりの高地人はなかなか誇りをもっていて、低地シンハラ人とは結婚しないという。一八一五年にキャンディ王国がイギリスに征服されるまで独立をたもっていたからである（高地シンハラ人は全人口の三〇パーセント、低地シンハラ人は四九パーセントを占めている）。

現在セイロンは農業国であり、ココナット・米・ゴム・茶・ココアを産するが、工業はひじょうに貧弱である。

精神面をみると、セイロンは圧倒的に仏教国で、僧侶は絶対的に尊敬されている。しかしその指導性については問題があるようである。

まず、セイロンの仏教僧侶は、タイやビルマとは異なって托鉢しない。寺院は土地を所有する地主であり、僧侶たちは托鉢しなくてもよいのである。彼らはわりあいに美食している。これに対してキリスト教は信徒の数が少ないにもかかわらず、その存在は相当に顕著である。

2　最古代からアヌラーダプラ期

前三世紀、伝統的保守的仏教の中心地域に

伝説によれば、ブッダの入滅の年（推定、前三八三年）に、前述のヴィジャヤは、インド西部のグジャラート地方から追われてセイロン島に上陸し、南インドのパーンディヤ国の王女をめとって王位についた。パーンディヤ王は、彼に象軍・騎馬隊・戦車隊、および十八ギルドから構成された千の家族を贈った。

つぎの王パンドゥ・ヴァースデーヴァ（Paṇḍuvāsudeva 在位前三四六〜前三一六）は、北インドのシャカ族（サカ族）の王女をめとり、王女の兄弟もセイロンに来島して各地に定住した。

仏教はアショーカ王の時代にセイロンに伝えられた。当時のセイロン王はティッサ（Tissa 在位前二四七〜前二〇七）である。彼はアショーカと同様に「神々に愛せられたる者」（Devānampiya）という称号をもっていた。おそらくアショーカ王にならったのであろう。この王の治世にアショーカ王の子マヒンダ（Mahinda）がセイロンに派遣されたという。

マヒンダは四人の修行僧と身内の者二人をともなってこの島にいたり、仏教を確立した。ティッサ王は、たまたま現在のミヒンタレーの土地で鹿狩りをしていたが、マヒンダにまみえてただちに仏教に帰依し、マハーメーガ園林を寄進して、そこにティッサーラーマ精舎を建てた。これが後世の大寺（マハーヴィハーラ）の起源である。

王はまたミヒンタレーに六十八の石窟寺院を準備してマヒンダにささげ、そこを仏道修行の地とした。それ以来セイロンは伝統的保守的仏教の一大中心となった。

ミヒンタレーのストゥーパ

ミヒンタレー（Mihintale）霊場は、マヒンダが当時のセイロン王「神々に愛せられたるティッサ」にはじめて仏教を説いた土地として、現在も巡礼の人々が訪れる。

正面の、幅六間（一〇メートル）ほどある石段を登っていくが、階段の数は総計二千に達するという。両側には「寺院の花」が美しく咲いている。登りはじめてまもなく、右の方へ通じる小路がある。それは、右の崖の上にあるカンタカ祀堂

ミヒンタレーの岩山　ティッサ王がマヒンダのために僧院を築いたスリランカの仏教発祥地

（Kantaka Cetiya）へおもむく道である。祀堂の表面にある彫刻はなかなか美麗である。

つづいて登っていくと、階段下東方に古代僧院の遺址が見える。登りつめると頂上には小さなストゥーパがあるが、これはゴータマ・ブッダの舎利をおさめたものだと伝えて、セイロン人のとくに崇敬するものである（一九六四年、読売新聞社がここの仏舎利を受けて、東京郊外のよみうりランドの塔の中に安置した）。

マヒンダよりすこしおくれて、その妹のサンガミッター（Sanghamittā）がブッダがさとりをひらいたブッダガヤーの菩提樹の分枝を持参して、セイロンのアヌラーダプラに分植す

るとともに、最初の尼僧の教団をつくった。

世界最古の菩提樹

アヌラーダプラの霊場の中心である菩提樹は、いまから約二千二百五十年前に、ゴータマ・ブッダがさとりをひらいたブッダガヤーの菩提樹の枝をもってきて植えたものであり、「神々に愛せられたるティッサ王」が植えたものであるから、世界最古の歴史的樹木であるといって、セイロン人は誇っている。くつをぬいで、中にはいって歩くと、砂が妙に足裏にくい入るようである。

アヌラーダプラの大菩提樹　サンガミッター尼の来島によって移植されたと伝えられる

菩提樹はこのように二千二百五十年前からのもので、木柱で支えられているのがもとのものであるという。烏が多数とまって鳴いているので、まるで烏を拝むようである。民衆は線香をくゆらせ、赤白の花を捧げて拝んでいる。菩提樹のまわりの囲いには布きれがたくさんかけてある。

正門は東にあり、中にはいったところに大きな仏殿があり、その前の左右に二体の仏像が安置されている。また、左に小さな仏像があり、参詣人が花を捧げている。南側にうつると「神々に愛せられたるティッサ王の植えためでたき大菩提樹」という標札がある。歩道の両側に灯油をたたえた金属皿が列をなして置かれている。それらがまるで果実のように見える。蓮の花を開いて捧げている人もいる。近くに大樹が見えるが、それも菩提樹だとのことであった。その樹にも白い布片がたくさんぶらさげてある。おそらく願望成就の祈りをこめたものであろう。

周囲を石垣で囲まれた四角の浴池（タンク）も残っており、階段をおりて水に達することができるようになっている。

ティッサ王建立のトゥーパーラーマ塔

また、ティッサ王の時代に沙弥《しゃみ》スマナ（Sumana sāmaṇera）はアショーカ王のもとからゴータマ・ブッダの遺骨をもらってセイロンへもちかえったという。ブッダガヤーの大ストゥーパの欄楯のある刻文には「セイロン島人なるボーディラキタの寄進」としるされているが、マウリヤ王朝時代に、すでにセイロン島とインドとの交通は相当活発に行なわれていたらしい。

このティッサ王はトゥーパーラーマ塔（Thupārāma Dāgaba）を建てた。それは仏の右鎖骨（一説によると仏の喉の骨）をおさめているというので、巡礼者たちにひじょうに崇敬されている。形の整った白いダーガバ（ストゥーパのセイロン名）であるが、そのまわりを単石柱の列が囲んでいて、そのまわりをさらに白い石垣が囲んでいる。西紀前三世紀に最初に建てられたという。この西南面にある守護者の石の彫刻に表されている人物は、温和な相好

イスルムニヤ寺院とミトゥナ像（恋人たち）

のうちに情味豊かな、静かに思いをはせているような表情を示し、人なつこい感じがする。傑作として惜しみなく推賞できる。

ここの、ある祀堂遺跡も、入口に半円形の踏台が月長石でつくられ、象・馬・ライオンや種々の鳥の浮彫りが半円形に並んでいる。形の整ったみごとなものである。

イスルムニヤ寺院の男女像

イスルムニヤ（Isurumuniya）寺院も「神々に愛せられたるティッサ王」の創建であるという。岩石を掘ってつくられた洞窟寺院で、人間が穴居生活をしていた時代に接続するものであろう。

右側にも左側にも池がある。寺院の中にはゴータマ・ブッダの臥像がある。そのまわりにお米のあられをふりまき、また、枕には蓮の花を置いてある。壁面には、誕生にはじまるゴータマ・ブッダの生涯を彫刻している。仏の立像も置かれている。洞窟がつくられたのは古いが、塑像は新しい。

またここにはヒンドゥー彫刻もある。ヴィシヌ神とその愛人ラーダーとの二つの立像があざやかにペンキを塗られている。ヒンドゥー教徒がセイロンを支配したときにはヒンドゥーの神を主にし、ブッダをそれに従属させようとして、仏像をヴィシヌおよびラーダー像の横に置いたのだという。

なお、この寺院の横に刻せられている一対の男女像は、由来は不明ながら有名なものである。その豊満な姿態に青春の喜びと楽しみがみちあふれている。とくに、その女性像のはちきれそうな乳房は、見る人を異様に圧迫する。こういう種類の彫刻がインドの彫刻には多いが、セイロンには少ないので、よけいに注目されているのであろう。近くには古い僧房の遺址があり、また人造湖もある。

セイロンに伝わった仏教は上座部（テーラヴァーダ）といわれるもので、伝統的仏教のうちでもとくに保守的なものである。つづいて西海岸のケーラニヤの支配者であるティッサ王（前掲のティッサ王とは別人）も仏教普及に尽力した。

ケーラニヤ寺院

コロンボ郊外にあるケーラニヤ（Kelaniya）寺院は、伝説によると、ゴータマ・ブッダがセイロンを三度訪ねたが、その第三回の訪問のときとどまった場所であるという。石段を登りつめたところで、くつを脱いで歩くと、やはり足の裏が痛む。上方の右側に大きなストゥーパ（塚）があり、民衆は、その前にある小さな祀堂で拝むのである。ストゥーパの上の傘蓋はまるで烏帽《えぼ》子《し》のようにつっ立っている。そのストゥーパにはゴータマ・ブッダの牀座をおさめてあるという。

また参道の前方には人の背の十倍もあるかと思われる大きな石造寺院があり、入口の上方には円形の中に仏の坐像が浮彫りにされている。寺院の中にはセイロン仏教史の場面を示す壁画がいくつも描かれている。高僧ブッダゴーサが『清浄道論』という書を著して、それをセイロンの教団に手わたす場面などもある。中の正面の仏像は、だれにもできる半跏《はんか》趺坐《ふざ》で、黄金が塗られている。

わたくしが訪れたときは、午前十一時ごろであったが、太鼓をたたく音がする。おつとめがなされていたのである。

寺院に向かって左のほうに葉のよく繁った菩提樹が白い壁に囲まれ、菩提樹のもとには仏の坐像があって、三人の信徒が跪坐《きざ》して礼拝していた。

カリヤーニー川　ゴータマ・ブッダが来島したときに訪ねたという伝説のある聖地（ケーラニヤ）をながれる

アヌラーダプラの大ストゥーパ　この国第一の大塔である

ドゥッタガーマニー王（Duṭṭhagamaṇī 前一〇一～前七七）は大塔（マハートゥーパ）と九層の布薩堂《ふさつどう》ローハパーサーダをアヌラーダプラに建て、その式典には諸外国から使節が参列した。また、現在、毎年五月の満月の日をクライマックスとして行なわれるウェーサク（Wesak）祭はこの王のときからはじまった。

アヌラーダプラの大ストゥーパと大寺

アヌラーダプラにある大ストゥーパ（Ruvanveliseya）は前二世紀にドゥトゥゲームヌ王（Dutugemunu, Duṭṭhagāmaṇī ともいう。在位前一六一～前一三三）が建て、さらに百年のちにバティカーバヤ王（Bhatikābhaya）が修理したものであるが、もっとも巨大なものであり、高さ、直径それぞれ三〇〇フィート（九一メートル五〇）ある。

エジプトのピラミッドよりも大きい、とセイロン人は誇り、セイロンでもっとも崇敬されているダーガバである、といわれている。頂上の細長い傘蓋と囲いとは白く塗られてあざやかである。近くにむかしの建物の遺構があり、高い四角の石柱のみが並んで残っている。おそらく現在セイロンの建物と同様に屋根は棕櫚《しゅろ》で葺《ふ》かれていたために、消失してしまったのではなかろうか。

大寺（マハーヴィハーラ）の大僧房（ウポーサタ堂）は、「真鍮の宮殿」と称せられ、九階建てで千の部屋があった。わたくしはその遺跡を見たが、いまは崩れ落ちて荒れはてている。しかし、そこには、約一二フィート（三メートル六六）の高さの単石柱が約千六百残っていて四十列に並んでいる。

大寺には大きな石槽が残っていて、ガル・ナヴ（Gal-nav 石舟）と呼ばれているが、これはもと、この寺院の炊事場でたいたご飯をここに入れておいて、僧侶たちに配給したのである。これは、ここの僧侶たちが托鉢によらないで、荘園からとれる米の収穫に依存して生活していたことを意味する。その銘文から見ると、おそらく十世紀ごろのものであろうというから、そのころには、すでに僧院が大地主となっていたことがこの点からも確かめられる。

またセイロンでは後代になると宗派の分裂が起こったが、そのあとでも宗派の区別にかかわらず、アヌラーダプラの主要な僧院のすべての僧侶たちにここで食物の配給がなされたという。

こういう現象は西洋では絶対に起こらなかったであろう。こういう点でも、宗派の区分というものが西洋と仏教圏とでは全然意味を異にしていたことがわかる。

はじめての仏典書写事業

ヴァッタガーマニー・アバヤ王（Vaṭṭagāmaṇī-Abhaya 前四三～前一七）のときには、ローハナ地方に住むティッサとなのるバラモンがこの王に対して挙兵し、たまたま優勢なタミル族の軍隊が首都アヌラーダプラに進撃してきたため、国土が荒廃した。ときを同じゅうして、史上空前の大飢饉（前四三～前二九）が襲って餓死者も出た。そこで仏教教団の指導者たちは、仏教が危機におちいったのをうれい、マータレー地方のアルヴィハーラに集まって、その地方の首長の援助を受けながら、仏法をながく伝えるために聖典筆写の事業を行なった。

こうして、このときまでは仏教聖典（三蔵）は暗記口誦によって伝えられていたが、以後、貝葉《ばいよう》に書写されることになった。当時は、インドでもまだ聖典の書写はなされていなかったから、セイロンのほうがさきんじて行なったのである。

マータレーのアルヴィハーラは、はじめてパーリ語の仏教経典を書写したところとして知られている。平地の中に突如として岩山が現れるが、そこがかつて僧侶の住所となっていたのである。階段を登っていくと、いくつも洞窟がある。むかしの僧侶たちはその中に居住していたのである。この居住地もヴィハーラと呼ばれているわけであるが、インドやセイロンのことばでヴィハーラというと「精舎」と訳され、寺院の建物を連想するけれども、初期には洞窟の住所をいったのではないか、という疑問が生じる。

セイロン仏教の発展

ヴァッタガーマニー・アバヤ王は自分の名を冠してアバヤギリ・ヴィハーラ（Abhayagirivihāra 無畏山寺）を建立して、大寺（マハーヴィハーラ）から追放されたマハー・ティッサ長老とその追随者たちとを引きとって住まわせた。ここで仏教教団が二つに分裂対立するにいたったのである。大寺はセイロンの上座部仏教の中心として、保守的な伝統を堅持したが、これに対して無畏山寺はインドの仏教諸派と交流して自由な進歩的態度をとった。

アヌラーダプラには、アバヤギリ派のダーガバもある。頂上まで草木におおわれていて、ダーガバの傘蓋だけが三角帽のように見える。これは西紀前一〇〇年にヴァラガンバ王（Valagamba）が建設したという。

無畏山寺の荒廃したストゥーパ

マハーセーナ王（Mahāsena 在位三三四〜三六二）はセイロン史上画期的な傑出した帝王である。彼は即位すると、まず最初に大規模な水利事業に着手した。石の堤防をめぐらした巨大な貯水池を建設し、数千ヘクタールにおよぶ土地をうるおした。その一つは今日もなお、ほぼ一八〇〇ヘクタールの土地を灌漑している。こういう基盤のうえに、セイロンの仏教は新たに飛躍することになったのである。

この王はインドからの渡来者を厚遇し、大乗仏教の伝来にも好意的な態度を示し、大寺の境内に祇園寺（Jetavana-vihāra）を建てた。それ以後、セイロンの仏教界では大寺・無畏山寺・祇園寺が鼎立《ていりつ》することになった。

現在、祇園塔（Jetavana Dagaba）なるものが残っている。頂上の尖った傘蓋の部分は破壊されているが、基底から二三一フィート（約七〇メートル四〇）あり、基底の直径は三七〇フィート（約一一二メートル八〇）ある。四世紀にマハーセーナ王が建てたもので、ここの石柱の浮彫りは簡略で、線のつよいことなど、バールフットの彫刻を想い起こさせる。

インドとの交渉

セイロンとインドとの交渉はとくに密接であったらしい。アジャンターの壁画（六世紀）には船出の場面が見られ、セイロンの女武者たちがえがかれ、おそろしい牙をもった悪魔も見られる。全体として『ラーマーヤナ』の記述と一致する。また、ある壁画（アジャンター第七窟）はセイロンのシギリヤの壁画（五世紀ごろ）と似ていて、ある感覚的な共通性が認められる。

シリ・メーガヴァンナ王（Siri-Meghavanna 在位三六二〜四〇九）のとき、インドから仏歯（仏牙《ぶつげ》）をもらって王宮内に奉安し、それ以来、王位継承のしるしとした。四一〇〜四一二年にセイロンに滞在した中国の巡礼僧・法顕は、僧徒五千人を擁する無畏山寺が執行する仏歯祭の盛況と仏教界の現状を、その旅行記（『仏国記』）に詳しく述べている。

中部セイロンのキャンディの寺院にも仏の歯が安置されている。それは四世紀にインドからもってきたものだという。

キャンディ市は中央セイロンにおけるもっとも重要な都市である。人口約五万七千人で、緑陰に囲まれた紺青の湖水のほとりにあり、世界でもっとも壮麗な環境に位置している都市であるといって、セイロン人は誇っている。しかしこの都市を有名にしているのは、「仏の歯」を蔵すると伝えられる大寺院である。

キャンディの仏歯寺

キャンディの仏歯寺

この大寺院の中央堂舎は十六世紀につくられたとのことであるが、塗り直したために、きれいに見える。ストゥーパの形をしているが、そこに小鳥が巣をつくっている。以前には黄金が塗られてあったという。

別室には欄間に二頭のライオンの図が向かい合って、色彩あざやかに描かれてある。セイロンはむかしからライオンの子孫の国と呼ばれ、セイロンの国旗にもライオンの図が表されているが、それはセイロン建国の伝説にもとづくのであるが、じつはセイロンにはライオンはいないのである。

一室の中には水晶の仏像があり、また新しい彩色彫刻もあって、それには赤と黄と薄い青が用いてある。両側の人物像は怪奇である。肩の両側に二頭のライオンがのっていて、上に、向かって右には月、向かって左には日が刻せられている。上方には、異様な鳥が二羽見える。金翅鳥のつもりなのであろうか。

仏の歯をおさめてあるストゥーパ（ダーガバ）を、セイロン人は二階に登って拝む習わしになっている。二階には本殿の堂舎の前に柵をめぐらしたところがあり、その前に机があり、上に一面に花が置かれてある。四角の柵のかなたで開帳がなされるから、その前で拝むのである。しかしわたくしが訪れたときは、外国人だというので、特別に、階下の階段から本殿の中に入れてもらうことができた。

本殿に向かって右の横の口からはいり、左の口から外に出るのである。扉をあけてもらい、狭い階段を登っていく。本殿の上の中央に仏歯が安置されている。仏歯をおさめてあるストゥーパ状の宝器は中が七重になっていて、そのもっとも奥に仏の歯と伝えられているものが安置されている。それは極秘に大切なものとして保存されているので、三人の高僧が鍵を分けてもっていて、開けるのもものものしい手つづきがいる。その宝器は一面に宝石（サファイア、ダイヤモンドなど）をちりばめてつくった黄金の容器であり、一五二九年につくったものだという。中にある〈仏の歯〉は人間の歯ではなくて、おそらく歴史以前の獣の歯であろうとイギリス人の学者は推定している。

この本殿をとりまいて、まわりには三階の僧房がある。その外側は一面に白く塗られていて、明るい感じを与える。

アヌラーダ期大寺の教学は、インドからきた前述のブッダゴーサ（Buddhaghosa）によって、五世紀前半に確立され、今日の南方仏教の基礎をつくった。その役割を果たしたのが、彼による聖典の大部分の注釈と、教理についての体系的著作『清浄道論』である。

「ライオンの岩山」の壁画

シギリヤの岩の要塞

シリ・メーガヴァンナ王ののちにも幾多の帝王が出たが、とくに知られているのは、「親殺し」のカッサパ一世（Kassapa 在位四七八〜四九八）である。いまもセイロンの名所であるシギリヤに城塞を築いた。それは、荒れはてているけれども、周囲になお、濠や石垣をのこしている。

シギリヤとは、「ライオンの岩山」という意味で、平地からの高さ六〇〇フィート（約一八〇メートル）のだんご形の岩山である。わたくしは、そのふもとまで自動車でいき、それから徒歩で階段を登った。登り口にある貯水池（タンク）は、幅三メートル、横五メートル、深さ四メートルくらいある。これは灌漑用ではなくて、一朝有事のさいの要塞の備えであったらしい。

やや小高いところに登って横を見ると、ジャングルの横

シギリヤの壁画　王妃と侍女を描いたフレスコ画。赤・緑・黄色の彩色が美しい（5世紀）

に牧場があり、またトラクターで耕作しているのが見えた。緑地に囲まれた大きな湖は美しいが、灌漑用貯水池なのであろう。この辺の農場所有者は遠くに住んでいて、不在地主が多いという。農民の生活は貧しく、土でつくった家に住んでいる。

さらに、鉄骨をもって人工的につくられた螺《ら》旋《せん》状の鉄塔の中の急な階段を登っていくと、壁画のあるところにたどりつく。

シギリヤの有名な壁画は、この岩山の西面にある岩石の窪みにフレスコで美しく描かれている。長い年月のあいだ風雨に曝《さら》されていたのに、今日なお色彩はじつにあざやかで美しい。そこには二十二人の婦人像が描かれ、ある場面では一人の婦人が蓮らしい花を手にし、侍女らしい婦人が果物を盛ったかごを手にしている。他の婦人は垂らした右手に果物をもっている。仏に捧げようとしているのであろう。顔の色もまなざしもまちがいなくセイロン婦人である。

ところで、いまから千五百年のむかしに、この絶壁の窪みまで、どのようにして登ったのだろう。途中にはさらに大きな窪みがあるから、普通のはしごだけでは不可能であったにちがいない。今日では螺旋状の鉄塔の階段によっているが、かつてはどんな方法によったのか、今日、そのすぐれた技術はまったく謎である。

セーナ一世（在位八三一～八五一）のとき、インドから多数の真言密教の僧がおとずれ、アバヤギリ・ヴィハーラ（無畏山寺）内に居住し、金剛乗（密教）を伝えた。中国に密教を伝えた南インドの金剛智（六七一～七四一）と不空（七〇五～七七四）の両人は、それよりも早く七世紀に無畏山寺を訪れ、国王の歓待を受けている。この人々の伝えた真言密教がさらに弘法大師などによって日本に伝えられたことは、さきにも述べた。

千五百年間の古都アヌラーダプラ

アヌラーダプラ（Anurādhapura）は、ほぼ千五百年間セイロンの首都であった。史書によると、アヌラーダという首長が前六世紀にこの町を建設した。そののち一世紀たってからパンドゥカーバヤ王（Pandukābhaya）が首都をここにうつし、以来、八世紀のアッガボーディ（Aggabodhi）四世のときまで首都であった。南インドのパッラヴァ王朝の軍隊の侵略とともに、この都はすて去られ、のち十一世紀にもう一度首都となったことがあるが、ついに廃墟となってしまった。

ともかく九十余人の国王がここで統治していて、三百万人が住んでいたという。アヌラーダプラの遺跡で三〇メートル歩けば、かならずなにか古代文化の面影をみいだす。ポンペイの遺跡でもこれほどの古代の遺品は残していないといわれる。

この古代都市は幅が八マイル（約一三キロメートル）あり、広さは二〇平方マイル（約五

禅定（サマーディ）仏像
瞑想中の釈迦をかたどったもの

一・八平方キロメートル）といわれ、貯水池と灌漑設備が完備していた。今日でもなお当時の設備の恩恵を受けているのであるから、当時水利技術がいかにすぐれていたかがわかる（セイロンの若干の人造湖は周囲が五〇〜六〇キロメートルある）。

外側の道路のほとりにある禅定仏（サマーディ・ブッダ）の像は有名である。それは道路に沿う木立に囲まれて、両掌を合わせて静かに坐っている。静かな自然環境の中にあって、その相好がなんともいえず安らかなので、セイロン人は、「世界のどの仏像よりも人の心に訴えるものである」といって誇っている。たしかに、わだかまりのない素直さ、まじめさ、温和な中にも見られる力づよさは、この仏像独特のものである。

荒れはてたストゥーパも見え、またその近くにある古い池のあとが、まるで盆のように見え、猿がたわむれている。

祀堂や精舎の遺跡の多数あるところに出ると、大樹がまばらにあり、その下が芝生になっているところなどがあって、奈良の興福寺のあたりの園を思わせる。

戦士と上座部仏教との結合

アヌラーダプラの博物館にはいろいろのものが展示されているが、とくに、戦士の自決をたたえる浮彫りがある。日本の自決（切腹）と引き比べて興味深い。ある将軍（セーナーパティ）が自分の刀で自分の首を斬る浮彫り（十二世紀）である。その部屋に婦人像が二つあったが、やはり自決した人々なのであろうか。

これらは「英雄の石」と称せられるものであるが、他の一つの「英雄の石」（アヌラーダプラの近くで発見）には戦争の場面が刻出されている。そこでは戦士たちが弓や刀をもって戦っている。上のほうには仏像が刻せられていて、戦死者が天に生まれて神となり、仏の近くに坐すという思想を表現している（十世紀）。これをセイロンのことばでヴィルパットゥ（vilpattu）またはヴィーラガラ（vīragala）という。

これは、中世南インドにおける「英雄の石」（vīrakal）に対応するものであり、おそらく南インドからはいってきた風習であろう。戦場で勇敢に戦って死んだ武士が、死後天に生まれるという思想は、インドでは『リグ・ヴェーダ』から『バガヴァッド・ギーター』にいたるまで表明されているが、ここでは、この博物館の考古学者がいうように、上座部仏教とむすびついているのである。日本で仏教、ことに禅が武士道を基礎づけたが、セイロンでも、異なったかたちで武士道が仏教とむすびついたのである。

なお、五世紀にはじまったキリスト教ネストリウス派（ネストリアン、中国では景教）の十字架（六〜十六世紀）がこの地方で発見されていることも興味深い。

3　ポロンナルワ期および民衆の宗教

パラークラマバーフ一世の諸改革

十一世紀の初頭に、インド南部のチョーラ国王ラージャラージャ一世がセイロンを侵略した。チョーラ人による占領は一〇七〇年までつづき、このあいだに、首都はポロンナルワに移された。やがてヴィジャヤバーフ一世がチョーラ人を駆逐した。

次代の王パラークラマバーフ一世（Parākramabāhu 在位一一五三または五四～八六）は、軍事・行政面で卓越した手腕をふるい、水利の方式を改新し、農業の改善をうながした。彼は「たとえ雨粒を集めた小量の水でも、人間の役に立てずに海に流入させてはならない」ということばを残している。

現存の巨大な灌漑用人造湖は、一見自然の湖のようで、まわりは緑の樹木に囲まれて美しい。岸辺には放牧の牛が悠々と歩いている。あたりにほとんど家もみあたらず、白い休憩舎がくっきりと見える。その堤防は、かつてパラークラマバーフ一世がつくったために、この湖は「パラークラマ湖」と呼ばれている。取水口も精巧にできていて、当時の測量技術の優秀さがわかる。

パラークラマバーフ一世はまた仏教教団を浄化した。その後、大寺は正統上座部の仏教の根拠地とされ、全セイロン仏教を統率して今日にいたっている。一方、無畏山寺は廃墟と化した。

首都ポロンナルワの栄え

ポロンナルワは十六世紀までセイロンの首都であったが、十二世紀にその絶頂に達した。その繁栄は当時の灌漑技術の発展に基礎づけられていたのである。一九六〇年、セイロン政府調査局の発行した古代灌漑図表によると、中部セイロンには約十七の灌漑路がつくられていた。

前記パラークラマ湖の堤の近くにあるポトグル・ヴェーヘーラ（Potgul Vehera）には、岸壁にパラークラマバーフ一世の大きな浮彫り立像がある。人間の背丈の二倍半はあるだろう。王冠もさることながら、口髯《くちひげ》をながくのばして垂らしている国王の、肥った丸っこい顔容は、中国の帝王を思わせるものがある。

パラークラマバーフ１世像

ポロンナルワには、国王の宮殿の遺跡がいくつも残っている。そのうちの一つに、柱だけが高い基底の上に並んでいる宮殿の遺跡がある。そこの標示板には、「国王の娼婦であったブジャンガの亭屋」としるされ、パラークラマバーフ一世の宮殿の中にあったことがのべられてい

ヴァタダーゲー（ポロンナルワの円形仏舎利堂）の門衛と半円形踏石（1196年）

る。「王妃」と書かないで、「娼婦」という文字が使われているのは奇妙であるが、古代インドやセイロンでは地位の高い娼婦もいて、国王が気に入りの遊女をつれてきて住まわせていたのであろう。しかし記録によると、この「亭屋」は国王の謁見室として使われたという。

王の浴池も比較的よく保存されている。ほぼ四角な浴池で、各辺に、引っ込んだ小辺があり、周囲は三段になっていて、どこからでもおりられるようになっている。国王がここで沐浴したのであろう。また、全体が満開の八葉の蓮弁のかたちをしていて、弁のどこからでもおりてゆける池もある。

ポロンナルワのストゥーパや祀堂

ここの最大のストゥーパはニシャンカ・マッラ王の建てたランコット・ヴィハーレー（Rankot Vihare）である。高さ一八〇フィート（約五五メートル）、基底の周囲は五五〇フィート（約一六七メートル）ある。以前はルヴァンヴァリ（Ruvanvali）という名であった。

ヴァタダーゲー（Vaṭadāgē）という祀堂はインドふうのストゥーパの前につくられた祀

堂であるが、ニシシャンカ・マッラ王が一一九六年に建てたもので、四つの入口に向かって、それぞれ仏像が安置されている。一つの仏坐像は素朴だがゆかしさがあり、掌《たなごころ》を重ねた両手に生き生きした動きが感ぜられる。またそれぞれの入口にある門衛（dvārapāla）を表した諸浮彫りはなかなかの傑作である。ヴァタダーゲー北門入口にある半円形の月長石の浮彫りは美しい。多くの象や馬がそれぞれ一列に彫り出されている（これとそっくりの浮彫りが西ベルリンの仏教寺院にもつくられている。ドイツ人の医師パウル・ダールケ〔一八六五～一九二八〕が発願してつくったのである）。

この地における最大の祀堂はランカー・ティラカ（Lankātilaka）と呼ばれるもので、レンガづくりで長さ一七〇フィート（五一メートル余）、幅六六フィート（二〇メートル余）ある。壁は五五フィート（一六メートル余）ある。内部の礼拝所には頭のもげた巨大な仏像が立っている。これはパラークラマバーフ一世の建てたもので、のちにヴィジェーバーフ四世が修理した。

ポロンナルワにはヒンドゥー教の信仰もはいっていた。シヴァ派の寺院がかなり完全に残っている。

すこしく離れたところに、岩山に掘った祀堂がある。パラークラマバーフ一世の創建したものであるという。ガル・ヴィハーレー（Gal Vihare）と呼ばれるが、ここにあるゴータマ・ブッダ涅槃の彫刻は有名である。四四フィート（一三メートル余）の長さがある。枕には蓮華の模様が彫り出されている。横臥しているブッダのかたわらで愛弟子アーナンダ（阿

涅槃の仏像　左側はブッダの入滅を悲しむアーナンダの像。ガル・ヴィハーレー

難）が泣き悲しんでいる。

ほかに仏の立像が二つある。一つは両手を組み、まなざしを静かに下に向け、あたかも生きた人間、しかも高貴の美男子が物思いに沈んで、地面をながめているかのようである。耳の長いこと、白毫相など、たしかに仏像のつもりであろうが、このように血のかよった人間を思わせる仏像がセイロンにあろうとは、わたくしは予想もしなかった。

古代にねざす諸習俗

民衆の習俗や宗教はその歴史をたどりがたい。しかし、おそらく古代に由来するであろう、と思われるものがいくらでもある。

セイロンにおける祭りのうち、とくに有名なものはペラヘラ（Perahera）の祭りであるが、それは、ねり歩く行列で名高い。象もかり出される。卍の字は仏教とともに日本にはいってきたが、セイロンの田舎では、ペラヘラの祭りのときに花で大きく卍の字をつくり、車にのせてねり歩く。キャンディにおけるペラヘラはひじょうに盛大である。

さすがにセイロンは仏教国で、放送局――ラジオ・セイロンの前には、花見堂のようなお堂があって、中に仏坐像が安置され、花と水がそなえてある。僧侶のための仏教の大学も、白く塗られた校舎の中で授業が行なわれ、片側には壁も仕切りもなく、開けっ放しである。暑熱の南国ではこれで十分なのだろう。

ポロンナルワの遺跡にはおもしろい樹がある。それは、二種類の異なった二本の樹木がくっついて一本になっている。人工的な接木《つぎき》ではなくて、自然にそうなったものらしい。その木に⌂のかたちの布片がたくさんつけてある。祈願のしるしなのであろう。根元に菩薩像を刻した板碑がついている（セイロンも古代には大乗仏教が行なわれたから、菩薩像の彫刻があっても不思議ではない）。

ポロンナルワからアヌラーダプラ市へ車を走らせているうちに夜になった。真暗い原野の前方に、赤炎が舌なめずりするように燃えあがって高く広がっているのが見えた。火葬をしているところで、近づいてみると、一定の土地をくぎって、まわりになわを張り、多くの白い紙片をそれにつけて、しめなわのようにし、中に薪を積んで燃しているのである。あたりには人かげはなかった。

なお、セイロンにいるインド系タミル人のあいだでは、寺院で男の四肢をしばってつるし、失神状態におちいらせ、その男を通じて神のお告げを聞くということも行なわれている。これも、いまに生きている古代インドの習俗にちがいない。

4　ネパールの国土と人

カトマンズ渓谷

雪山ヒマラヤの国ネパールは、かつては、はるかに遠い神秘の国と考えられていたが、いまはそのようなものではない。インド連邦と中華人民共和国の二大国にはさまれて、両方の状勢を気にしながら自活している王国である。さきごろ、カトマンズ渓谷に新しくつくられた自動車道路は、チベットのラサをへて、北京に直通している。ネパールはけっしてヒマラヤによって隔絶されているのではない。空間的にも北京に直結している。

この道路はまた、首都カトマンズから南下して、ガンジス川流域――デリーに通じている。つまり、電波だけでなく、近代的南北交通機関によって、世界状勢を敏感に受けているのである。

ネパールの国土は、日本の三分の一よりは広く、半分よりは狭い。そしてそこに、九七〇万の人々が生活している。ネパールというと、すぐにヒマラヤ山嶺を連想するけれども、実際には、その白雪の銀嶺を見ることは、九～十月をのぞいてはまれである。たいていは靄《もや》に包まれているからである。

ネパールは山岳が多いため、国内の諸地域のあいだの交通をはばんでいる。

この事情を示す適例として、ネパール国は一九六六年ごろには、入国する外国人にネパール国のヴィザを発行しなかった。カトマンズ渓谷へはいるためのヴィザとか、ルンビニー県へはいるためのヴィザというふうに別々に発行した。だからカトマンズへきた外国人がルンビニーへいくためには、新たにヴィザを申請せねばならなかった。

ただ一つの言葉ネパーリー語

ネパールには十四の県があるが、ゴータマ・ブッダの生まれたルンビニーはその一つである。ネパールの西南部にある県で、インドとの国境に沿った南部一帯は耕地より成る。ルンビニー県の中央には東西にチュリア丘陵が走っていて、東にも西にも森林におおわれた丘陵があるために、ネパールの他の県と交通することはひじょうに困難である。

こういう事情であるために、ルンビニー県の人たちが首都カトマンズと往来するためには、ルンビニーの近くのバイラヴァ空港から飛行機で出かけるほかに道がない。これに反して、インドとの交通はきわめて容易である。ルンビニー県とインドとのあいだには、山岳も峠もない、ただ平坦な沃野がつづいているだけである。だからルンビニー県は、地理的にはネパールのうちでは孤立しているが、インドには接続している。

ネパールは、このように相互に連絡をとりにくい多数の県から成っているので、これらの諸県を一つの単位にまとめることは、古代にはなされなかった。「ネパール」(Nepāla) という名称さえも古い時代にはなかった。Nepāla という名称は、のちのプラーナ文献や史書『ラージャタランギニー』にはじめて現れるのである。それ以前には一つの独立国ではなかった。

このように諸地域相互の連絡が悪いにもかかわらず、ネパール人の誇っていることがある。それは全国を通じてただ一つの言語ネパーリー語がどこでも通用するという事実である。もちろん辺境には種々の言語が使われているが、それは、局地的な現象にすぎない。

ネパールには鉄道がほとんどない。わずかにインドとの境に一本あるだけである。このような遅れた「秘境」から、一気に飛行機時代に突入したのである。航空機公団が組織され、ネパール人の飛行士たちは国内十二の飛行場から毎日飛び立っている。

アーリヤ人であろうと、非アーリヤ人であろうと

ネパール人は日本人とじつによく似ていて、日本人と区別のつかないような人々がいる。事実、わたくしはたびたびインドへ旅行して、かつてインド人だと思われたことはないが、ネパール人とまちがえられた経験がある。そのことをネパールの国立大学の卒業式の祝賀講演の中で披露したところ、学生たちが拍手喝采をしてくれた。

他方、このごろはネパールの知識人でアメリカへいく人々が増えたが、帰路に日本とはどんなところか、立ち寄ってみたいと思い、日本航空の飛行機に乗ったところ、困った、という。スチュワーデスが日本語で話しかけるのだそうである。そうした顔容だけでなく、ネパール人が米を主食としている点も日本人と共通している。

ネパールにはいろいろな人種や部族が住んでいるが、おもなのはネーワール人である。彼

らの祖先はもとチベット種であり、北方のチベット高原から南下してきたと考えられている。
しかしまた、ひじょうに古い時代から、種族的・文化的に、インドの影響をつよく受けていた。とくに支配階級・上層階級にはアーリヤ人種の血をうけている人々が多い。そこでネパール国民は、自分らのことを称するときに、「アーリヤ人たちであろうと、非アーリヤ人たちであろうと……」といういいかたをする。

大樹崇拝

ネパール人はヒンドゥー教徒であるが、また仏教寺院にも参詣してそのあいだになんの矛盾も感じていない。仏教寺院でヒンドゥーの神々が拝まれ、またヒンドゥー寺院に仏教の仏・菩薩がとり入れられている。

ネパールはむかしは未開な住民が住んでいるだけであった。

ネパール渓谷の東部およびコーシ（Kosi）川流域方面には、高貴のほまれ高いリッチャヴィ（Licchavi）族の一支族と考えられるキラータ（Kirāta）族が住んでいて、ブッダ時代に相当の勢力をもっていた。タラーイ盆地にはシャーキヤ族（シャカ族）やコーリヤ族が住んでいたが、シャーキヤ族はみずから太陽の裔であると称していた。

ネパールの人々には、最古代からの習俗や信仰が今日なお生きているものがある。たとえば、ネパール人は大樹を大切にする。樹の幹が朽ちて空洞ができると、そこにレンガをいれて支え、その大樹の原形をたもっているのが見られる。

カトマンズの「春の都の宮殿」（ヴァサンタプル・ダルバル）の最上階（六階）から展望すると、向こうにタレージュ（Taleju）女神の寺院が見える。タレージュ女神は王家の守護神であるという。その中庭には多数の柱がまわりに建てられているが、十月には何百という水牛がそこにつながれて殺されるのであたりは一面に血の池になるという。その柱を「ユーパ」とよぶのか、と思ったが、彼らはそうは呼ばないという。とすれば、ヴェーダ祭式の祭柱（ユーパ）との連想はないのであるから、ヴェーダ祭式とは無関係なのであろう。仏教以前に由来するこういう残酷な祭礼がまだ残っているのである。

5　仏教時代とその文化的影響

アショーカ王とカトマンズ

西紀前のネパールの政治状勢はよくはわからないが、だいたいはインドの強大国に従属していた。ゴータマ・ブッダを生んだシャーキヤ族は北インドのコーサラ国に従属していたが、のちにこの国のために滅ぼされてしまった。そののち前三世紀には、インドのマガダ国のマウリヤ王朝に従属していたらしい。

前二五〇年ごろ、アショーカ王は、カトマンズ渓谷を訪れ、そこに彼の娘が住みついて、現在のパシュパティナート寺院の近くにデーオパタン（祠）を建てたという伝説がある。その真偽のほどは疑わしいが、ゴータマ・ブッダの誕生の地ルンビニーを訪れたことは事実である。ルンビニーが、マウリヤ朝アショーカ王時代にはその帝国の一部をなしており、そこからアショーカ王石柱や碑文が発見されたことは、さきに述べた。

カトマンズから、近くの古都パータンへいく途中に、アショーカ王が建てたと伝えられるストゥーパがある。この塚が本当にアショーカ王の建てたものであるかどうかは、発掘してみれば解明されるかもしれないが、現在のところ、ネパール人の敬虔な宗教心がそれを許さないのであるという（アショーカ王がカトマンズの地方まで支配していたかどうかはよくわからない）。

アショーカ王の時代に仏教が伝わったことは、ネパール国の形成にあずかって力がある。伝説によると、カトマンズ渓谷はかつて湖や沼沢地であったが、多くの仏がきて湖の中の蓮を拝んで帰ったのちに、中国から巡礼にきた文殊師利菩薩《もんじゅしりぼさつ》によって、峡谷がひらかれ、湖の水が干されて、平野ができた（この菩薩はインド、中国、日本で拝まれている文殊と同じである）。彼は中国に帰り、弟子のダルマーカラを、この国の最初の王として残したという。ここでは建国神話が、日本のばあいとは異なり、仏教の精神的雰囲気のうちにつくられているのである。

四世紀になって、ネパールにはリッチャヴィ王朝が成立し、それ以後、ネパールの歴史はかなり確実性をもってたどることができる。リッチャヴィ族がインドのグプタ王朝に破られてから、こちらに逃れて、ネパールを統治していたのである。グプタ王朝の盛時には、その藩属国として従属していた。

リッチャヴィ王朝のマーナ・デーヴァ王のもとでは商業が繁栄し、インドやチベットとの交易がこの国を豊かにした。チャング・ナーラーヤン（Chang Narayan）寺院の石碑（四九六年）は、この統治の成功を示している。

タークリ王朝からマッラ王朝へ

そののち幾多の王朝が交替したが、ネパールを統一したのはアンシュヴァルマン王（Amsuvarman 五九五〜六四〇）である。彼は西インドで武勇をもって鳴るラージプット人であったが、ネパールのシヴァデーヴァ王の娘と結婚し、やがてネパール王位について四隣を支配した。

彼はタークリ（Thākuri）王朝を創始した。アンシュヴァルマン王の時代は、チベットにおける吐蕃《とばん》王朝の勃興期にあたり、王はその娘チツン姫を、チベットを統一した吐蕃王ソンツェン・ガンポのもとにとつがせ、チベット王を仏教に帰依させた。チベットの勢力はネパールにもつよくおよんだらしい。その後、ネパールは吐蕃に服属することになった。唐僧玄奘がネパールをとおったのは、アンシュヴァルマンの没後数年のことである。

タークリ王朝第七代のナレーンドラ・デーヴァ王は、今日でもなお尊敬されている聖者マツェーンドラをネパールの渓谷に招いたという。最初の中国人求法僧団がネパールを訪れたのも彼の治世のことである。『唐書』には「泥婆羅《ないばら》国」として記録されている。

八八〇年ごろ、マッラ（Malla）王朝が成立するにおよんで、ネパールはチベットの束縛を脱し、新しい時代を迎えた。ネパール人は従来は牧畜・農耕を主としていたが、新王朝のはじめ二、三代のあいだに、手工業や商業が盛んとなり、カトマンズ以下大小の都市が出現した。インドのパーラ王朝の盛時にあたり、チベットとネパールとのあいだには仏教僧侶の往来もしげく、仏教がひじょうに栄えた。

マッラ族は古くからネパール史上に現れるインド系種族であり、ルンビニー平野に近いところに住み、ゴータマ・ブッダが亡くなったのもマッラ族の居住地においてであった。その種族がネパール全体を支配するにいたったのである。

日本仏教との類似

ネパールの仏教は一般に大乗仏教と真言密教（金剛乗）との混じたものである。そこでは種々の仏・菩薩が信仰されているが、注目すべきものとして、文殊信仰がある。文殊は悪魔を殺したので人々の守護者となり、また学識をつかさどる菩薩である（文殊の智恵）。弁才天（サラスヴァティー）は彼の妻であるという。

ネパール仏教と日本仏教とのあいだには、不思議なほど多くの一致がある。たとえば、ネパールの仏教では「九つの教え」(Nava Dharma）といって、つぎの九つの経典をとくに尊重している。

1　『八千頌般若《はっせんじゅはんにゃ》』

貝葉経　棕櫚の葉でつくられた写経の古い時期のもの（12世紀後半，ネパール出土）

2　『華厳経』入法界品《にゅうほっかいぼん》
3　『十地経《じゅうじきょう》』
4　『月燈三昧経《がっとうざんまいきょう》』
5　『楞伽経』
6　『法華経』
7　『一切如来金剛三業最上秘密大教王経《いっさいにょらいこんごうさんごうさいじょうひみつだいきょうおうきょう》』
8　『ラリタ・ヴィスタラ』（『方広大荘厳経《ほうこうだいしょうごんきょう》』にちかい、神話的な仏伝）
9　『金光明経《こんこうみょうきょう》』

そして、これらは日本の仏教でも大いに尊ばれている。

さらに宗教の現実面において興味ある一致または相似がある。ネパールの僧侶たちは金剛師（ヴァジラーチャーリヤ）とよばれ、寺院の建物のうちに住んでいるが、彼らはネパール服をまとい、ネパール帽をかぶっているのみならず、結婚して家庭をつくっている。カトマンズ最大の仏教霊場であるスヴァヤンブー寺院に参詣すると、寺院の建物の中からこどもたちが元気よく飛び出してくる。僧侶たちの子どもなのである。

このように世界に数多い仏教諸国のうちで僧職者がおおやけに独身生活を放棄してしまっ

たのは、日本とネパールだけである。

僧侶が知っていなければならない唯一つのことは、儀礼をいかに実行するかということであるが、その中でもとくにホーマの儀礼が重要である（これは日本における「護摩をたく」ことと同じである）。特別につくられた炉の中にもえ立っている炎の中にバターや穀物を供える儀式がインドのバラモン教で古くから行なわれていたが、それを仏教徒がとりいれたのである。

スヴァヤンブー寺院　カトマンズ最大の仏教霊場

類似をもたらした条件

ところで、ネパール仏教がとくに日本仏教と類似した特徴を示すようになったのはなぜであろうか。それは、風土的歴史的に条件づけられた社会生活という視点から解明されるように思われる。

インドは地域が広いので、ある場所で住みづらくなると、仏教の修行僧らは他の土地に逃げることができた。イスラーム教徒の軍隊が攻めてきたとき

古くから栄えた宗教の町パータン

に、仏教僧らは、東ベンガルやアッサム・オリッサ・ネパール・チベットなどに逃げこんだ。しかし、ネパールは山々に囲まれた限られた渓谷である。僧院の僧侶たちはヒンドゥー教的な心情と習俗をもつ民衆にとり囲まれている。

さらに、カトマンズやパータンの僧院は、隠棲の場所ではなくて、民衆の真中に位置している。そこで修行僧らは社会に適応せざるをえなかった。彼らはバラモンと同様に、社会の「尊敬さるべき人々」(banra) とみなされ、最高のカーストに属させられた。このおおやけのカースト所属は十四世紀中葉になされたことであるが、それとともに古風な仏教は死んでしまったのである。

仏教徒たちがカースト制度に従属するとともに、古い僧院制度は死滅してしまった。そしてついに、社会に対する最後の譲歩として、彼らは独身生活をすててしまった。そのためにはタントラ仏教の理論がその道をひらいたのであろう。そこで僧侶たちはバラモンと同じ特権を享受し、またそれを要求するようになった。僧職は世襲となり、寺院は彼らによって保護された。

ネパール仏教を現世的なものとさせた他の一つの理由は、ネパール人の生活における勤労の、尊重の精神ではないかと思われる。ネパールには渓谷はあるが平野はない。ネパール最大のカトマンズの飛行場でさえも、丘陵の中腹につくられている。ジェット機を飛ばす飛行場をつくることは困難であろう。こういう風土においては水田も畑も階段状につくらざるをえない。

　ところで、このような土地に水田や畑をつくることは、平地よりはるかに多くの労力を要する。そこでは自然に対して積極的にはたらきかける必要が生じる。ネパール人はおっとりしているが、しかし働くのをそれほどいとわない。霊場には乞食がいるが、その他の場所には見当たらない。

　こういう環境においては、ヒマラヤに住む聖者というようなものは、宗教的理想としてはあこがれの的にはなるが、一般にはしたがいにくいものである。独身の隠遁生活よりも、むしろ人間を産み育てることのほうが尊ばれるのは当然であろう。現実的な真言密教が尊ばれるにいたったゆえんである。

　ある集会で、わたくしはタントラ仏教の、鈴の音に合わせて踊るネパールの踊りを見た。一人の男、ついで一人の若い婦人が美しく着かざって舞いを演じた。横に日本人そっくりの顔をした人が鈴を手にして歌い、それに合わせて踊り手が優雅に舞うのであるが、なにかしら日本の、鈴の音に合わせた御詠歌を聞く思いがし、ヒマラヤに囲まれた山国ネパールと、海に囲まれた島国日本と、心がかようように思われた。

6　ヒンドゥー時代とその文化的影響

インド人の侵入とヒンドゥー文化の支配

十三世紀になると、イスラーム教徒に迫害されたインド系の種族があいついでカトマンズ渓谷内に侵入した。そして、スーリヤヴァンシ（Sūryavaṃśi）王朝はバトガオン（Bhatgaon）を都として、この渓谷の内部を制圧した。このインド系人の移住によって、ネパールの文化が発達するようになったという。

十四世紀後半に、ジャヤ・スティティ・マッラ王（Jaya Sthiti Malla 在位一三八〇～九四）によって、マッラ王朝のネパール統治が再興された。彼はヒンドゥー系の文化を保護し、かつ刑法・財産法などを定め、インドのカースト制度を導入した。ネパールのヒンドゥー化はここに確立したのである。マッラ王朝による統一は十五世紀後半までつづいた。

十八世紀になると、カトマンズ西方の丘陵上の小さな町から起こったグルカ族のプリティ・ナラヤン（Prithi Narayan）が、マッラ王朝を倒し、現在にいたるグルカの王朝を創始した。グルカ族は武勇をもって鳴るが、西インドのウダイプルの勇敢なラージプット族の裔であるという伝説がある。グルカ族の支配者たちは、ヒンドゥー教を奨励した。

現在でもネパールの国教はヒンドゥー教である。インド連邦が宗教は何でもよいことにしてかならずしもヒンドゥー教に固執せず、宗教と政治を分離しているのに、ネパールがヒンドゥー教を国教としているのはおもしろい。ネパールはヒンドゥー教を国教とするただ一つの国なのである。

ネパールのカースト制度

ネパールの社会はインドと同様にカースト制度によって構成されていた。カーストはいちおう古代インド法典にしたがって四種であるが、実際は無数のカーストがある。しかし、一九六二年のデモクラシーの実施とともに、カーストの厳格さはしだいにうすれつつある（現行の憲法では、カースト・信仰・宗教・性の区別にもとづく、いかなる差別待遇もしてはならない、ということになっている）。

ヒンドゥー教寺院の彫刻　軒下には男女交合を描いた彫刻がみられる（カトマンズ）

不可触賤民の差別待遇は、まだ行なわれているが、今日では主として老人のあいだでのことであり、教育ある人々のあいだではあまり問題とされていない。消失してしまったとはいえないが、日々消失しつつある。不可触賤民の差別待遇はほぼ七五パーセントはなくなったといえるであろうとネパールの知識人は語っている。

不可触賤民としては、たとえば、damayī（裁縫師）、kasāyī（屠者）、sarki（靴屋）などがあるが、彼らはしだいに教育を受けつつあるので、その地位は高まってきている。

ところで現実の社会においては、国王が最高の存在として尊敬されているが、しかしカースト制度によると、バラモンのほうが王族よりも上に位置する。

ではバラモンは国王に対してどのような態度をとるか、というと、一般民は合掌して王を礼拝するのであるが、バラモンは国王に対して、両手をひらいて、すこしく垂らして、掌を上に向けてあいさつする。それは祝福（ásīrbād）を意味するのである。

世界唯一のヒンドゥー国家

ネパールはヒンドゥー教を国教としている。そのことは憲法に明記されていて、教育もヒンドゥー教の線に沿って行なわれている。ヒンドゥー聖典の秀句集という種類のものがつくられ、トリブヴァン大学では一般教職員に配布している。

大学の卒業式でも、大学副総長が訓示の中で「ネパールは世界において唯一のヒンドゥー国家である」と誇らかに宣言している（インドは政治と宗教とを分離した国家であるから、ヒンドゥー教国とはいえないのである。かえって人種的にはアーリヤ人でない人の多いネパールがヒンドゥー国家として残っている）。

ネパール国の守護神というか、国の神はパシュパティである。それは「獣の主」ということで、シヴァ神を指し、このばあい、人間はシヴァ神の家畜にたとえられている。また、その妃カーリーの崇拝も盛んである。サラスヴァティー（弁才天）も拝まれる。あるヒンドゥー寺院には、ガネーシャ神（大聖歓喜天《だいしょうかんぎてん》）が彼の妃とともにネズミの上に乗っている図がある。ガネーシャ（またはヴィナーヤカ）は学問の神としても仰がれている。

パシュパティナート寺院

パシュパティナート寺院は、パシュパティすなわちシヴァ神にささげられたもので、五世紀初頭につくられたといわれ、聖河バグマティー（Bhagmati）の両側にわたって建てられている。シヴァラートリー祭のときには大勢の巡礼が参詣する。伝説によると、ヴィシヌ神と梵天とがこれをここにつれてきて祭ることにしたという。

　パシュパティ聖域に達すると、まず、マンガラガウリーの祀堂がある。入口にはガンジス川の女神とヤムナー川の女神の像が彫刻されている。他のある祀堂ではキラータ大女神（マハーデーヴィー）を祀るが、中央には鹿の像がある。

　シヴァとリンガの像があり、聖牛ナンディンもあれば、仏像もある。また、シヴァ神とウマー妃

ヒンドゥー教の聖域パシュパティナート　多数の小祀堂が並んでいる

シヴァ神とウマー妃　下方にシヴァの乗物の牡牛ナンディン，獅子，聖者その他の像が彫られている（12世紀ごろ）

のかたわらで、横の女が合掌をし、特殊な手印形を示している像もある。十六世紀のヴィシヌ像、リンガ、金翅鳥に乗ったヴィシヌ神、悪魔やガネーシャ像など、いろとりどりである。樹木の中に祀堂の置かれているものもある。とくにこの寺院の銀の門の前にうずくまっているナンディン牡牛の巨大な像は有名である。それは銅でメッキされている。グンジェーシヴァリー・デーヴィー女神とゴーラクナートの像が並んでいるのも眼をひく。

これらの諸祀堂は十三～十四世紀のものであるが、しかし、中の彫像には紀元前のものがあると、トリブヴァン大学の先生は説明する（紀元前のものがはたしてネパールにあるかどうか、若干疑問であるが）。

しかしこれらのヒンドゥー芸術も、十三世紀にベンガルのイスラーム教王（Sultan Samsuddin）がやってきておおいに破壊し、宝物類を奪い去った。パータンの寺院および宮殿も被害を受けたという。

ひろびろとした石畳の階段に沿って小祀堂が並んでいる。これは富裕な人々が金をもうけたので寄進し、功徳を積むのだという。しかし家族の祀堂というようなものではない。

バグマティー川の流れる聖域

バグマティー川のほとりに同じ型式の小祀堂が多数並んでつくられている。横があいていて、中が見えるようになっているが、どれにもリンガだけが真中に安置されていて、よそものには異様である。

パシュパティナート寺院はネパールのヒンドゥー教の聖域である。敬虔な信徒はここにきて死にたいと願う。そこで病人は死期が近づくとここへ連れてこられ、死ぬとバクマティー川の岸辺の石畳で火葬にし、骨はこの川に流してしまう。

ここに連れてこられた病人は、家に帰ることが許されない。ときには厄介な病人を連れてきて捨ててしまうことさえもあるという。川の流れに沿って大きな石畳が水中に突出しているが、ここは王家の人々専用の火葬場だという。

ネパールの寺院はもともと民家と同じタイプであったらしい。どの家も寺院にある建物とたいしてかわらない。屋根をたるきで支えてあるものもある。そこににんにくなどをぶらさげて乾かしてある。ネパールの建築や彫刻の技術は、すでに古い時代に高い水準に達し、その工匠はチベットやインドにも招かれたという。

都心部には美しい花園で飾られた「宝の公園」（ラトナ・パーク）があるが、その公園の近くに、四角に柵で囲まれた大きな池の中に白亜の寺院が建てられている。それはナーラーヤナ寺院で、マッラ王朝時代につくられたものであるという。また、その近くにカーリー寺院もある。カーリーはシヴァ神の妃である。

はるかな往古のヨーガの伝統

ネパールにはまた、インダス先住民文明にさかのぼるヨーガの伝統が生きている。大学教授でサンスクリットを専門にする人々はサンスクリットの会話が自由自在である。

卒業式の前日に「これからムドラー（仏教でいう「印《いん》」）の実演があるから、見に来ないか」といわれて、諸教授と一室におもむいたら、まずバラモンの一人の子どもが種々のヨーガの坐法を実演し、それをサンスクリットで説明していた。つぎにその父親らしいバラモンがやはり種々の実演をしてみせて、みなが拍手喝采した。

これを分析すると、（1）ヨーガの行法が、ネパールでもバラモンの家系においては、まだ継承され、実践されている。（2）しかし一般の人々とはもう縁遠いものになってしまった。だからヨーガの実演があるというと、それを見たさに大勢の人々が集まってくるのである。

ネパールのヒンドゥー寺院は、南方仏教やインドのヒンドゥー教におけるような、酒に対する潔癖性をもっていない。市内の大公園、宝の公園の近くにあるヒンドゥー寺院の一階は、外に面した部分が酒店であり、ネパール文字で「ワーイン・シャプ」と大きく広告している。これは南方インドのヒンドゥー寺院には絶対に見られない光景である。

おわりに

グプタ王朝が崩壊してインドの統一が失われたということは、インドだけの問題ではない。ユーラシア大陸における匈奴を中心とした諸民族の移動がこの変動を起こしたのである。

さしも強大を誇った西ローマ帝国が異民族によって破壊されてしまったように、絢爛華麗な文化の花を咲かせたグプタ王朝の栄華も匈奴などの侵入によってあえなくついえてしまった。これからインドは国家統一を失い分裂の状態へとはいってゆく。そうして十六世紀のアクバル帝の出現まで、インドは国家としては四分五裂の状態がつづくのである。

しかしインドはけっして暗黒状態にはいったのではない。分裂しながらも文化の花を咲かせていた。分裂して対立状態にあった一つ一つの王国が、ヨーロッパの国々よりもはるかに広い領土を支配し、はるかに多い人間を統治していた。そうして王朝の盛衰興亡はインドの農村共同体にはたいして意味をもたなかった。

インド人はしばしば国王と盗賊とを同類のものとして扱ってきた。王朝が替わったということは、インドの民衆にとっては町の暴力団の親分が替わったという程度の意味しかもたなかった。彼らは暴力をもって人民に危害を加える。だから税金や貢物を言われるがままに払って、厄のがれをしておればよいくらいにしか考えていなかった。

彼らは司祭者としてのバラモンを崇拝し、その指示にしたがうことによって生活をつづけていた。民衆はむかしながらのヴェーダの祭りを行ない、ヒンドゥー教の生活習慣を保持しつづけていた。この構造を、侵入してきたいかなる蛮族もイスラームも変更することができなかった。

だからグプタ王朝は滅び、さらにそれ以前の諸王朝も消え失せたけれども、その文化はけっして滅びなかった。カーリダーサの作品は引きつづき愛唱され、その戯曲はつねに上演されていた。正統バラモンの諸哲学学派は断絶することなしに今日にいたっている。寺院建築もグプタ王朝時代のものが、後代のための範型となっている。社会慣習についてもこの時代までにできた法典が後世まで奉ぜられた。

グプタ王朝まででインド文化の類型的特徴はいちおうできあがったのである。つぎの時代になると、それを洗練し、より精密繊細なものとしたという点で発展が見られる。

つぎの時代に起こったイスラームの侵入は、インド人の社会生活に大きな変動をもたらし、一部の人々はイスラームに改宗したが、他の人々にはかえってヒンドゥーとしての自覚を起こさせた。そうして彼らはむかしからのヒンドゥーの文化を仰ぎ見て、それをよりどころとしたのである。

インドの古代はけっして死ななかった。後代に生き、さらに現代のうちにも生きているのである。さらにインド周辺の諸民族に及ぼした影響は大きい。古代インドの文化、主として仏教文化が、南アジア・東アジア諸民族の精神的なよりどころとなって今日に及んでいる。

参考文献

1　インド史一般

(1)『印度史概説』　足利惇氏　アテネ新書60　弘文堂　一九五四
インド史の簡単な概説であるとともに、文化の諸相を述べている。

(2)『インド史』　山本達郎編　世界各国史X　山川出版社　一九六〇
四人の学者の共同執筆になるが、ヨーロッパ勢力の侵入以後がひじょうに詳しい。約六〇〇ページの大冊である。

(3)『インド史』　岩本裕　現代選書　修道社　一九五六
ヒンドゥー文化の形成とイスラーム文化の伝播にスポットライトをあて、インドの独立の過程を描くにあたって、ヒンドゥー教徒とイスラーム教徒との対立の面から書いた。

(4)『インドの歴史』　K・M・パニッカル　坂本徳松・三木亘訳　東洋経済新報社　一九五九
著者は歴史学教授であったのみならず政治家・外交官としても活動した人であるが、インド人の立場から総合的に書かれた史書の代表的なものである。

(5)『インド史』　ピエール・メイル　岩本裕訳　文庫クセジュ　白水社　一九五四
イスラーム侵入以後が詳しい。

(6)『古代史講座』全一三巻　学生社　一九六一～六六
古代インド史についての種々のすぐれた論文がおさめられている。いくらか専門的なものもあるが、重要な問題をとり上げている。

2　インド古代史

(7)『印度古代史』　佐保田鶴治　弘文堂　一九四三

古代史としては適当な通史である。

(8)『インド古代史』上・下「中村元選集」5・6　春秋社　一九六三・一九六六

最古代からクシャーナ王朝時代までを原資料にもとづいて詳論してある。一般読者は、資料に関する詳論をとばして、大きな活字のところだけを拾い読みすればよい。

(9)『インド文化史――上古よりクシャーナ時代まで――』シルヴァン・レヴィ　山口益・佐々木教悟訳註　平楽寺書店　一九五八

ヨーロッパでは原資料を研究する学者はインド古代史の通史を書かず、また古代史の通史を書く学者は原資料が読めないといわれているが、この書は例外である。著者シルヴァン・レヴィは多数の言語に通じ、古代インド史の礎を築いた、不世出の碩学である（史書の残っていない古代インドについては、関連ある諸外国の史料を膨大なインドの文学・宗教の文献とつき合わせなければ、歴史的前後関係はわからない）。この書は著者がストラスブルク大学で述べた簡潔な講義の遺稿であるが、邦訳者が付註で資料を補っているので、さらに学問的意義が高まっている。

3　インド思想史

(10)『印度哲学史』宇井伯寿　岩波書店　一九三二

(11)『印度哲学史』金倉圓照　平楽寺書店　一九六二

どちらも完結した、権威ある書である。

(12)『インド思想史』第二版　中村元　岩波全書213　岩波書店　一九六八

思想を一般社会の発展との対応関係を考慮しながら論述してある。

4　インド文学史

(13)『インドの文学』田中於菟彌　世界の文学史9　明治書院　一九六七

インド文学史の通史としては、もっともよくまとまったものである。
(14)『サンスクリット文学史』 辻直四郎　岩波全書277　岩波書店　一九七三
範囲を純サンスクリット文学にかぎって、研究成果を精細に紹介要約してある。
(15)『インドの純文学』「インド文献史」5　ヴィンテルニッツ　中野義照訳　高野山大学内、日本印度学会　一九六六
原著は一九二二年の刊行で、半世紀前の旧著であるにもかかわらず、今日なおもっとも良い書物であると考えられている。訳者はその後の研究成果をも詳しく補っている。

5　インド美術史

(16)『印度南海の仏教美術』 高田修　創藝社　一九四三
(17)『印度及び東南亜細亜美術史』 アーナンダ・クマーラスワーミ　山本智教訳　北海出版社　一九四四
前掲両書は概説としてすぐれている。
(18)『インドの美術』「グランド世界美術」4　杉山二郎編　講談社　一九七六
本書の図版やその説明は右の書によるところが多い。
(19)『アジャンタ　石窟寺院と壁画』 高田修・田枝幹宏　平凡社　一九七一
(20)『古典印度文様』 逸見梅栄　東京美術　一九七六

6　インド社会

(21)『マヌ法典』 中野義照訳　高野山大学内、日本印度学会　一九五一
(22)『マヌの法典』 田辺繁子訳　岩波文庫　岩波書店　一九五三
どちらもインドの代表的法典の邦訳である。
(23)『インドの婚姻と家族』 K・M・カパディア　山折哲雄訳　未来社　一九六九

ヒンドゥー教徒とイスラーム教徒の婚姻と家族制度に関する詳細な研究である。

7 インド海運史

(24)『印度海運史』R・ムーケルジ　松葉栄重訳　帝国書院　一九四三

8 インダス文明

(25)『インダス文明　印度史前遺蹟の研究』アーネスト・マッケー　龍山章真訳　晃文社　一九四三

(26)『先史時代のインド文化』D・H・ゴードン　青江舜二郎訳　紀伊國屋書店　一九七二

インダス文明は日本ではほとんど研究されていない。後者は最新の研究成果にもとづいている。

9 仏教以前

(27)『印度哲学宗教史』「木村泰賢全集」第一巻　大法輪閣　一九六九

バラモン教の宗教や哲学を紹介した本邦最初の書。

(28)『ヴェーダとウパニシャッド』辻直四郎　創元社　一九五三

著者多年の研究の精髄が述べられている。

(29)『ヴェーダの文学』「インド文献史」1　ヴィンテルニッツ　中野義照訳　高野山大学内、日本印度学会　一九六四

(30)『叙事詩とプラーナ』「インド文献史」2　ヴィンテルニッツ　中野義照訳　高野山大学内、日本印度学会　一九六五

右の二書は仏教以前のインドを知るための基本的な書である。著者はチェコスロヴァキアのプラハのドイツ大学の教授であり、原著は一九〇七年の刊行であり、七十年前の旧著であるにもかかわらず、今日なお基準的研究としてつねに参照されている。英訳で大きく増補されたが、この邦訳ではさらに最新の成果

が補ってある。

10　インド仏教史

(31)『インド仏教史概説』　龍山章真　法蔵文庫3・4　法蔵館　一九三八

(32)『仏教史概説　インド篇』　佐々木教悟・高崎直道・井ノ口泰淳・塚本啓祥　平楽寺書店一九六七

右の両書はインド仏教史の通史としてはもっとも適当なものであろう。

(33)『インド仏教史』上巻　平川彰　春秋社　一九七四

一々立論の根拠を明示してあるために、将来の研究を進めるための手がかりとなる。

11　ブッダの生涯

(34)『釈尊の生涯』　水野弘元　春秋社　一九六〇

(35)『釈尊』　赤沼智善　法蔵館　一九五八

(36)『ゴータマ・ブッダ——釈尊の生涯——』「中村元選集」11　春秋社　一九六九

ブッダに関する諸資料・諸仏説のうち古いと見なされるものにもとづいて歴史的人物としてのブッダに近づこうとしてまとめた書。よくまとまっていて学問的にも信頼できる書である。

(37)『増訂　釈迦牟尼伝』　井上哲次郎・堀謙徳　前川文榮閣　一九一一

古い書物であるが、典拠や資料を詳述してあるので今日なお参照する価値がある。

12　原始仏教

(38)『原始仏教』五巻「中村元選集」11〜15　春秋社（1『ゴータマ・ブッダ——釈尊の生涯——』一九六九、2『原始仏教の成立』一九六九、3・4『原始仏教の思想』上・下一九七〇・一九七一、5『原始仏教の生活倫理』一九七二）

原始仏教に関する体系的論述。

(39)『原始仏教』　水野弘元　サーラ叢書4　平楽寺書店　一九五六

著者の多年にわたるパーリ原典研究の成果を簡潔にまとめたもの。

(40)『初期仏教と社会生活』　早島鏡正　岩波書店　一九六四

実践生活の論議が詳しい。

(41)『仏教興起時代の思想研究』　雲井昭善　平楽寺書店　一九六七

仏教が興起した時代の精神的雰囲気や諸思想が詳しく述べられている。

(42)『初期仏教教団史の研究』　塚本啓祥　山喜房仏書林　一九六六

教団の発展の歴史が詳しい。

13　アショーカ王

(43)「阿育王刻文」　宇井伯寿『印度哲学研究』第四巻　岩波書店　一九二七

アショーカ王刻文の全文が訳出されている。

(44)『アショーカ王碑文』　塚本啓祥　レグルス文庫54　第三文明社　一九七六

宇井博士の翻訳以後に発見された碑文をも含めて全部を訳出研究してある。

(45)「アショーカ王の教化政策」「アショーカ王の宗教政策」　中村元『宗教と社会倫理――古代宗教の社会思想――』　岩波書店　一九五九

14　ギリシア人など異民族のインド侵入

(46)『インドとギリシアとの思想交流』「中村元選集」16　春秋社　一九六八

(47)『古代インドとギリシア文化』　G・ウッドコック　金倉圓照・塚本啓祥訳注　平楽寺書店　一九七二

ともにインドとヘレニズム世界とのあいだの交流と影響を論じているが、前者は思想交流に重点をおき、後者はインドにおけるギリシア人の活動を記述している。
(48)『ミリンダ王の問い——インドとギリシアの対決——』　中村元・早島鏡正訳　東洋文庫7・15・28　平凡社　一九六三〜一九六四
ギリシア人であったミリンダ王（メナンドロス王）とインド人であった仏教のナーガセーナ長老との対話を、パーリ語原典から訳出したもの。
(49)『エリュトゥラー海案内記』　村川堅太郎訳　生活社　一九四六
(50)「大月氏考」『西域史研究』上　白鳥庫吉　岩波書店　一九四一
クシャーナ族の起源や推移を論じた古典的な論文である。今日では古くなった点もあるが、邦文ではまだこれ以上のものが出ていない。
(51)『インド仏教碑銘目録』　静谷正雄　法蔵館　一九六五
インドには史書がないので、文字を記された歴史的に確実な資料は碑文とか貨幣の類である。マウリヤ王朝以後、グプタ王朝以前の碑文は大部分仏教に関するものであるが、著者はその総目録を編集完成した。
(52)『初期大乗仏教の成立過程』　静谷正雄　百華苑　一九七四

15　グプタ王朝時代

(53)『法顕伝——中亜・印度・南海紀行の研究——』　足立喜六　法蔵館　一九四〇
グプタ王朝時代のインドを巡礼した法顕三蔵の旅行記に対する精密な研究である。
(54)『大唐西域記』　玄奘　水谷真成訳　「中国古典文学大系」22　平凡社　一九七一
玄奘のインド旅行記である『大唐西域記』は七世紀のインドの実状を伝えているが、その中にはグプタ王朝時代の史実や伝説を数多く伝えている。この書は現代語訳であって読みやすいばかりでなく、今までの研究成果をよく参照してある。

(55)『インドの学術書』「インド文献史」6　ヴィンテルニッツ　中野義照訳　高野山大学内、日本印度学会　一九七三
古代インドの学術が詳しく紹介されているが、その文献紹介がすぐれている。

(56)『季節集・雲の使者』「カーリダーサ文学集」1　木村秀雄訳　百華苑　一九六五

(57)『インド集』「世界文学大系」4　筑摩書房　一九五九
これらはカーリダーサの作品を邦訳している。

古代インド年表

西暦	政治	社会・文化	他地域
前三〇〇〇～二五〇〇ごろ	インダス文明(モヘンジョ・ダロなど)		三一〇〇ごろ エジプト第一王朝 二五〇〇ごろ 古バビロニア文明 一八〇〇ごろ クレタ文明最盛期 一七〇〇ごろ ハムラビ法典ができる
一五〇〇ごろ	ロータルのインダス文明		一五〇〇ごろ 中国、殷が興る
一三〇〇ごろ	アーリヤ人のインド侵入		
一〇〇〇～八〇〇ごろ	アーリヤ人、ガンジス川流域へ進出する	一〇〇〇ごろ『リグ・ヴェーダ』(讃歌)成立 ヴェーダ本集成立 祭儀書(ブラーフマナ)、初期の古ウパニシャッドの成立	八一四 カルタゴ建設 七七〇 中国、春秋時代に入る 七〇一 アッシリア帝国の成立 五五一 孔子生まれる
五一〇ごろ	ペルシア帝国のダーレイオス大王、インダス地方を併合する		五三九 ペルシア帝国の成立
五〇〇ごろ	都市の成立。このごろガンジス平野にマガダ、コーサラ国などが繁栄	六師 ゴーサーラ(三八八ごろ没)	五〇九 ローマ共和政の成立 四九二 ペルシア戦争(～四七九)
四八〇ごろ	マガダ王ビンビサーラ王の治世(～三九〇)	四六三～三八三ごろ ゴータマ・ブッダ	四八六 クセルクセース一世、ペルシア王に即位

三九〇ごろ	アジャータシャトル即位	四四四～三七二ごろ　マハーヴィーラ	四三一　ペロポネソス戦争（～四〇四） 四〇三　中国、戦国時代に入る
三二七	アレクサンドロスのインド遠征（～三二五）		三五九　マケドニア興る 三二三　アレクサンドロス死す
三一七	チャンドラ・グプタ挙兵、即位、マウリヤ王朝始まる	カウティリヤの『カウティリヤ実利論』	
三〇五	セレウコス・ニーカトールがインドに侵入する		三〇一　イプソスの会戦（アレクサンドロスの遺領の分割）
三〇〇ごろ	シリアのセレウコス朝の大使メガステネース来る	『カータカ』および『シヴェーターシヴァタラ・ウパニシャッド』	三〇〇ごろ　日本、弥生時代に入る
二九三ごろ	チャンドラ・グプタ王の治世終わる。ビンドゥサーラ王即位		二七五　ローマ、イタリアを統一 二六四　第一次ポエニ戦争（～二四一）
二六八ごろ	ビンドゥサーラ王の治世終わる。アショーカ王即位		
二六一ごろ	アショーカ王、仏教に帰依し信徒となる	仏教全インドにひろがる	
二五九ごろ	カリンガ国を征伐する	上座部と大衆部の分裂	
二五七ごろ	教法の進行始まる		
二五五ごろ	ギリシア人の五人の王のもとに使節		

	を派遣する		
	教法大官の制度を設ける		
前二五一／五〇ごろ	アショーカ王石柱詔勅を刻す		二五〇ごろ　バクトリア王国独立
二四二ごろ	多数のストゥーパを建造する		二四七　アルサケース、パルティア王国を興す
二四〇ごろ	セイロン島に仏教伝来		二二一　秦の始皇帝、中国を統一
二三二ごろ	アショーカ王の治世終わる		二〇二　漢の高祖、中国を統一
一八〇ごろ	マウリヤ王朝滅び、プシヤミトラ、シュンガ王朝創始。バクトリア、サカ族などインドに侵入する	サーンキヤ学派成立	一八二ごろ　匈奴の漢攻撃始まる
一六〇ごろ	バクトリアのメナンドロス王即位	原始仏教聖典成立	一四六　カルタゴ滅ぶ
一三〇ごろ	カーラヴェーラ王即位	祭事経成立	一四〇　漢の武帝が即位（～八七）
		ヒンドゥー教興起	
		説一切有部成立	
		『マイトラーヤナ・ウパニシャッド』	
		一五〇～五〇ごろ　ヴァイシェーシカ学派始まる	
		一〇〇ごろ　小乗諸部派の分裂終	

九〇～八〇ごろ
六八ごろ
四八ごろ
一七
後三五ごろ
四七ごろ
六〇ごろ
後一三二

サカ族の王マウエース、ガンダーラに侵入する
カーヌヴァ王朝（～三〇ごろ）
マウエース王の治世（～三三ごろ）
アゼース王の治世（～一五）
クシャーナ族が他の月氏部族を支配する
グドゥヴハラ王の統治
クジューラ・カドフィセースの西北インド攻略。ウェーマ・カドフィセース、クシャーナ族の覇権を確立する
カニシカ王の統治（～一五二）

わる
『バガヴァッド・ギーター』『ジャータカ』などの原形成立
五〇～一五〇『ヴァイシェーシカ・スートラ』
五〇～一五〇 ニヤーヤ学派の開祖ガウタマ
『バガヴァッド・ギーター』現形確定
一〇〇ごろ『ミーマーンサー・

九七 司馬遷『史記』
五八 カエサルのガリア遠征（～五一）
四七 クレオパトラ、エジプトの女王となる
三七 高句麗の成立
二七 アウグストゥス初代皇帝
ローマ帝政の始まり
四ごろ イエス生まれる
三七 光武帝（後漢）の中国統一
六四 ネロ、キリスト教徒迫害

二〇〇ごろ	クシャーナ王朝衰微	スートラ』 『マヌ法典』成立 チャラカ(二世紀) スシュルタ(二～三世紀) 大乗仏教興起 ガンダーラ美術が興隆に向かう アシヴァゴーシャ(二世紀)、ナーガールジュナ(一五〇～二五〇)、アサンガ(三一〇～三九〇)、ヴァスバンドゥ(五世紀)などの宗教詩人・思想家輩出 二五〇～三五〇『ニヤーヤ・スートラ』	一八四 中国、黄巾の乱 二二〇 後漢滅び、三国時代 二二六 ササン朝ペルシア興る 二三九 倭の邪馬台国、魏に遣使 二六五 中国、西晋興る 三〇〇ごろ 日本、古墳時代にはいる 三一六 五胡十六国時代(～四三九)
三二〇ごろ	チャンドラ・グプタ即位。グプタ王朝始まる		
三三〇ごろ 三七五ごろ	サムドラ・グプタ即位 チャンドラ・グプタ二世の治世(～四一四ごろ)〔グプタ王朝の最盛期〕	イーシヴァラクリシュナ(四世紀)の『サーンキヤ頌』 『成実論』(三～四世紀) 四〇〇ごろ カーリダーサの『シャクンタラー』	三七五ごろ ゲルマン民族大移動の開始 三九五 ローマ帝国、東西に分裂
四〇五～	法顕、インドおよびセイロンを旅行する	四〇〇ごろ『マハーバーラタ』『ラーマーヤナ』の叙事詩成	四二〇 宋、興る

		立	
		プラーナ聖典	
		四〇一 クマーラジーヴァ（鳩摩羅什）、長安に至る	
		四〇〇～四五〇ごろ『ヨーガ・スートラ』『ブラフマ・スートラ』	四三九 中国、南北朝時代はじまる
四五五	匈奴の最初の攻撃	四一五～四五〇ごろ ブッダゴーサ	四七六 西ローマ帝国滅亡
		四〇〇～四八〇ごろ ディグナーガ	四八六 フランク王国建国
五〇〇ごろ	グプタ王朝衰微	四五〇～五〇〇ごろ バルトリハリ	
		五〇五 ヴァラーハミヒラの『パンチャシッダーンティカー』	五二九 ユスティニアヌス法典ができる
五三〇	ヤショーダルマン王、匈奴を破る		五三四 北魏が東魏と西魏に分裂する

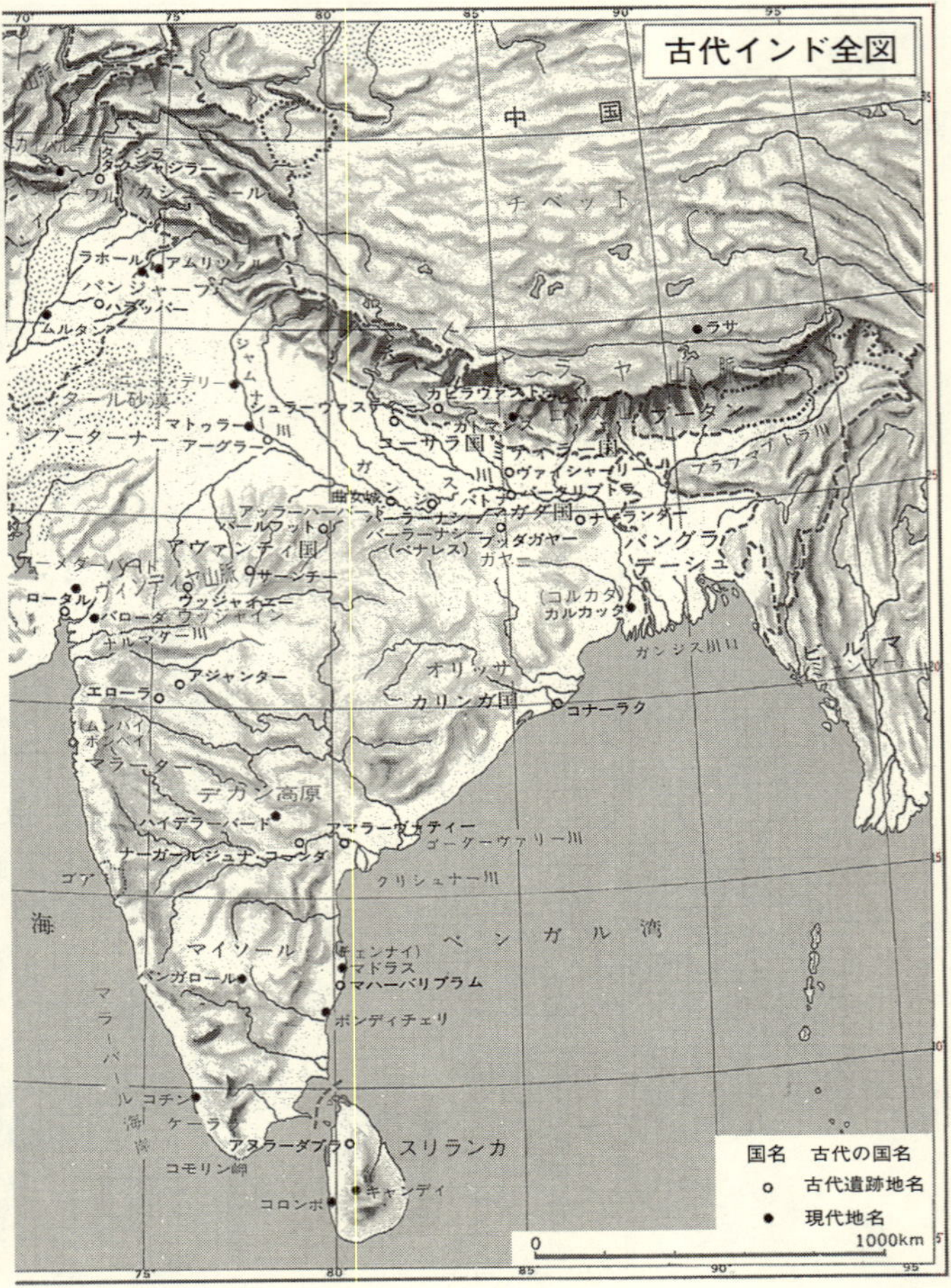
古代インド全図
中国
チベット
カシミール
ラホール
アムリツァル
パンジャーブ
ハラッパー
ムルタン
ニューデリー
タール砂漠
ジャムナー川
マトゥラー
アーグラー
シュラーヴァスティー
カピラヴァストゥ
カトマンズ
ヒマラヤ山脈
ブータン
コーサラ国
ヴァイシャーリー
パータリプトラ
ブラフマプトラ川
ガンジス川
曲女城
パトナ
アッラーハーバード
バールフット
マガダ国
ナーランダー
バーラーナシー
(ベナレス)
ブッダガヤー
ガヤー
バングラデーシュ
アヴァンティ国
ヴィンディヤ山脈
サーンチー
ロータル
ウッジャイニー
バローダ
ウッジャイン
ナルマダー川
(コルカタ)
カルカッタ
ガンジス川
ビルマ
ミャンマー
オリッサ
アジャンター
エローラ
カリンガ国
コナーラク
ムンバイ
ボンベイ
マラーター
デカン高原
ハイデラーバード
アマラーヴァティー
ゴーダーヴァリー川
ナーガールジュナ・コーンダ
ゴア
クリシュナー川
海
ベンガル湾
マイソール
(チェンナイ)
マドラス
マハーバリプラム
バンガロール
ポンディチェリ
マラバール海岸
コチン
ケーララ
アヌラーダプラ
スリランカ
コモリン岬
キャンディ
コロンボ
国名 古代の国名
古代遺跡地名
現代地名
0
1000km

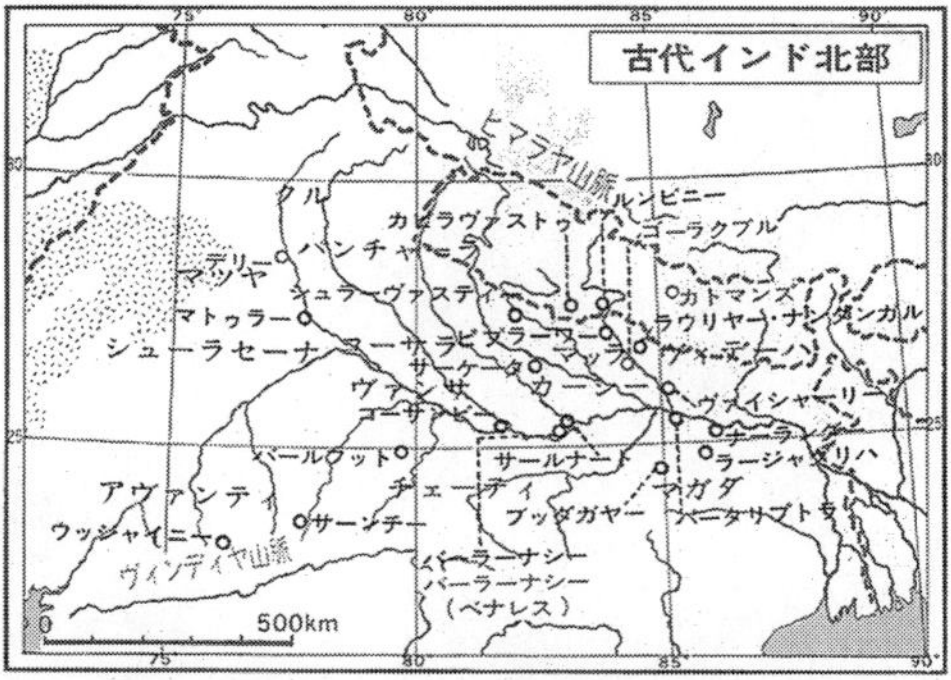

古代インド北部

現代インドの州区分地図
(1975年現在)
(州名と首都の名を挙げた)

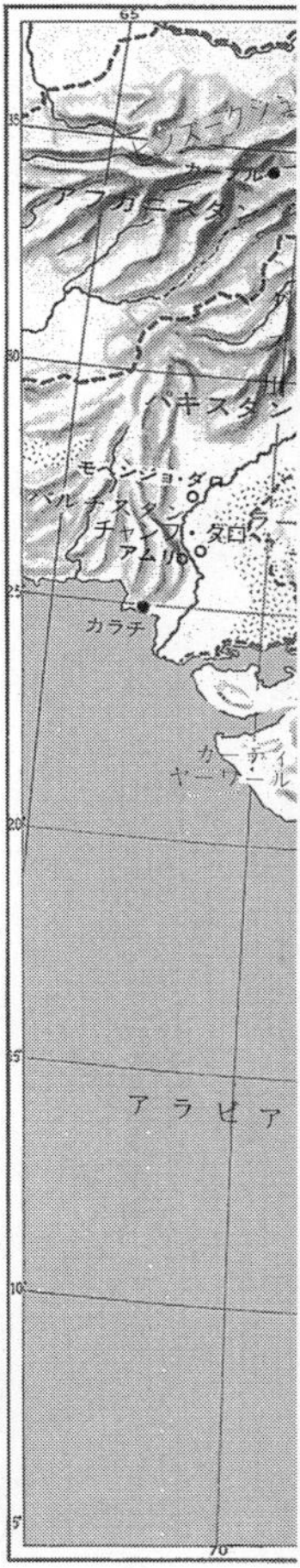

KODANSHA

本書は、小社刊「世界の歴史」シリーズ第5巻『ガンジスの文明』（一九七七年刊）を底本としました。

中村　元（なかむら　はじめ）

1912年，島根県松江市生まれ。東京帝国大学印度哲学梵文学科卒業。1954年から73年まで，東京大学教授を務めた。専攻はインド哲学・仏教学。文化勲章受章。1999年没。編著書に，『東洋人の思惟方法』『原始仏教』『龍樹』『佛教語大辞典』など多数があるほか，「中村元選集」32巻・別巻8巻がある。

講談社学術文庫

定価はカバーに表示してあります。

古代《こだい》インド

中村《なかむら》　元《はじめ》

2004年9月10日　第1刷発行
2024年1月29日　第20刷発行

発行者　髙橋明男
発行所　株式会社講談社
東京都文京区音羽 2-12-21 〒112-8001
電話　編集（03）5395-3512
販売（03）5395-5817
業務（03）5395-3615
装　幀　蟹江征治
印　刷　株式会社ＫＰＳプロダクツ
製　本　株式会社国宝社
本文データ制作　講談社デジタル製作

ISBN4-06-159674-8

「講談社学術文庫」の刊行に当たって

これは、学術をポケットに入れることをモットーとして生まれた文庫である。学術は少年の心を養い、成年の心を満たす。その学術がポケットにはいる形で、万人のものになることは、生涯教育をうたう現代の理想である。

こうした考え方は、学術を巨大な城のように見る世間の常識に反するかもしれない。また、一部の人たちからは、学術の権威をおとすものと非難されるかもしれない。しかし、それはいずれも学術の新しい在り方を解しないものといわざるをえない。

学術は、まず魔術への挑戦から始まった。やがて、いわゆる常識をつぎつぎに改めていった。学術の権威は、幾百年、幾千年にわたる、苦しい戦いの成果である。こうしてきずきあげられた城が、一見して近づきがたいものにうつるのは、そのためである。しかし、学術の権威を、その形の上だけで判断してはならない。その生成のあとをかえりみれば、その根は常に人々の生活の中にあった。学術が大きな力たりうるのはそのためであって、生活をはなれた学術は、どこにもない。

開かれた社会といわれる現代にとって、これはまったく自明である。生活と学術との間に、もし距離があるとすれば、何をおいてもこれを埋めねばならない。もしこの距離が形の上の迷信からきているとすれば、その迷信をうち破らねばならぬ。

学術文庫は、内外の迷信を打破し、学術のために新しい天地をひらく意図をもって生まれた。文庫という小さい形と、学術という壮大な城とが、完全に両立するためには、なおいくらかの時を必要とするであろう。しかし、学術をポケットにした社会が、人間の生活にとってより豊かな社会であることは、たしかである。そうした社会の実現のために、文庫の世界に新しいジャンルを加えることができれば幸いである。

一九七六年六月

野間省一